D1641689

LA PENSÉE POSITIVE

5 LIVRES EN 1 :
Libérez-vous des Pensées Excessives en Vivant
dans le Présent grâce à l'Intelligence
Émotionnelle| Améliorer la Communication,
Renforcer l'Estime de Soi et la Discipline.

L'empathie est un excellent outil de manipulation. On rencontre fréquemment cette pseudo-empathie dans les rapports sociaux.
[...]
Nous avons des défenses naturelles contre cette empathie factice, nous sommes souvent capables de la détecter. (ndr : encore faut-il se faire suffisamment confiance pour écouter ses signaux d'alarme internes...)"

- D. Goleman -

TABLE DES MATIÈRES

Préface

Beaucoup de personnes vivent leur vie en étant insatisfaites d'elles-mêmes et du monde. Mais que pouvons-nous faire pour améliorer notre vie ? À ce sujet, la psychologie positive offre une approche intéressante en changeant notre perspective, nous permettant alors de considérablement améliorer notre qualité de vie.

La plupart d'entre nous savent que ce que nous pensons et croyons sur nous-mêmes peut jouer un rôle important dans le déroulement de nos vies, mais beaucoup d'entre nous ne prennent pas ce fait suffisamment au sérieux, ni aussi consciemment qu'il serait nécessaire de le faire.

Si vous souhaitez améliorer votre relation avec vous-même, il est important de vous pencher sur le sujet et de reconnaître l'impact que vos pensées et que vos croyances ont sur vous. Elles ont une influence décisive sur la manière dont vous vous sentez et vivez les expériences de votre vie. Tirez plutôt avantage de ce fait !

En examinant vos pensées et vos croyances sur vous-même, vous pouvez déterminer si elles sont positives ou négatives. Les pensées et les croyances positives à votre encontre vous encouragent à être plus ouvert à de nouvelles expériences et vous rendent plus heureux et satisfait. En revanche, les pensées et les croyances négatives vous rendent plus résistant aux nouvelles expériences et vous font vous sentir moins bien. Pensez positivement !

Dès lors, il est très important que vous examiniez vos pensées et vos croyances envers vous-même, et que vous déterminiez si elles sont positives ou négatives. Si elles sont négatives, vous pouvez essayer de les changer ou au moins de les chasser. Et si elles sont positives, vous pouvez essayer de les accepter et de mieux les connaître.

Un autre facteur pour améliorer votre relation avec vous-même est de faire attention à ce que les autres pensent ou croient de vous. De nombreuses personnes prennent très au sérieux et sont très conscientes de leur relation avec les autres, mais il est tout aussi important de considérer attentivement notre relation avec les autres, dans la mesure où les pensées des autres ont-elles aussi une influence décisive sur notre conscience et notre expérience.

Lorsque d'autres personnes ont des pensées ou des croyances positives à notre égard, nous nous sentons mieux. À l'inverse, lorsque leurs pensées ou leurs croyances négatives prédominent, nous nous sentons moins bien. On comprend naturellement pourquoi il est très important de prêter attention aux pensées des autres à notre égard. Nous devrions nous demander si elles sont positives ou négatives. Et si elles sont négatives, nous devrions essayer de les faire changer d'avis. Si elles sont positives, nous devons faire de notre mieux pour nous montrer reconnaissants et développer davantage cette disposition envers nous.

Mon propos dans ce livre est de vous montrer comment vous pouvez établir une relation positive avec vous-même et les autres, ou améliorer les relations que vous avez actuellement. Vous apprendrez des méthodes qui vous aideront à développer un meilleur sentiment émotionnel de base en privilégiant le positif au négatif dans votre existence. Dès que vous serez en mesure de contrôler votre vie quotidienne en adaptant la pensée positive, vous vivrez plus heureux et attirerez plus rapidement des personnes positives dans votre vie.

Chapitre 1 - La géographie du bonheur

Les lieux et les personnes les plus malheureux du monde

La géographie du bonheur est un sujet intéressant et complexe. La science du bonheur est une discipline relativement récente qui s'intéresse à l'étude des facteurs qui influencent le bien-être humain. Au cours de ces dernières années, plusieurs études intéressantes ont été menées pour tenter de déterminer les endroits les plus heureux et les plus malheureux du monde.

L'une de ces études est le World Happiness Report. Cette étude, publiée chaque année par les Nations unies, établit un classement des pays sur la base de différents facteurs tels que l'espérance de vie, le soutien social, la corruption et la liberté. L'étude a montré que les pays d'Europe du Nord sont généralement les plus heureux au monde, tandis que les pays d'Afrique et d'Asie sont généralement les plus malheureux.

Une autre étude intéressante est le World Gallup Poll, réalisé par Gallup International. Dans cette étude, des personnes de plus de 150 pays sont interrogées sur leur satisfaction dans la vie. Les résultats de cette étude montrent des schémas similaires à ceux du World Happiness Report, avec les pays d'Europe du Nord en tête de liste et les pays d'Afrique et d'Asie en bas.

La géographie du bonheur est donc un sujet complexe, avec de nombreux facteurs différents qui influencent le bien-être humain. Néanmoins, les études permettent de dégager quelques schémas généraux. Les pays d'Europe du Nord sont généralement plus heureux que les pays des autres parties du monde. Cela peut s'expliquer par plusieurs facteurs, notamment une espérance de vie plus longue, un soutien social plus important et moins de corruption.

Des aspects qui vont au-delà de la géographie et de la richesse matérielle

Certains pays sont malheureux malgré leur richesse économique. Cela est souvent dû à l'existence d'importantes inégalités, car nous savons que dans ces nations-là, le grand écart existant entre les riches et les pauvres fait naître un sentiment de désespoir et de blocage chez les pauvres.

Cependant, la vie ne se résume bien évidemment pas à la richesse et aux biens matériels, il existe de nombreux et différents facteurs contribuant au bonheur ou au malheur d'une société. Les aspects interpersonnels, tels que l'adhésion à la communauté, l'hospitalité, la religion et la tradition, sont également des facteurs cruciaux. La plupart du temps, ces éléments sont même bien plus importants que les biens matériels.

Dans une société où le bien-être de l'individu passe avant tout, les aspects interpersonnels sont essentiels pour garantir une vie heureuse et équilibrée pour tous. Cela implique un sens aigu de la communauté, car si chacun pense au bien-être des autres et se soucie de leurs préoccupations, il est plus facile de résoudre les problèmes et de trouver des solutions ensemble. L'hospitalité ouverte et chaleureuse contribue également au bonheur ; lorsque la famille ou des amis vous accueillent et que de bonnes discussions s'engagent, vous pouvez oublier vos soucis et vous ressourcer.

La religion ne nous offre pas seulement un soutien et une orientation, mais elle enrichit également notre vie de compassion. Ceux qui s'ouvrent aux autres, trouvent des compromis, font preuve de compréhension et renforcent la communauté. Les traditions sont un autre facteur important de bonheur : elles soudent les gens et leur donnent un sentiment d'appartenance. Cette cohésion permet de surmonter plus facilement les hauts et les bas de la vie - même lorsque la prospérité matérielle disparaît soudainement.

Il est donc clair que les aspects humains tels que le sens de la communauté, l'hospitalité, la religion, la compassion et la tradition - des éléments qui n'ont pas de valeur matérielle - sont d'une importance capitale pour une société heureuse. Ces valeurs nous rendent plus forts en tant qu'individus et rendent notre société plus heureuse et plus prospère dans son ensemble. C'est souhaitable, car le bonheur et le succès nous permettent de voir les choses sous un angle complètement différent.

La citation olympique : "L'important, c'est de participer ".

C'est un proverbe bien connu : "L'important, c'est de participer". Mais qu'est-ce que cela signifie ? Si nous parlons d'aspects géographiques, au-delà de la prospérité, nous comprenons que ce slogan peut avoir une signification plus profonde.

Tout d'abord, nous devons nous demander pourquoi une personne vit à un endroit donné ou pourquoi elle manifeste la volonté de vouloir s'y rendre. On ne peut répondre à cette question qu'en imaginant les personnes qui vivent et travaillent dans cette région. Elles vivent en ayant une relation étroite avec leur environnement et l'utilisent pour atteindre un meilleur niveau de vie. Elles y vivent ainsi dans un esprit positif et y puisent force et joie.

Cette attitude leur permet de développer une plus grande sérénité et d'atteindre ainsi une meilleure qualité de vie. Cela est particulièrement vrai dans les petites communautés et les zones rurales, où les gens vivent généralement plus près de la nature et sont souvent plus étroitement liés à celle-ci. Grâce à cette connexion, ils créent non seulement une atmosphère positive, mais influencent également positivement leur vie quotidienne et leurs interactions avec les autres.

La citation olympique "L'important, c'est de participer" pourrait donc être entendue comme encourageant à passer plus de temps dans la nature et à partager plus de temps avec les personnes qui nous entourent. Les habitants des zones régionales pourraient ainsi vivre de nouvelles expériences et prendre davantage de plaisir à interagir avec les autres.

Cette façon de vivre offre également la possibilité de découvrir de nouvelles façons de penser et d'apprendre de nouvelles cultures et traditions - par exemple en voyageant à l'étranger ou en discutant avec des personnes d'autres pays.

Conclusion : l'idée fondamentale derrière la citation olympique "L'important, c'est de participer" promeut la quiétude et la qualité de vie au-delà de la prospérité des régions. Cette idée nous offre la possibilité de vivre de nouvelles expériences et de découvrir de nouvelles cultures et traditions - ce qui, en fin de compte, élargit nos horizons.

L'influence de la nature sur l'humeur

L'homme fait partie de la nature et la nature a une grande influence sur notre humeur. Lorsque nous sommes dans la nature, nous nous sentons mieux et notre humeur s'améliore. Cela s'explique par le fait que la nature nous détend et nous éloigne du stress de la vie quotidienne. Dans la nature, nous pouvons également apprécier la beauté de l'environnement et nous en réjouir. En revanche, les pays industrialisés, où la nature est rare, ne favorisent pas de bonnes conditions pour le développement d'une humeur saine. Le niveau de bruit y est généralement élevé et les gens sont stressés. La qualité de l'air y est également souvent mauvaise, ce qui peut entraîner des maladies respiratoires. Tous ces facteurs contribuent à amener les personnes qui y vivent à souffrir plus souvent de dépression et d'anxiété. Pour favoriser une humeur positive, il est donc important de passer régulièrement du temps dans la nature et de profiter de la beauté de l'environnement. Même en ville, il suffit de se rendre dans un parc et de profiter d'un peu de nature.

Les avantages d'un plus grand nombre d'heures d'ensoleillement

Il est indéniable qu'un pourcentage plus élevé d'heures d'ensoleillement par an aura une influence directe sur notre humeur. La plupart des gens se sentent plus heureux et plus énergiques lorsqu'il fait beau plutôt que lorsqu'il pleut ou que le temps est maussade. Davantage d'heures d'ensoleillement signifie également que nous pouvons passer plus de temps à l'extérieur, ce qui est une autre façon de favoriser une humeur positive.

Dans les pays qui bénéficient de nombreuses heures d'ensoleillement - comme les États-Unis - le nombre moyen d'heures d'ensoleillement quotidien par an est de 8 à 12 heures par jour. Cela signifie que les citoyens de ces pays peuvent passer plus de temps à l'extérieur et profiter du beau temps. Bien qu'il puisse être plus difficile d'augmenter le nombre d'heures d'ensoleillement par jour dans d'autres régions moins ensoleillées, il est possible de profiter du temps et d'avoir un impact positif sur notre santé mentale.

Un plus grand nombre d'heures d'ensoleillement par jour peut nous aider à vivre en meilleure santé et à créer de meilleurs liens sociaux. Il existe de nombreuses façons de profiter des effets positifs du temps : Qu'il s'agisse d'activités en plein air ou d'une simple promenade à l'air libre, tout séjour dans la nature pourra contribuer à augmenter notre taux de vitamine D et à renforcer notre système immunitaire et notre état d'esprit.

Ainsi, si vous vivez dans un pays très développé sur le plan industriel et où la nature est peu présente, vous devrez vous efforcer de faire le meilleur usage possible de la météo. Cela implique bien sûr de sortir régulièrement et de faire dépendre notre bonheur, du moins en partie, du nombre d'heures d'ensoleillement. Même si cela peut être difficile au début, n'abandonnez pas et essayez de vous adapter à la météo - cela en vaut la peine ! Votre humeur s'améliorera considérablement et cela aura également des répercussions sur votre santé !

Chapitre 2 - Sur la piste du bonheur

Le bonheur est un sujet qui nous concerne tous. Chacun d'entre nous souhaite être heureux et mener une vie épanouie. Mais qu'est-ce que le bonheur et comment pouvons-nous l'atteindre ?

Ce chapitre traite de la recherche du bonheur et de ce que nous pouvons faire pour améliorer notre vie et maintenir cet état.

Qu'est-ce que le bonheur ?

Le bonheur est un concept très difficile à définir que chacun interprète à sa façon. Pour les uns, il peut s'agir d'un bien matériel, comme une nouvelle voiture ou un voyage vers une destination exotique ; pour d'autres, le bonheur se trouve dans les activités partagées avec les amis et la famille, ou même dans la solitude. Certaines personnes pensent que le bonheur ne provient que de sources internes et ne peut être mesuré par des biens matériels. Il n'est pas si simple de trouver la réponse à cette question, car nous avons tous des besoins différents.

Il est important de comprendre que le bonheur n'est pas nécessairement constant. C'est un sentiment qui peut aller et venir, parfois, le bonheur n'est là que par moments, il existe cependant des moyens de se sentir plus heureux et de le rendre permanent. C'est bien là ce que la plupart des gens cherchent, des moyens pour rendre leur bonheur plus durable et plus profond.

Il existe différents types de bonheur - le bonheur direct (à travers des objets matériels), le bonheur intrinsèque (le sentiment de satisfaction) et le bonheur transcendantal (la connaissance intuitive du sens de la vie). Et chacun a sa propre façon d'expérimenter ce qui compte pour lui en tant que bonheur. Soyez donc toujours ouverts à de nouvelles façons d'augmenter votre bonheur.

L'un des moyens les plus efficaces est la pratique de la gratitude. La gratitude nous aide à reconnaître tout ce qui est bon dans notre vie - des petites choses aux grandes réalisations - et nous charge d'émotions plus positives. En prenant conscience de ce qui nous rend heureux, nous pénétrons plus profondément dans la compréhension du concept de "bonheur", et ressentons finalement plus de joie à la vie, cela nous permet de traverser la vie avec plus d'enthousiasme.

La pensée positive

La pensée positive est l'un des fondements les plus importants sur le chemin du bonheur. Les pensées et les sentiments positifs augmentent les chances du bonheur. La pensée positive ne consiste pas à toujours voir le bien en tout. Il s'agit plutôt de la capacité à résoudre les problèmes et à se concentrer sur les aspects positifs.

La pensée positive crée un équilibre mental sain, qui rend la vie plus agréable, car elle nous aide à nous motiver et à atteindre nos objectifs et nos rêves. Si nous travaillons dur pour trouver le bonheur, nous devons apprendre à aborder les défis avec optimisme et à trouver la bonne solution à chaque problème. La positivité nous préserve des sentiments négatifs et nous aide à mieux nous connaître et à accepter nos faiblesses.

Il est également important de prendre le temps de faire des activités qui nous procurent du plaisir ; que ce soit une promenade dans un parc ou une rencontre avec des amis, faites quelque chose qui vous plaît ! Profitez de chaque instant de la journée. Lorsque vous vous divertissez, le stress disparaît et vous réalisez rapidement que le bonheur n'est pas une illusion et qu'il est là, à portée de main !

Développer notre lien avec la nature a de nombreux effets positifs sur notre bien-être, grâce une simple promenade dans les bois ou sur la plage, nous détendons notre corps et notre esprit et faisons le plein d'énergie positive. La nature est une source inépuisable d'inspiration et de joie, nous pouvons y puiser de nouvelles forces et en apprendre davantage sur nous-mêmes.

Pour être heureux, vous devez penser positivement, réserver du temps pour les activités qui vous font plaisir et vous connecter à la nature. Si vous tenez compte de ces choses-là, vous vous rapprocherez pas à pas du bonheur - mais n'oubliez jamais que le chemin est le but.

La pleine conscience : l'importance du dialogue avec soi-même

Dans une section précédente, nous nous sommes posé la question de savoir si le bonheur peut être défini.

Nous allons maintenant nous pencher sur une autre question, tout aussi importante : Comment pouvons-nous pratiquer la pleine conscience ?

La pleine conscience est la capacité à vivre le moment présent et à porter notre attention sur ce qui se passe. Beaucoup d'entre nous sont tellement absorbés par leurs pensées que nous ne sommes plus conscients de ce qui se passe autour de nous. Cela peut nous faire passer à côté de moments importants de notre vie.

L'une des manières d'entraîner notre attention est de se parler à soi-même, mais de se parler consciemment à soi-même et de se demander ce que l'on pense et que l'on ressent à ce moment-là.

Il est important d'être honnête lorsque l'on se parle à soi-même et de ne pas se mentir. C'est la seule façon de savoir où vont nos pensées. Si vous constatez que vous êtes perdu dans vos pensées et que vous ne vivez pas consciemment, vous pouvez essayer différentes techniques pour y remédier.

Vous pouvez par exemple essayer de respirer plus consciemment et de ressentir plus attentivement ce qu'il se passe dans votre corps. Vous pouvez aussi choisir un moment précis de la journée pour vous laisser aller pleinement dans le moment présent en essayant de mettre toutes vos pensées de côté. Pratiquer la pleine conscience peut prendre différentes formes - il est important que vous essayiez simplement de déterminer ce qui vous convient le mieux.

Se connaître soi-même

Pour aborder le chemin du bonheur, il est important de mieux se connaître soi-même. Pour y parvenir, nous devons réfléchir sur nous-mêmes et remettre en question notre comportement. C'est un voyage qui vous permettra de vous découvrir en entier et de vous explorer à un niveau plus profond.

L'idée est d'avancer afin de mieux se comprendre et de mieux s'accepter. Si vous en savez davantage sur vous-même, vous aurez une meilleure idée de ce que vous attendez de la vie et de ce qui est le plus important pour vous. Il est donc essentiel de prendre le temps d'aller à la recherche de soi-même et de découvrir ce qui nous rend heureux.

La question des valeurs et des attitudes fondamentales d'une personne fait également partie de cette recherche. Différents facteurs, le contexte familial, le niveau d'éducation ou la religion, jouent très certainement un rôle à cet égard. Les cultures ou les cercles sociaux dans lesquels nous nous inscrivons, jouent également un rôle important dans la connaissance de soi. Dès lors, il faut être ouvert au changement et à la nouveauté pour en apprendre davantage sur soi-même.

Il existe de nombreux moyens à notre disposition pour en apprendre davantage sur nous-mêmes ; la méditation ou les techniques de relaxation nous permettent de réfléchir à notre façon de penser et de nous rapprocher ainsi de nous-mêmes. Il est souvent utile de simplement s'arrêter afin de réfléchir calmement aux choses. Sur le chemin qui nous rapproche du bonheur, il est important que nous apprenions à mieux nous connaître et à nous comprendre. Ce n'est qu'à partir de cette étape, que nous pouvons reconnaître ce qui nous rend heureux et ce qui est important pour nous dans la vie, et ainsi trouver le bon chemin vers le bonheur !

Apprenez à vous accepter et surtout à vous aimer !

Comment comprendre ce que nous voulons ?

Nous devons apprendre à nous connaître pour comprendre ce que nous voulons. Nous devons prendre le temps de réfléchir à nos objectifs et à nos rêves. Nous devons également comprendre ce qui a façonné notre vie dans le passé et dans le présent, ainsi que nos forces et nos faiblesses. Cette clairvoyance profonde sur nous-mêmes nous aide à découvrir nos objectifs dans la vie et à savoir quel genre de personne nous voulons être.

Ce processus nécessite une invitation consciente à l'exploration de soi. Pour comprendre ce que vous voulez, vous devez prendre le temps d'exprimer vos sentiments et vos pensées. Prenez un peu de temps pour vous chaque semaine, partez vous promener le long de la plage ou dans un parc et laissez libre cours à vos pensées. Écrivez vos pensées ou discutez de la croissance personnelle avec vos amis. Tout cela participe à prendre soin de soi, et vous vous sentirez mieux.

Il est également utile de rassembler autour de soi un groupe de personnes partageant les mêmes idées. L'échange avec les autres, à travers des séminaires spirituels ou des entretiens thérapeutiques, peut nous aider à développer une compréhension plus profonde de notre vie spirituelle, et également nous aider à découvrir ce qui nous motive et nous inspire, tant dans notre vie privée que professionnelle.

Grâce à tout ce processus de connaissance de soi, nous pouvons découvrir notre boussole intérieure et commencer à prendre des décisions plus avisées pour notre vie. Une fois que nous avons acquis cette compétence, nous pouvons vivre de manière authentique et suivre notre destin avec plus de succès. Mieux se comprendre, explorer son moi intérieur, et découvrir ce que nous voulons accomplir dans la vie. Tout commence en soi.

Appréciez le monde en ne le jugeant pas

La plupart d'entre nous ont tendance à juger les autres et à se considérer comme parfaits. Or, non seulement cette attitude n'est pas réaliste, mais elle limite considérablement notre capacité à nous développer. Si, au contraire, nous nous efforçions de nous connaître et de remettre objectivement en question nos pensées et nos actions, nous pourrions voir le monde qui nous entoure sous un aspect beaucoup plus réaliste.

Lorsque nous admettons que chacun d'entre nous réagit et pense de manière différente et qu'il est impossible de mettre sur un pied d'égalité toutes ces perspectives différentes dans l'unicité, nous nous ouvrons à une vision beaucoup plus réaliste du monde.

Nous pouvons alors commencer à remettre nos pensées et nos actions en question de manière objective, et avons la possibilité de changer et d'améliorer notre perspective. Car nous ne sommes tout simplement pas omniscients, et nous ne possédons pas de vérités universelles sous la main. Les gens peuvent créer un monde meilleur en cessant de juger ou de condamner les autres. Si nous nous considérons nous-mêmes et les autres comme égaux, nous reconnaissons les différences de nos personnalités et de nos origines, sans les juger. Nous devons apprendre à vivre et à travailler avec cette diversité.

Il est certainement difficile de ne pas se juger mutuellement, mais cela reste possible. Si nous développons cette capacité, nous nous rapprocherons les uns des autres. Les gens ne peuvent apprendre les uns des autres et se respecter que s'ils reconnaissent et acceptent leurs différences.

Pour ce faire, nous devons aussi montrer du courage à nous accepter nous-mêmes. En réfléchissant à notre comportement et en prenant conscience de nos schémas de pensée et d'action, nous pouvons commencer à voir les choses telles qu'elles sont, sans porter de jugements ou d'idées préconçues hâtifs. Bien sûr, cela signifie aussi être vulnérable, mais c'est un risque qui en vaut la peine !

Si vous apprenez à mieux vous connaître et à accepter vos particularités, à vous aimer, vous pourrez naturellement, dans cette continuité, finir par considérer également les autres comme dignes d'être aimés. Il faut vivre les yeux ouverts pour savoir entamer un dialogue et se connecter aux autres. Cela nous permet en fin de compte d'en apprendre davantage sur nous-mêmes et de découvrir de nouvelles perspectives.

Lorsque nous commençons à nous accepter et à accepter les autres tels qu'ils sont, nous créons une atmosphère de respect et d'estime pour toutes les personnes autour de nous. De cette manière, nous nous entendons mieux les uns avec les autres, dans notre vie privée comme dans notre vie professionnelle. C'est là une raison qui nous fait comprendre pourquoi il est si important d'être fier de toutes nos différences, qu'il s'agisse de cultures, de milieux ou d'idéologies, chacun a quelque chose à apporter !

Apprendre à apprécier pour améliorer l'estime de soi

Nous savons bien qu'il peut être difficile de se juger soi-même que de juger les autres. En même temps, nous avons tous des défauts et des faiblesses, et nous devons aussi apprendre à nous aimer et à nous accepter. Cela aussi peut être difficile à accomplir, il est difficile de s'apprécier soi-même si nous n'avons pas réalisé tout ce que nous aurions voulu faire ou tout ce que les autres attendaient de nous.

En développant une meilleure compréhension de nos forces et de nos faiblesses et en veillant à ce que notre estime de soi se maintienne à un niveau sain, nous nous aidons nous-mêmes et les autres à mieux comprendre le monde. Une partie du processus d'auto-appréciation nous amène à éprouver de la gratitude pour les choses que nous recevons. Il peut s'agir de membres de la famille ou d'amis, ou simplement de la possibilité de se lever le matin et de commencer la journée avec énergie. Apprécier les petits moments de la vie peut également nous aider à nous apprécier davantage ainsi que notre monde.

Si vous commencez à vous apprécier davantage et à mieux comprendre votre entourage, cela pourra élargir vos horizons et développer votre vision des choses. Cela vous aidera non seulement à mieux vous comprendre vous-même et les autres. Ainsi, à la fin de la journée, cela vous aidera à voir le monde avec plus de compassion et de compréhension.

Cette apprentissage n'est pas une tâche aussi facile que cela peut paraître de prime abord, mais si vous essayez chaque jour de penser positivement à vous-même, de dire des choses positives aux autres, ou simplement de vous asseoir silencieusement en méditation en laissant vos pensées s'écouler sans vous y accrocher - tout cela pourra vous aider à progresser sur le chemin de l'appréciation.

En fin de compte, notre objectif en tant qu'êtres humains est de faire preuve de plus de respect envers nous-mêmes et envers les autres, afin de renforcer notre communauté dans son ensemble. Cela passe naturellement par la manière dont nous nous comportons les uns envers les autres. En évitant de juger les autres ou les situations et en essayant toujours d'instaurer un respect mutuel pour vous-même et pour les autres ! N'oubliez pas qu'à l'inverse, de simples paroles irréfléchies peuvent être blessantes et irrespectueuses.

Chapitre 3 - Transformation active et aspects de l'optimisation de la personnalité

Dans ce chapitre, j'aborde la transformation active et les aspects de l'optimisation du caractère. De nombreuses personnes mènent une vie malheureuse parce qu'elles ne travaillent pas sur elles-mêmes. En travaillant sur soi-même, on peut bouleverser sa vie pour mener une vie plus heureuse et plus épanouie. Un objectif qui vaut la peine d'être poursuivi.

Développer les points forts et les compétences

De nombreuses personnes souhaitent mieux développer leurs forces et leurs capacités et réaliser leur plein potentiel. Cela est possible en se concentrant sur les aspects de transformation active et d'amélioration de la personnalité.

La transformation active fait référence au renforcement et à l'amélioration des aspects positifs de notre personnalité. Ces aspects sont souvent appelés nos points forts et constituent un facteur important à notre réussite. La transformation active peut nous aider à mieux utiliser ces points forts et à réaliser notre plein potentiel.

L'optimisation du caractère, quant à elle, se réfère aux aspects de notre personnalité que nous voulons ou devons améliorer. Cela peut aller de l'intelligence émotionnelle aux compétences sociales en passant par l'orientation pratique. L'optimisation du caractère nous permet de nous développer et d'évoluer pour devenir la personne que nous voulons être. Il s'agit d'une étape importante dans notre évolution.

Utilisation optimale & renforcement de ses propres ressources

Pour parvenir à une optimisation positive du caractère, il est important d'utiliser correctement nos ressources et de les renforcer. Cela implique de bien se connaître en tant que personne et d'avoir confiance en nos points forts, tout en cherchant des moyens de davantage nous développer.

Un aspect essentiel de l'optimisation du caractère est la capacité à nous motiver nous-mêmes, car notre motivation nous aide à atteindre nos objectifs et à résoudre nos problèmes, nous devons donc la découvrir et la renforcer en permanence. Cela nécessite de la créativité et de la discipline. Cela exige un travail régulier sur notre confiance en nous, afin de réduire les doutes et d'associer nos actions à des sentiments positifs.

Une autre façon d'optimiser notre caractère est d'améliorer notre humeur et notre bien-être de manière naturelle. Les processus de pensée positive favorisent à la fois notre bien-être mental et physique. La respiration consciente peut réduire le stress et augmenter notre niveau d'énergie. L'exercice physique est lui aussi un moyen reconnu d'améliorer le bien-être ; il peut aider à réduire le stress et à renforcer notre système immunitaire.

Enfin, nous avons besoin d'une communauté positive. Les personnes ayant des intérêts ou des styles de vie similaires peuvent nous aider à mieux nous comprendre et à essayer de nouvelles idées. Passer du temps avec sa famille et ses amis, ou s'engager dans la vie sociale sont des exemples d'activités communautaires positives qui peuvent contribuer à optimiser notre caractère.

Entraînez votre perception, faites attention aux petits détails et réjouissez-vous.

Les exemples ci-dessus ne sont que quelques-uns des nombreuses façons d'optimiser votre caractère. Votre but sera de trouver la clé qui fonctionne le mieux à offrir le meilleur de vous-même !

Atteindre ses objectifs

Une clé importante de l'optimisation du caractère est d'atteindre et de maintenir ses objectifs. On se fixe de petits objectifs réalistes et on les révise régulièrement. C'est un bon moyen de progresser et de se motiver, car atteindre de petits objectifs donne à votre subconscient un sentiment d'accomplissement et d'estime de soi, renforce votre confiance en soi et vous encourage à croire en vos propres capacités pour vous lancer dans d'autres et plus grands projets.

Alimenter son propre système en pensées positives permet de rester motivé, vous devez donc utiliser des affirmations positives et vous débarrasser des pensées négatives. Vous pouvez le faire en prenant quelques minutes par jour pour réfléchir positivement à l'avancée de vos objectifs. Il est tout aussi important d'éviter ou de supprimer autant que possible les stimuli négatifs dans son environnement.

La productivité permet également de surmonter les pensées négatives. Concentrez-vous clairement sur vos objectifs et travaillez à les atteindre. Ne vous en éloignez pas.

Le contact avec d'autres personnes peut également contribuer à optimiser votre caractère. En entrant en contact et en côtoyant des personnes qui dégagent une énergie positive, vous pouvez vous charger d'énergie positive. De telles personnes nous inspirent souvent et nous aident à atteindre nos objectifs et à développer notre caractère. Elles peuvent également jouer le rôle de mentors ou de conseillers et aider d'autres personnes dans des situations difficiles. L'interaction avec de telles personnes offre la possibilité d'intégrer de nouvelles idées et d'approfondir notre compréhension de différents aspects de notre vie, tout en nous offrant l'opportunité d'échanger avec différentes personnes.

Il est également important de faire régulièrement des pauses en se déconnectant de tout et de prendre le temps de pratiquer des techniques de relaxation comme la méditation ou le yoga. Ces activités aident à réduire le stress et nous rendent plus forts mentalement - ce qui contribue en fin de compte à optimiser notre caractère. En général, les loisirs nous aident à trouver la paix intérieure et à recharger nos batteries pour relever de nouveaux défis, ce qui est également décisif pour l'optimisation du caractère !

Renforcer sa santé mentale

La santé mentale est un aspect important de notre santé générale et de notre bien-être. Renforcer notre santé mentale peut nous aider à mieux gérer le stress et les défis, à améliorer nos relations, à accroître nos performances.

Il existe de nombreuses façons de renforcer sa santé mentale. Voici quelques conseils :

- Passer beaucoup de temps dans la nature - des études ont montré que le fait d'être dans la nature offre des bénéfices à la fois physiques et mentaux. Prenez quelques minutes chaque jour pour profiter du bon air.

- Rester actif - l'exercice physique n'aide pas seulement notre corps, mais aussi notre esprit. Trouvez une activité qui vous plaît et essayez de l'intégrer régulièrement à votre emploi du temps.

- Manger sainement - Une alimentation équilibrée est importante pour notre santé générale, y compris pour notre santé mentale. Veillez à prendre régulièrement des repas sains et à vous tenir éloigné de la malbouffe.

- Apprendre de nouvelles choses - Notre cerveau a toujours besoin de nouveaux défis pour rester en bonne santé et en forme. Essayez d'apprendre quelque chose de nouveau chaque jour, qu'il s'agisse d'une nouvelle compétence ou simplement de nouvelles informations.

- Entretenir des contacts sociaux - L'interaction sociale est importante pour notre santé mentale. Planifiez des réunions ou des sorties régulières avec vos amis et votre famille et essayez de rencontrer de nouvelles personnes.

Il est très important que nous prenions soin de notre santé mentale et que nous essayions d'être aussi sains d'esprit que possible. L'entraînement à la pleine conscience, la méditation et l'exercice physique peuvent être utiles, car ils nous permettent d'être plus attentifs au quotidien et nous aident à mettre en ordre nos pensées.

Être en bonne santé et conserver celle-ci

Qui ne souhaite pas être en bonne santé, être heureux et avoir du succès ? Cela fait partie des besoins humains fondamentaux. Si nous restons en bonne santé et en forme, nous pouvons atteindre de nombreux autres objectifs.

Parmi les nombreux aspects à prendre en compte pour l'optimisation de la personnalité, l'un des plus importants est une forte intelligence émotionnelle. Avec l'intelligence émotionnelle, on peut apprendre à créer des relation avec les autres, à mieux se comprendre et finalement à mieux réfléchir à nos propres actions et décisions. Une forte intelligence émotionnelle nous aide à établir de meilleures relations et à communiquer plus efficacement.

Une bonne intelligence émotionnelle implique une grande capacité de résilience. La résilience signifie que vous pouvez vous adapter à des situations difficiles et que vous ne vous laissez pas facilement décourager par les revers. Pour augmenter votre résilience, vous devez apprendre à vous accepter et à renforcer votre confiance en vous. Si vous apprenez à vous respecter et à vous aimer davantage, il vous sera plus facile d'accepter les défis et de mieux gérer des situations stressantes. Le soutien de la famille ou des amis peut s'avérer également utile.

Un dernier aspect important est l'élargissement de vos horizons par de nouvelles expériences. Cela ne signifie pas nécessairement que vous devez voyager dans des pays lointains ou vivre des aventures dans des villes inconnues - cela signifie simplement d'essayer de nouvelles choses ! Lire un nouveau livre ou découvrir un nouvel hobby, faire de nouvelles expériences, élargissent vos horizons et vous aident à acquérir des compétences et un aperçu de différents domaines de la vie.

L'optimisation de la personnalité demande beaucoup de temps et d'efforts, mais l'effort amène des résultats positifs ! Chaque jour apporte de nouvelles possibilités d'améliorer votre personnalité, mais c'est votre volonté qui sera toujours au centre de tous vos efforts ! Comme nous l'avons déjà dit : tout commence en vous !

Mettre l'accent sur le positif

Si vous choisissez consciemment de vous concentrer sur les aspects positifs de la vie, vous générerez un sentiment de bonheur et de satisfaction qui améliorera votre bien-être, augmentera votre confiance et vous apprendra à mieux gérer les situations difficiles. Gardez à l'esprit qu'il est normal de commettre des erreurs, ainsi il faut savoir accepter quelques revers de la vie. Si vous développez votre capacité à gérer les situations potentiellement stressantes, vous développerez parallèlement votre capacité à avoir de nouvelles idées.

Vous pourrez impliquer et entraîner des amis ou des membres de la famille dans cette démarche de pensée positive. Cet effet de groupe permet de mieux se soutenir et s'aider les uns des autres.

Ainsi, avec cette concentration sur le positif et la recherche de soutien dans les situations difficiles, on finit par mieux gérer les défis de la vie et à optimiser son caractère. Ne jamais perdre espoir et toujours croire en soi est une vision fondamentale de cette démarche, car l'avenir est entre nos mains ! Il faut faire en sorte que cet avenir soit le meilleur possible pour notre propre bien.

Optimisme

Nous avons trop tendance à nous concentrer sur les aspects négatifs de notre vie. Si nous pensons à nos faiblesses, nous finissons par nous lamenter sur tout que nous avons fait dans le passé, mais si nous nous attachons au positif, nous pouvons nous réjouir de toutes les choses positives que nous rencontrons chaque jour.

Pour se concentrer sur les aspects positifs de notre vie, nous pouvons dresser une liste des choses qui nous font plaisir quotidiennement. Il suffit d'établir cette liste en écrivant une liste à la main ou sur notre ordinateur, et de nous y référer tous les jours pour revoir ce qui nous fait plaisir et ce que nous avons bien fait.

En prenant conscience de ce que nous avons déjà bien fait et des progrès que nous avons déjà réalisés, nous nous concentrons sur l'évolution que nous avons déjà réalisée et sur les aspects de notre caractère que nous avons déjà améliorés.

Entraînez votre caractère

L'autoréflexion est un des aspect important. En observant nos propres actions et réflexions, nous pouvons apprendre à mieux nous comprendre et à agir de manière plus consciente. Pour nous aider à développer une réflexion sur notre caractère, nous pouvons lire des livres ou des articles sur le thème du développement de celui-ci. Cela nous amène à de nouvelles perspectives sur notre comportement et à découvrir de nouvelles façons pour le développer.

Il est tout aussi important de prendre le temps de se détendre et de méditer. Ces exercices nous aident à mieux nous connaître, à reconnaître nos sentiments et nos besoins, ainsi qu'à nous confronter à notre moi intérieur. Par le temps de concentration sur notre état intérieur qu'une session de méditation permet et la détente profonde qu'elle procure, nous sommes, au sortir d'une telle pratique plus éveillés au monde social et plus aptes à agir consciemment et à orienter notre comportement de manière ciblée.

Exprimer notre créativité, en écrivant des histoires ou en dessinant par exemple, est une autre façon d'améliorer son caractère. Finalement, prendre du temps pour se satisfaire par une activité plus centrée sur nous-mêmes, notre soi intérieur, permet de renforcer notre estime de soi et travailler sur notre capacité à exprimer nos sentiments.

En conclusion, il est important de toujours garder à l'esprit qu'il n'y a pas une seule bonne façon d'optimiser son caractère - mais qu'il existe de nombreuses façons différentes de nous y amener. C'est à chacun de trouver les méthodes qui lui conviennent le mieux. Cela demande un peu de patience et des efforts, mais rend réelle la promesse d'un meilleur succès personnel - alors lancez-vous !

Modifier les croyances, les valeurs et les attentes

Un autre aspect dont les gens doivent tenir compte lorsqu'ils essaient d'optimiser leur personnalité est celui des croyances, des valeurs et des attentes. Les croyances sont les convictions et les opinions que les gens ont sur certaines choses. Elles sont souvent le résultat d'expériences ou d'informations que nous avons accumulées au fil du temps. En modifiant ces points, on peut avoir une attitude plus positive face à la vie.

Changer ses croyances, c'est accepter de reconnaître que certaines choses ne se sont pas nécessairement telles qu'on les croit être au départ. À ces croyances sont liées des attitudes que vous devrez reconnaître, et que vous pouvez, et devrez peut-être changer.

Dans ce cheminement, vous serez amené à déterminer quelles sont vos valeurs fondamentales dans la vie et si elles ont une influence positive ou négative sur votre caractère. Le lien entre les valeurs et le caractère est d'une importance capitale. En déterminant ses valeurs fondamentales, il est plus facile de distinguer le bien du mal. La plupart des gens tirent leurs valeurs de leur famille ou de leur environnement, il est toutefois conseillé de développer ses propres modèles de décision morale et de ne pas simplement acquérir ceux des autres, quels qu'ils soient.

Il est également utile d'ajuster nos attentes. Nos attentes influencent notre caractère. En essayant d'adopter des attentes réalistes plutôt que des objectifs irréalistes, il est plus facile de vivre le moment présent et de se concentrer sur des actions authentiques et vivantes.

Évoluer implique un ensemble de réflexions sur ce que nous contemplons du plus profond de nous-mêmes pour pouvoir véritablement définir ce qui nous apparaît alors comme étant le plus vrai. À partir de là, de cet endroit le plus sincère de nous-mêmes que nous découvrons, nous pouvons reconnaître que nos croyances toutes faites peuvent être modifiées, nous pourrons ensuite adapter avec plus de liberté de pensée et d'action les valeurs et les attentes face aux situations de la vie et être ainsi plus réalistes face à elles. Il sera ainsi possible d'optimiser votre caractère de manière positive, d'améliorer son attitude face à la vie et de développer des manières d'agir plus authentiques, permettant dès lors d'acquérir une plus grande confiance en soi.

Prendre de meilleures décisions émotionnelles

Lorsqu'il s'agit de prendre des décisions, il est important de garder la tête froide. De nombreuses personnes se laissent submerger par leurs émotions et prennent souvent des décisions peu judicieuses. Si vous apprenez à contrôler vos émotions et à prendre des décisions conscientes, vous serez en mesure de faire de meilleurs choix.

Quelques conseils pour équilibrer raison et émotion dans la prise de décision :

- Prenez votre temps - Forcer une décision est souvent la recette d'une catastrophe. Si vous vous sentez sous pression, prenez un temps d'arrêt et respirez profondément. Calmez-vous et réfléchissez à la situation avant de prendre une décision.

- Écoutez votre instinct - l'intuition est un mode de connaissance puissant. Si vous avez l'impression que quelque chose n'est pas juste, faites confiance à votre instinct et prenez une décision en conséquence. N'ignorez jamais vos doutes simplement parce qu'il vous semble que c'est la décision la plus logique. Dans de nombreux cas, notre intuition est plus forte que notre raison.

- Examinez vos motivations - Avant de prendre une décision, examinez soigneusement vos motivations. Pourquoi voulez-vous faire cette chose ? Est-ce que tout cela est en accord avec vos objectifs et vos valeurs ? Si ce n'est pas le cas, ce n'est peut-être pas une bonne idée.

- Tenez compte de toutes les options - Prenez conscience des options qui s'offrent à vous avant de prendre une décision. Il existe souvent plus d'options que nous ne le réalisons. Prenez le temps d'examiner toutes les options et pesez soigneusement les avantages et les inconvénients de chacune d'entre elles avant de prendre une décision.

- Demandez conseil - Il est parfois utile de demander l'avis d'autres personnes avant de prendre une décision. Trouvez une personne proche en qui vous avez confiance et demandez-lui son avis. Mais n'oubliez pas qu'au bout du compte, ce sera à vous de prendre la décision !

Reconnaître les mauvaises habitudes

Il existe un nombre incalculable de mauvaises habitudes que nous pouvons développer. Celles-ci peuvent avoir un impact extrêmement négatif sur la vie et le développement de tout un chacun. Il est important de reconnaître ces mauvaises habitudes et d'être conscient de la manière dont elles peuvent influencer notre vie. Voici quelques-unes des mauvaises habitudes les plus courantes :

Le manque de sommeil est une mauvaise habitude très fréquente. De nombreuses personnes ressentent le besoin de rester éveillées la nuit et de dormir le jour. Cela les conduit souvent à ne pas dormir suffisamment et à être improductifs. Si vous avez des problèmes de sommeil, essayez de réguler votre rythme de sommeil, passez davantage de temps de repos dans votre lit.

Une autre mauvaise habitude très répandue est le tabagisme ou la consommation d'autres drogues. Celles-ci peuvent avoir un impact négatif sur votre santé et vous gâcher la vie. Si vous êtes fumeur ou consommateur d'autres drogues, vous devriez essayer d'arrêter et de changer cette mauvaise habitude.

Une autre mauvaise habitude très commune est le spamming ou l'incitation à la haine contre les autres sur Internet. De nombreuses personnes publient en ligne des contenus négatifs sur d'autres personnes ou des groupes, violent leur vie privée ou les présentent sous un mauvais jour. Lorsque vous partagez ou aimez de tels contenus, vous devriez vous demander s'ils sont appropriés et s'il n'y a pas des sujets plus utiles à aborder.

Changer les croyances intérieures

Les croyances intérieures sont des pensées que les gens ont sur eux-mêmes. Elles peuvent avoir un impact sur nos décisions et notre comportement. Les croyances sont souvent inconscientes, mais parfois elles sont conscientes et nous ont été inculquées.

Comme nous l'avons dit plus tôt, il est important de changer vos croyances si vous voulez améliorer votre personnalité. Ce n'est pas facile, mais avec un peu de discipline et de patience, c'est faisable. La première étape consiste à déterminer quelles sont vos convictions. Pour cela, vous pouvez vous poser des questions telles que : Qu'est-ce que je pense de moi ? Qu'est-ce que je me dis à moi-même ?

Le défi suivant consiste à transformer les croyances négatives en croyances positives. Par exemple, au lieu de penser "il n'y a aucun espoir pour moi", vous pourriez dire "j'ai beaucoup d'options et je vais atteindre mes objectifs". Pensez positif !

Pour changer vos croyances négatives, vous devez entraîner votre esprit en prononçant ou en visualisant des affirmations positives. Commencez par répéter des phrases telles que "Je suis assez bon" ou "Je peux tout faire" encore et encore jusqu'à ce que vous les automatisiez. Ajoutez-y ensuite la visualisation, ce qui signifie que vous vous imaginez en train de faire les choses que vous voulez réussir. Cela vous aidera à renforcer la confiance en vous et à surmonter les pensées négatives.

Une autre façon d'optimiser sa personnalité est d'apprendre de nouvelles compétences ou d'améliorer les anciennes. Vous avez de nombreux moyens pour ce faire : lire des livres, suivre des cours ou regarder des vidéos. L'élargissement des connaissances crée de nouvelles possibilités et développe de nouveaux modèles de comportement, ce qui renforcera naturellement votre confiance en vous-même et améliorera ainsi votre caractère.

Les gens doivent être prêts à sortir de leur zone de confort pour relever de nouveaux défis, en comprenant qu'il est acceptable de faire des erreurs, tant que l'on n'abandonne pas et que l'on fait de son mieux pour être meilleur que la veille : c'est ainsi que l'on réussit, d'une part, à augmenter sa confiance en soi-même, et d'autre part, à faire confiance aux autres et à avoir confiance en l'environnement dans son ensemble !

Développer la solidarité

De nombreuses personnes ressentent le besoin d'aider et de défendre les autres. Cette attitude est très positive et mérite d'être développée. Développer la solidarité envers autrui est également un bon moyen de reconnaître et de valoriser nos forces et nos capacités.

Il existe de nombreux types de solidarité que nous pouvons développer. Nous pouvons être solidaires envers nos amis et les membres de notre famille, mais aussi envers des personnes que nous ne connaissons pas. Nous pouvons être solidaires en les aidant, en nous engageant pour eux et en partageant leurs intérêts. Nous pouvons être solidaires en étant à l'écoute de leurs problèmes ou en nous efforçant de les aider à résoudre ces problèmes. La nature de la solidarité n'est pas si importante. Ce qui compte, c'est l'attitude qui la sous-tend - notre volonté à défendre les autres et à les aider.

Nous constatons que développer la solidarité envers les autres génère aussi de nombreux avantages pour nous-mêmes. Au cours du processus de notre engagement envers les autres et de l'aide que nous leur apportons, nos forces et nos capacités se révèlent ; en bref, cela nous permet de nous développer, et cela nous aide également à renforcer notre sensibilité. C'est une grande qualité qui nous amène à mieux nous adapter au monde émotionnel des autres et à mieux comprendre leurs besoins.

La solidarité nous aide également à développer des compétences sociales ; nous développons de meilleures interactions avec les autres et nous prêtons plus d'attention à leurs besoins. Développer la solidarité les uns pour les autres est l'une des tâches les plus importantes de tout être humain. Si vous pouvez aider et servir les autres, vous deviendrez une meilleure personne.

L'une des meilleures façons d'être plus solidaire est de participer à des projets sociaux ou caritatifs. Vous pouvez y échanger des idées avec des personnes ayant les mêmes perspectives que vous, et travailler ensemble à un objectif commun. De plus, vous ferez la connaissance de nouvelles personnes et découvrirez comment elles pensent.

Un autre aspect important du développement de la solidarité est la capacité à ressentir de l'empathie pour les autres. La capacité à se mettre à la place des autres et à comprendre leurs sentiments nous aide à mieux nous entendre avec les autres.

Développer cette capacité est possible à partir du moment où l'on reconnaît que les autres ont les mêmes sentiments que nous. En essayant de se mettre à la place d'autrui, on finit par mieux comprendre ses pensées et ses sentiments, et on devient ainsi plus empathique.

Gratitude

La gratitude est l'une des qualités les plus importantes qu'un individu devrait avoir. Il n'y a aucune raison pour qu'une personne ne soit pas reconnaissante pour ce qu'elle a. La gratitude est aussi l'expression d'une satisfaction, elle peut nourrir notre motivation de continuer à nous battre, même si les choses ne se passent pas toujours comme nous le souhaiterions.

L'une des meilleures façons d'augmenter notre vigilance et notre gratitude est de dresser chaque jour une petite liste des choses pour lesquelles nous pouvons être reconnaissants. Les choses plus importantes, tel qu'un collègue sympa ou une belle maison font naturellement partie de cette liste, mais nous ne devons pas négliger les petites choses, une belle journée ou un beau coucher de soleil, un bon repas ou des discussions agréables avec des amis.

En prenant conscience de tout ce que l'on a de bon dans sa vie, on devient automatiquement plus reconnaissant et bien entendu plus attentif à l'expérience que la vie nous offre.

Une autre astuce consiste à prendre chaque jour au moins cinq minutes pour s'asseoir ou s'allonger dans le silence complet, en se concentrant sur sa respiration. Cela permet d'apaiser l'esprit et de retrouver le calme. Si vous méditez régulièrement ou si vous vous détendez de cette manière, vous deviendrez automatiquement plus attentif et plus calme.

La gratitude est l'une des qualités les plus importantes lorsqu'il s'agit d'optimiser son propre caractère. Être reconnaissant, c'est reconnaître la valeur et les avantages de chaque situation. C'est aussi reconnaître chaque expérience comme quelque chose de positif ou qui nous enseigne quelque chose, et à apprécier les choses que nous avons dans la vie.

Cette attitude nous permet de reconnaître nos points forts, cela nous rend plus confiants. Nous pouvons utiliser le sentiment de gratitude pour nous développer et atteindre notre plein potentiel. Cette attitude nous aide également à développer plus de compassion pour les autres.

La gratitude peut être conscientisée pour finalement faire partie de la vie quotidienne. Vous pouvez commencer votre journée en prenant conscience de toutes les choses positives que vous avez vécues hier ou que vous attendez aujourd'hui. Vous pouvez également penser chaque soir avant de vous coucher, à tout ce que votre journée vous a apporté de positif.

Il est essentiel de développer cette reconnaissance envers chaque journée qui passe, et les bons moments de la vie, comme les mauvais finissent par prendre davantage de sens dans notre cheminement dans la vie. Ainsi, nous apprenons à développer positivement notre caractère et dès lors l'optimiser pour réaliser notre plein potentiel.

Transformations par des mantras et des affirmations

Les mantras et les affirmations sont des techniques éprouvées pour renforcer notre confiance en nous et apporter des changements positifs dans notre vie. Dans la tradition orientale, l'utilisation de mantras et d'affirmations est considérée comme un moyen de libérer le potentiel intérieur, d'apaiser l'esprit et de maintenir une forte concentration mentale.

Les mantras sont des mots prononcés ou des formules de phrases utilisées pour se connecter avec l'espace au sein duquel nous évoluons et partant de là, avec l'univers dans lequel nous vivons. Ils peuvent être utilisés pour atteindre certains objectifs ou pour nous guérir nous-mêmes. Les mots sont répétés encore et encore jusqu'à ce qu'ils soient profondément ancrés dans notre subconscient où ils parviennent à nous aider à nous libérer des pensées et des attitudes négatives.

Les affirmations sont des déclarations positives sur nous-mêmes. Elles nous offrent la possibilité de changer notre attitude envers nous-mêmes et d'influencer positivement notre comportement. En nous répétant sans cesse certaines affirmations, à voix haute ou à voix basse, nous sommes amenés à adopter de nouvelles façons de penser et à renforcer notre confiance en nous,

Les mantras et les affirmations ont ainsi la capacité de pénétrer dans les profondeurs de notre conscience et peuvent alors contribuer à améliorer notre bien-être psychique.

En les utilisant régulièrement, on apprend à arrêter le processus négatif de pensée et à adopter de nouvelles façons d'agir. Avec le temps, on peut apprendre à exercer plus de contrôle sur ce processus de pensée et acquérir une plus grande maîtrise dans ses actions et dans son comportement.

Ainsi, prononcer ou écrire régulièrement des mantras ou des affirmations, entraîne l'esprit à la positivité, de sorte qu'on finit par mieux pouvoir agir dans des situations difficiles. On a plus de contrôle sur ses émotions et on ne se laisse pas facilement distraire par les autres. Grâce à ces méthodes, nous pouvons renforcer certains aspects de nous-mêmes et nous concentrer sur les objectifs que nous voulons atteindre.

Le processus d'optimisation du caractère n'est pas seulement intellectuellement exigeant, il est aussi fatigant - mais le résultat en vaut la peine !

Les mantras sont des mots ou des phrases que nous récitons ou que nous nous répétons. Ils peuvent contenir des messages positifs ou négatifs. Par leur répétition, nous pouvons harmoniser nos pensées et nos actions. Les affirmations sont similaires aux mantras, mais elles font référence à des projets ou à des souhaits et non au présent.

Les mantras et les affirmations ne sont pas seulement bons pour les changements positifs que nous voulons voir en nous et pour mieux aller vers nos objectifs, ils peuvent aussi nous aider à mieux comprendre et gérer nos émotions négatives. Si nous pouvons accepter et accueillir notre peur ou notre colère, nous pouvons apprendre à les gérer et à cesser de nous influencer négativement.

L'importance de la danse et de la musique

La musique et la danse sont, pour la plupart d'entre nous, des éléments importants de notre personnalité individuelle. Elles nous permettent d'exprimer nos sentiments et sont donc un aspect essentiel pour l'optimisation du caractère. Par la danse, nous apprenons à mieux contrôler notre corps, à exprimer nos sentiments et à percevoir les mouvements des autres dans une pièce. Elle aide à mieux se contrôler et procure un sentiment d'harmonie, d'équilibre et de liberté par l'énergie qui circule dans le corps. Elle renforce la confiance en soi, stimule la créativité et améliore la résistance au stress. Elle aide également à développer un sentiment de connexion positive avec les autres.

Par la musique, nous apprenons à réagir aux autres et à aiguiser notre perception. Elle influence l'humeur et peut contribuer à apaiser ou à stimuler l'esprit, elle peut favoriser la concentration. Selon le type de musique écoutée, la musique peut donc favoriser différents aspects de la personnalité. La musique peut contribuer à réduire les émotions négatives et à favoriser une humeur positive. La musique peut également être utilisée comme outil thérapeutique pour réduire l'anxiété et le stress. Elle permet d'exprimer des sentiments et d'ouvrir de nouvelles voies de réflexion.

Ces deux éléments, musique et danse, sont d'une grande importance pour notre vie et peuvent nous aider à découvrir notre plein potentiel. Les avantages de la danse et de la musique pour l'optimisation du caractère sont donc évidents et se confirment régulièrement. Si vous dansez ou faites de la musique régulièrement, ou même les deux, vous obtiendrez de nombreux résultats en très peu de temps : On devient plus détendu, plus ouvert aux autres et on sent tellement plus de joie de vivre. Et traverser la vie en étant plus heureux est l'un de vos objectifs !

Chapitre 4 - Lâcher prise

À quoi nous accrochons-nous inutilement ?

Nous connaissons tous le sentiment de s'accrocher et de vouloir s'accrocher - aux personnes, aux choses, aux souvenirs. Mais pourquoi est-il si difficile de lâcher prise ? À quoi nous accrochons-nous inutilement ? Dans ce chapitre, je souhaite partager avec vous ce que j'ai appris sur le lâcher-prise et partager ces connaissances avec vous.

Mettre fin aux amitiés et aux relations toxiques

Beaucoup d'entre nous s'accrochent à des relations nuisibles. Nous nous accrochons à des personnes qui nous font du mal ou qui nous rendent malheureux. Nous nous accrochons à des relations alors que nous savons qu'elles sont mauvaises pour nous. Pourquoi agissons-nous ainsi ?

Beaucoup d'entre nous s'accrochent à de faux espoirs et à de faux rêves. Nous croyons que ces personnes finiront par nous comprendre ou nous accepter. Nous pensons qu'un jour, elles prendront les bonnes décisions et deviendront nos amies ou nos partenaires. Mais cela n'arrive pas la plupart du temps.

Si nous sommes bloqués dans une telle relation, nous devons apprendre à lâcher prise et à y mettre un terme. S'il n'y a pas d'autre solution, nous devons donner priorité à notre tête plutôt qu'à notre cœur et agir de manière raisonnable. Bien sûr, il est difficile de perdre une personne à qui l'on tient, mais il est primordial d'avancer vers quelque chose de nouveau plutôt que de rester dans une relation toxique. Ce type de relation ne fera que vous affaiblir mentalement.

Il y a différentes raisons qui font que nous restons accrochés à des personnes ou des situations. Certaines sont justifiées, d'autres ne le sont pas, d'ailleurs, cela ne veut pas nécessairement dire que c'est mal, mais si on entretient une relation ou une situation toxique, cela indique clairement qu'il est temps de changer quelque chose.

Les raisons les plus courantes de rester dans ce type de relation, sont les suivantes :

1) Nous avons peur d'être seuls. 2) Nous avons peur de reprendre à zéro. 3) La personne ou la situation nous manque trop. 4) Nous avons développé des dépendances mutuelles. 5.) La relation ou la personne a une forte signification émotionnelle pour nous. 6.) La relation ou la personne remplit une certaine fonction pour nous (notamment de réconfort ou de confirmation). 7) Nous pensons que nous devons changer ou améliorer quelque chose pour sauver la relation. 8) La situation est difficile à arrêter (par exemple, parce que nous avons peur de blesser l'autre personne). 9.) Nous ne prenons pas au sérieux le fait qu'il est impératif de vivre sans cette personne ou cette situation. 10.) Nous pensons que nous ne pouvons pas vivre sans cette personne.

Ce qui ne fait aucun doute, c'est que nous devons savoir qu'il est important de savoir mettre fin à des amitiés ou des relations toxiques. Si votre ami ou votre partenaire vous traite mal ou vous manque de respect, il est temps de vous séparer de lui. Que vous soyez des amis de longue date ou qu'il s'agisse d'une nouvelle relation, vous ne devriez jamais mettre votre bien-être en danger. Si vous craignez que l'autre personne ne soit pas en mesure de vous témoigner le respect que vous méritez, vous devez vous en protéger et prendre un autre chemin. Il peut être difficile de lâcher prise et d'abandonner le contrôle de la situation, mais il est important de reconnaître que certaines choses ne peuvent tout simplement pas être changées. Parfois, il n'existe pas d'autre choix que de lâcher prise et de passer à autre chose. Cela peut sembler douloureux sur le moment, mais avec le temps, vous réaliserez le bienfait que cela apportera dans votre vie.

Lâcher prise ne signifie pas nécessairement que tout doive s'arrêter. C'est au cas par cas, parfois il est possible de guérir et de trouver la paix sans exclure une personne de votre vie. Vous pouvez respecter l'autre personne tout en gardant une certaine distance. Il existe de nombreuses méthodes pour développer un processus de paix tout en maintenant une communication. Mais le choix vous appartient, et vous devez toujours le garder à l'esprit !

Comment gérer les membres négatifs de la famille

La plupart des gens ont au moins un membre de leur famille avec lequel ils ne s'entendent pas bien. Il peut s'agir d'un parent, d'un frère ou d'une sœur ou d'un parent éloigné. Ce qui représente le point commun de ces relations négatives est que cette ou ces personnes ont un impact négatif sur votre vie. Avoir une telle relation avec un membre de sa famille peut s'avérer très stressant et éprouvant.

Il y a cependant certaines choses que vous pouvez faire pour améliorer la situation. Tout d'abord, vous devriez essayer d'éviter autant que possible tout contact avec ce membre de votre famille. Mais si vous vivez dans la même ville ou si vous avez certaines obligations qui vous amène à rencontrer cette personne régulièrement, vous devrez faire l'effort de rester aussi poli et calme que possible. Si vous avez l'impression de ne pas pouvoir gérer ce membre de la famille, vous pouvez également envisager l'aide d'un thérapeute qui pourra vous aider à mieux comprendre et à mieux gérer la situation. On peut dire que les membres les plus négatifs d'une famille, sont ceux qui disent constamment du mal des autres ou qui les rabaissent et les rendent malheureux. Ceux qui savent toujours tout ou qui se mêlent continuellement de tout sont également très agaçants.

Si malheureusement, vous devez supporter d'avoir des membres dans votre famille qui ont ces attitudes-là, vous devez essayer de prendre vos distances avec eux. Cela peut s'avérer difficile à faire, mais cela en vaut la peine. Portez plutôt votre attention sur des personnes et des choses positives. Soyez attentif aux pensées et aux sentiments que ces influences positives suscitent en vous. De cette manière, vous apprendrez peu à peu à ne plus autant garder les influences négatives des personnes négatives dans votre esprit.

Des membres négatifs dans une famille peuvent transformer le quotidien des autres membres en enfer, surtout lorsqu'ils se trouvent dans une trop grande proximité ou lorsqu'on est amené à les côtoyer souvent. Il est difficile - mais indispensable - de lâcher prise dans nos relations avec ces personnes. Si vous avez un conflit familial et que vous n'êtes plus en mesure de résoudre ou de rompre cette relation, vous devez réfléchir aux étapes suivantes :

1) Fixez vos limites et maintenez vos décisions. Si vous ne vous sentez pas à l'aise avec certains membres de votre famille, soyez assertif et dites-leur que vous n'êtes pas prêt à continuer à être traité de la sorte. Restez ferme et expliquez vos raisons. Si d'autres tentent de remettre en question votre décision ou de la discuter, il vaut mieux être décisif.

2) Faites un compromis et définissez le cadre de votre comportement. N'essayez pas de trouver des excuses tous les jours ou de redéfinir les règles à chaque fois. Définissez une série de restrictions ou de conditions pour votre comportement et respectez-les.

3) Soyez ouvert à la négociation et essayez d'être constructif. Essayez de ne pas parler négativement de la situation. Répondez plutôt aux besoins de l'autre personne et proposez une solution. Adoptez une approche constructive et essayez de résoudre le conflit par un compromis mutuel dans la mesure du possible.

4) Restez plus calme que l'autre personne. La réaction émotionnelle peut souvent aggraver les problèmes - évitez donc autant que possible d'insinuer ou d'exprimer des sentiments négatifs. Soyez plus ouvert à la négociation sans blâmer ou accuser. Essayez

plutôt de comprendre ce que l'autre personne veut et travaillez ensemble à la résolution du conflit.

En fin de compte, il est important de laisser aller ce que vous ne pouvez pas changer, mais il est avant tout important de reconnaître que vous avez toujours le pouvoir sur votre vie, indépendamment des influences négatives provenant de la famille ! Vous devez apprendre à établir des priorités, ce qui signifie que vous devez prioriser les membres de la famille auxquels vous aurez du temps à consacrer de ceux que vous préférez éviter ! L'honnêteté et le respect envers l'autre permettent de développer un dialogue afin de poursuivre la relation de manière positive ! Mais si cela n'est pas possible, tirez un trait radical, pour votre propre bien !

Gérer les pensées négatives

Personne n'est parfait. Nous n'avons pas toujours une attitude positive, ni ne pensons toujours de manière positive. Il nous arrive à tous de nous accrocher à des pensées et des sentiments négatifs, même si nous savons qu'il est préférable de ne pas s'y attacher et de les laisser partir.

Quelle est la raison pour laquelle nous nous accrochons si souvent à des pensées qui ne nous font pas avancer ? La plupart des gens s'accrochent à des pensées ou à des expériences négatives parce qu'ils ont peur de perdre quelque chose ou de faire quelque chose de mal. Nous nous accrochons à nos pensées ou expériences négatives pour nous protéger et ne pas admettre nos erreurs.

Beaucoup d'entre nous s'accrochent à des choses qui ne sont pas si importantes. Outre les objets physiques et les choses matérielles, nous nous accrochons également à des pensées négatives. Nous pensons trop aux choses négatives au lieu de penser aux choses positives. En craignant par exemple, ce que demain pourrait nous apporter au lieu de nous concentrer sur ce qui se passe aujourd'hui. Nous refoulons nos sentiments et essayons plutôt de tout contrôler. Mais en fin de compte, nous n'y parvenons jamais vraiment, car ce quelque chose de négatif auquel nous pensons ou qui nous préoccupe peut nous retenir en arrière ou nous faire stagner. Il est préférable d'apprendre à gérer les pensées négatives afin de ne pas trop s'y attacher. Si nous commençons à prêter plus d'attention aux choses positives dans notre vie et à les reconnaître, il nous sera beaucoup plus facile de lâcher prise et de ne pas accorder autant d'importance aux pensées négatives.

Notre esprit a tendance à revenir à des souvenirs négatifs et à ruminer encore et encore les mêmes problèmes, si nous ne lâchons pas le passé derrière nous, on le laisse nous guider dans une certaine mesure. Et même s'il est difficile de se libérer de ces entraves mentales, cela reste possible.

Il est important de reconnaître qu'il y a dans notre vie de bons et de mauvais moments dont nous pouvons tirer des leçons. Nous devons simplement accepter que certains événements fassent partie de la vie sans pour autant déterminer toute notre existence. En nous débarrassant des pensées négatives, nous pouvons élargir notre réflexion et emprunter de nouvelles voies.

Un moyen efficace de se débarrasser des pensées négatives consiste à se concentrer consciemment sur des sentiments positifs. Pensez plutôt à des expériences positives de votre passé ou à des moments agréables de votre vie actuelle. Lorsque vous vous concentrez sur des souvenirs positifs, l'esprit repousse automatiquement les mauvaises pensées, et les émotions négatives passent alors au second plan. De la même manière, la méditation peut nous aider à prendre le contrôle de nos processus de pensée et à diriger notre attention sur des choses positives. Essayez simplement de respirer profondément et de libérer votre esprit de toutes les émotions négatives. Prenez le temps de rester à pratiquer cet exercice afin de relâcher vraiment les tensions et libérer votre état d'esprit. Cet exercice peut aider à réduire le stress et à développer une attitude positive.

Passer du temps dans la nature aide également à lâcher prise, l'expérience de la nature nous met en contact avec notre âme et nous permet d'avoir les idées plus claires. En nous connectant à l'univers, nous obtenons des sources de force psychique qui nous permettent de mieux lâcher les processus de pensée négatifs. Décidez d'être heureux - lâchez prise !

Recadrage - Transformer les pensées négatives en pensées positives

Beaucoup d'entre nous s'accrochent à des choses ou des pensées qui n'ont aucune valeur pour nous. Nous nous prenons trop au sérieux et négligeons l'ici et maintenant. À quoi nous accrochons-nous inutilement ? Que pourrions-nous améliorer avec un peu plus de sérénité ?

Avoir des pensées négatives qui s'insinuent dans l'esprit et bloquent la vie est un état vécu par de nombreuses personnes, cela représente souvent une véritable souffrance pour ceux qui l'expérimentent. L'un des moyens d'éviter cela est le recadrage. Nous ne pouvons pas toujours changer immédiatement notre environnement ou la situation dans laquelle nous nous trouvons, mais nous pouvons influencer la manière dont nous y réagissons. Et la manière dont nous réagissons à certains éléments dépend beaucoup de la façon dont nous les interprétons. Et souvent, nous interprétons les choses de manière négative parce que nous nous souvenons du passé ou parce que nous avons peur de l'avenir. Cela nous accable et nous stresse inutilement. La méthode du recadrage permet de modifier notre interprétation des situations.

Il s'agit alors de transformer les pensées négatives en pensées positives. Ainsi, lorsque vous percevez que vous êtes en train de penser à une phrase telle que "Je ne peux pas faire ça" ou "C'est trop difficile", vous pouvez recadrer ces pensées et penser à la place "Si je ne l'ai jamais encore fait auparavant, alors je dois le faire maintenant !" Ou "C'est trop difficile ? Et alors ? Il n'y a pas de tâches faciles - seulement des tâches que quelqu'un d'autre peut mieux faire !" Cela vous aidera à rester positif et concentré et à éviter le stress ou l'anxiété.

Cette méthode permet de considérer une situation ou un événement sous un autre perspective. Au lieu de se concentrer sur les aspects négatifs, nous déplaçons légèrement l'attention pour voir un côté positif. C'est une méthode qui nous permet de reprogrammer nos pensées et de réduire le stress.

Essayez de faire cela : Lorsque vous vous trouvez dans une situation stressante, prenez un moment pour vous demander : "Quel est le côté positif de cette situation ?" Et vous découvrirez que finalement ce n'est peut-être pas aussi grave que vous le pensiez au départ ou pas si désespéré.

Beaucoup de gens ne se rendent pas compte qu'ils s'accrochent à de vieux schémas de pensée et à des croyances. Nous négligeons facilement le fait qu'il existe une différence cruciale entre la réalité et ce que nous imaginons. Lorsque nous en devenons conscients, nous avons la possibilité de reformuler nos pensées et de transformer les pensées négatives en pensées positives.

Le recadrage est une technique utilisée dans le coaching et la psychothérapie pour détourner l'attention des pensées négatives et créer cette nouvelle perspective sur une situation ou une expérience. Le recadrage consiste donc à modifier l'interprétation afin d'atteindre un niveau plus élevé de confiance en soi et d'espoir.

Imaginez par exemple que vous venez de perdre votre emploi. Une réaction spontanée pourrait être : "Je suis tellement maladroit ! Je ne sais rien faire de bien !" Cette pensée ne vous fait toutefois pas avancer - au contraire, elle diminue votre confiance en vous. À l'inverse, vous pourriez faire la réinterprétation suivante : "J'ai perdu mon emploi, c'est un fait, mais je suis prêt pour quelque chose de nouveau et motivé pour relever ce nouveau défi".

En reformulant nos pensées négatives, nous créons de l'espace pour de nouvelles possibilités.

Nous parvenons à nous encourager et à nous concentrer sur le positif de chaque situation. Grâce au recadrage, nous apprenons également à nous défaire de vieux schémas de pensée et de croyances et à nous préparer plutôt à relever de nouveaux défis. C'est un processus libérateur qui nous permet en fin de compte d'être plus libres. C'est un mouvement, c'est de l'ordre du vivant.

Gérer les peurs

Nous pensons trop au passé et nous nous préoccupons trop de l'avenir. Nous nous prenons trop au sérieux et nous négligeons l'instant présent. À quoi nous accrochons-nous inutilement ? Que pourrions-nous améliorer avec un peu plus de sérénité ?

De nombreuses personnes souffrent du fait que des pensées négatives s'insinuent dans leur esprit et le bloquent. Il s'agit de transformer les pensées négatives en pensées positives. Ainsi, si vous pensez "Je ne peux pas faire ça" ou "C'est trop difficile", vous pouvez recadrer ces pensées et penser à la place "Je n'ai jamais fait ça auparavant ? Eh bien alors, je dois le faire maintenant !" Ou "C'est trop difficile ? Et alors ? Il n'y a pas de tâches faciles - seulement des tâches que quelqu'un d'autre peut faire mieux !" Cela vous aidera à rester positif et concentré et à éviter le stress ou l'anxiété.

Le point de départ est que bien que nous ne puissions pas toujours changer immédiatement notre environnement ou la situation dans laquelle nous nous trouvons, nous pouvons, sans grande difficulté, influencer la manière dont nous y réagissons. La manière dont nous réagissons à certaines choses dépend en fait beaucoup de la façon dont nous les interprétons.

Souvent, nous interprétons les choses de manière négative parce que nous nous souvenons du passé ou parce que nous avons peur de l'avenir. Cela a pour conséquence de nous accabler et de nous stresser inutilement. Il existe toutefois une méthode qui nous permet de modifier notre interprétation des situations : au lieu de nous concentrer sur les aspects négatifs, nous pouvons essayer de voir les aspects positifs. De cette manière, nous pouvons reprogrammer nos pensées et réduire le stress. Essayez de faire cela : Lorsque vous vous trouvez dans une situation stressante, prenez un moment pour vous demander : "Quel est le côté positif de cette situation ?" Peut-être que ce n'est pas aussi grave que vous le pensiez au départ.

La gestion des peurs est une partie importante du lâcher-prise. Nous avons tous des peurs, mais il arrive que nous nous accrochions à elles, même si elles ne nous aident pas. Nous nous y accrochons parce qu'elles semblent nous apporter une certaine sécurité et parce que nous avons l'impression que tout pourrait être pire si nous les laissions aller. Mais en réalité, nos peurs ne font que nous empêcher de vivre et de nous mettre en action pour donner le meilleur de nous-mêmes dans notre vie.

Il est donc essentiel de se débarrasser de ces peurs et d'explorer de nouvelles voies à la place. Pour cela, il est utile d'identifier la chose à laquelle vous vous accrochez exactement. En règle générale, ce sont de vieux schémas de pensée ou des habitudes qui nous empêchent d'emprunter de nouvelles voies et de développer notre plein potentiel. Il est donc nécessaire de reconnaître ces schémas de pensée et de les reformuler. Vous pouvez également considérer consciemment vos peurs comme un défi et non comme un obstacle dans votre vie.

Si vous apprenez à gérer vos peurs et à les affronter, vous pourrez plus facilement lâcher prise et gagner votre liberté. Une autre étape consiste à assumer la responsabilité de vos propres actions ; au lieu de blâmer les autres ou d'abandonner le contrôle, vous devez apprendre à assumer la responsabilité de vos décisions. En laissant tomber les vieux schémas et en prenant vos responsabilités, vous vous ouvrez de nouveaux horizons dans votre vie. Vous pouvez également apprendre à être plus ouvert à la nouveauté et à saisir des opportunités qui vous seraient autrement fermées. De cette manière, vous développez une plus grande confiance en vous et une plus grande satisfaction dans votre vie.

En fin de compte, il s'agit de reprendre le contrôle de soi-même : Se libérer des attaches inutiles et avoir le courage d'emprunter de nouvelles voies - sans avoir peur de l'inconnu ou de l'échec. Chaque jour que vous faites cela, vous en apprenez davantage sur vous-même et trouvez le courage de lâcher prise - de quoi que ce soit !

Gérer la peur

Il est normal d'avoir peur. La peur est une émotion qui fait naturellement partie de la vie humaine. Mais parfois, nous pouvons nous accrocher à des peurs qui nous accablent inutilement ou nous empêchent d'avancer.

De nombreuses personnes s'accrochent à de vieilles peurs et à des modèles de comportement du passé et les laissent entrer dans leur vie sans reconnaître qu'ils ne sont plus pertinents. Cela peut conduire à un certain isolement et empêche souvent de progresser dans la vie, c'est ainsi que cela peut nous empêcher d'atteindre notre plein potentiel dans certaines situations. Donc, si nous nous accrochons à quelque chose qui s'est produit dans le passé ou qui nous inhibe, nous devons lâcher prise pour nous réinventer.

Toutefois, si vous ne savez pas par où commencer, je vous conseille de travailler avec un expert ou d'essayer différentes techniques qui vous aideront à vous explorer et à vous débarrasser de ces peurs. Il existe des exercices respiratoires et physiques de méditation, comme l'apprentissage de pratiques de pleine conscience, qui pourront vous aider à gérer efficacement vos peurs et à lâcher prise.

L'une des premières étapes pour surmonter la peur est de déterminer ce qui vous fait peur exactement, ou ce qui vous déstabilise. Souvent, ce sont les choses que nous craignons le plus qui nous retiennent le plus. Une fois que nous savons de quoi nous avons peur, nous pouvons commencer à maîtriser ces peurs.

En fixant des limites aux autres et en apprenant à dire "non" – sans vouloir blesser les autres, mais pour passer plus de temps avec vous-même et vous occuper de vos propres besoins. Car prendre le temps pour réfléchir soigneusement est le meilleur moyen de découvrir ce qui est important pour mieux vous connaître - les aspects positifs comme les aspects négatifs - afin que vous soyez finalement en mesure de lâcher ce à quoi vous vous accrochez parfois inutilement et de gagner ainsi plus de confiance en soi.

Une autre étape consiste à permettre à nos peurs d'évoluer et de se transformer. Nous devons apprendre à accepter le fait qu'elles font partie de notre vie et qu'elles ne restent pas toujours les mêmes. Nous pouvons les gérer en apprenant à devenir plus flexibles et à nous adapter aux changements dans notre vie.

Enfin, nous devons apprendre à nous accepter et à faire confiance à ces peurs, nous pouvons les voir comme quelque chose qui nous aide à devenir plus forts et plus confiants. Si nous apprenons à nous accepter tels que nous sommes, nous réussirons à bien mieux les gérer.

Chapitre 5 - Votre avenir

Planification : comment atteindre vos objectifs

Si vous êtes parfois insatisfait de votre vie parce que vous n'arrivez pas à faire certaines choses ou que, compte tenu de la situation actuelle, il vous semble tout simplement impossible d'atteindre vos objectifs, voici des conseils pour vous aider à planifier votre avenir pour mieux réussir !

Pourquoi la planification est la base du succès

La plupart des gens pensent qu'ils peuvent planifier, quand, en réalité, ils n'y arrivent pas. En effet, la plupart des gens ne planifient pas correctement, parce qu'ils n'ont qu'une vague idée de ce qu'ils veulent accomplir et espèrent tout simplement que les choses se passeront bien. Le problème, c'est que cela ne fonctionne pas de cette façon. Si vous voulez vraiment atteindre vos objectifs, vous devez PLA-NI-FIER. La planification est la base du succès, on ne le dira jamais assez ! Si vous ne planifiez pas, vous n'avez aucune chance d'atteindre vos objectifs ! Si vous planifiez, vous saurez exactement ce que vous devrez faire pour atteindre vos objectifs. Vous saurez aussi exactement quels obstacles pourraient se dresser sur votre chemin et ce que vous pourrez faire pour les surmonter. De cette façon, vous êtes sûr d'être sur la bonne voie !

Combien de fois avez-vous eu l'impression que la vie vous avait emmené dans une direction et que vous n'avez pas été en mesure d'atteindre vos objectifs ? La raison en est souvent l'incapacité à planifier. Si vous ne savez pas où vous voulez aller, vous serez balloté d'un côté ou d'un autre. L'art de la réussite réside dans la capacité à se fixer des objectifs et à élaborer un plan pour les atteindre. La plupart des gens ne réfléchissent pas à leurs objectifs avant de passer à l'action. Ils se lancent simplement et font de leur mieux. Cette stratégie a un inconvénient majeur : elle ne vous fait pas avancer. Sans un plan clair, vous serez constamment à la recherche de la prochaine étape et vous ne pourrez donc pas vous concentrer sur les choses qui sont vraiment importantes.

Un bon plan, en revanche, vous aide à utiliser votre temps efficacement et à atteindre vos objectifs. Il vous donne de l'assurance et vous donne la force dont vous avez besoin pour réaliser vos rêves. L'art de la réussite consiste donc à élaborer un plan et à le suivre étape par étape, un pas à la fois. Si vous le faites, vous atteindrez bientôt votre objectif !

La planification est la clé pour atteindre vos objectifs. Si vous établissez un plan, vous pouvez être sûr que chaque étape de la réalisation de votre objectif est planifiée de manière systématique et efficace. Un autre élément important de la planification est la définition des repères le long du chemin. De cette manière, vous pourrez mesurer les progrès réalisés vers votre objectif et faire les ajustements nécessaires pour avancer dans la bonne direction. Un plan vous permet également d'identifier les obstacles et les défis à l'avance et vous y préparer. De cette manière, vous pouvez surmonter les difficultés et poursuivre la mise en œuvre de votre plan sur la bonne voie. En outre, un plan vous aide à trouver et à conserver votre motivation. Il n'y a rien de mieux qu'un plan bien conçu pour atteindre des objectifs : il vous donne une structure à suivre pour vous assurer que vous vous rapprochez chaque jour davantage de votre but. En révisant et en adaptant régulièrement vos plans, vous resterez motivé pour rester fidèle à votre objectif. Conclusion : que votre objectif soit grand ou petit, sans un plan bien conçu, vous manquerez vos chances et le risque de dévier de votre trajectoire augmentera en conséquence. C'est pourquoi il est si important d'établir un plan solide et de le réviser régulièrement !

Planifier correctement

Si vous souhaitez atteindre vos objectifs, vous devez les planifier correctement. Cela signifie que vous devez réfléchir à la manière la plus efficace d'avancer.

Il y a quelques éléments à prendre en considération :

- Si vous atteignez vos objectifs par petites étapes, il vous sera plus facile de rester motivé et de ne pas trop stresser. Il est donc important de formuler vos objectifs de manière segmentée afin qu'ils soient réalistes et faciles à réaliser.

- Si vous consignez vos plans par écrit, vous aurez immédiatement à portée de main toutes les informations dont vous avez besoin. De cette manière, vous n'aurez pas besoin d'y penser constamment et vous pourrez mieux vous concentrer sur ce qui se trouve devant vous.

- Même si c'est parfois difficile, essayez de toujours penser positivement ! Il n'y a aucune raison de penser négativement aux choses qui arrivent ou aux personnes qui vous entourent. Essayez donc toujours de penser positivement et écoutez les affirmations positives !

Réfléchissez à ce que vous voulez et à ce que vous devez faire pour l'atteindre. Notez vos objectifs et divisez-les en objectifs plus petits que vous pourrez atteindre. Fixez un calendrier et récompensez-vous lorsque vous atteignez quelque chose de significatif. Si vos objectifs sont clairs et que vous savez ce que vous devez faire pour les atteindre, il y a de bonnes chances que vous les réalisiez.

Faire face aux difficultés de manière positive et les surmonter

Personne ne peut traverser la vie sans rencontrer des difficultés. C'est la manière dont vous les gérez qui détermine votre réussite. Bien sûr, il est plus facile de le dire que de se retrouver à affronter les difficultés de manière positive et les surmonter. Mais avec un peu de pratique et une bonne attitude, vous pouvez vous aussi apprendre à maîtriser les situations difficiles. L'une des meilleures façons de faire face aux difficultés est de les considérer comme des défis. Si vous vous dites : "Je peux y arriver" ou "C'est une chance pour moi de progresser", vous serez beaucoup plus motivé pour surmonter la difficulté. Vous constaterez également que vous serez plus fort et plus confiant. Toutefois, il est également important de rester réaliste. Si une situation est vraiment difficile et que vous n'êtes pas sûr de pouvoir la surmonter, vous pouvez demander de l'aide. Cherchez des personnes qui peuvent vous aider ou informez-vous sur les solutions possibles. Assurez-vous d'avoir toutes les informations dont vous avez besoin avant d'essayer de surmonter une difficulté. Quelle que soit la difficulté apparente d'une situation, tout est possible avec la bonne attitude. Soyez positif et rappelez-vous que chaque défi représente une chance pour vous de développer votre personnalité !

Il y a de nombreux défis sur le chemin et il peut être difficile de persévérer et de croire en soi. Si vous voulez atteindre vos objectifs, vous devez apprendre à affronter et à surmonter les difficultés avec courage. Ainsi, pour récapituler :

1) Fixez vos objectifs de manière réaliste. Souvent, nos objectifs sont si ambitieux que nous ne pouvons répondre aux attentes que nous avons envers nous-mêmes. En vous fixant des objectifs raisonnables et des attentes réalistes, vous serez sûr d'atteindre vos objectifs.

2) Développez une mentalité positive. Si vous commencez à entretenir des pensées négatives sur vous-même et sur vos capacités, il vous sera bien difficile d'atteindre vos objectifs. Si vous pensez positivement et croyez en vous, votre attitude positive et votre énergie vous aideront à atteindre vos objectifs.

3) Faites un plan et suivez-le pas à pas. Faites un plan détaillé pour chaque étape de la réalisation de vos objectifs - de la préparation à la mise en œuvre - afin de vous assurer que vous effectuez toutes les tâches nécessaires et que vous poursuivez vos objectifs en suivant la bonne voie. Soyez discipliné en ce qui concerne la date limite et respectez-la - sans distractions ni excuses !

4) Restez motivé. Il est important que vous vous rappeliez régulièrement pourquoi vous vous êtes fixé ces objectifs - qu'est-ce que cela signifie pour vous ? Qu'est-ce que cela vous apporte ? Pourquoi est-ce important ? La motivation peut augmenter de cette façon, et vous aurez la force de poursuivre votre chemin. Récompensez-vous pour les petites victoires sur le chemin !

5) Restez flexible. N'oubliez jamais que rien, ni personne n'est parfait ! Des difficultés inattendues peuvent survenir à tout moment et vous devrez parfois faire des compromis ou changer de cap. Soyez ouvert aux changements et préparez-vous à les affronter ! Soyez indulgent avec vous-même, même si quelque chose ne se déroule pas comme prévu ; prenez cela comme une opportunité pour explorer de nouvelles voies ou développer de nouvelles compétences !

Si vous fixez clairement vos objectifs, y réfléchissez honnêtement, restez motivé et affrontez les difficultés de manière positive, vous serez en mesure d'atteindre vos objectifs. Ces points sont importants pour réussir et atteindre vos objectifs. Restez fidèle à vous-même et croyez en vous - et vous réussirez !

Chapitre 6 - Dans la pratique

Devenir une personne heureuse et satisfaite

Les personnes heureuses sont satisfaites de la vie qu'elles mènent. Elles acceptent les choses positives de la vie et essaient d'éviter ou de surmonter les choses négatives. Les personnes heureuses ont une attitude positive face à la vie et savent ce qu'elles veulent. Pour être heureux, nous devons apprendre ce qui nous rend heureux et nous efforcer d'introduire ces choses dans notre vie.

Les personnes heureuses ont quelques caractéristiques communes :

- Elles sont ouvertes à de nouvelles expériences et à de nouveaux contacts.

- Elles prennent des risques et n'ont pas peur de l'échec.

- Elles aiment rendre les autres heureux et faire le bien.

- Elles ont une attitude positive et voient toujours le bon côté des choses.

Pouvoir mener une vie heureuse et satisfaite est l'objectif de nombreuses personnes. Mais que signifie exactement être heureux et satisfait ? Et comment atteindre cet objectif ?

Être heureux signifie que vous êtes satisfait de vous-même et de votre vie. Vous vous sentez bien dans votre peau et vous avez le sentiment que tout dans la vie a un sens. Se sentir satisfait signifie que, même si vous ne pouvez pas toujours avoir ou obtenir tout ce que vous voulez, vous êtes reconnaissant pour ce que vous avez.

Pour l'un, il s'agira d'un beau foyer, pour l'autre d'une super relation ou d'un travail épanouissant. Certaines personnes ont besoin de beaucoup de variété et de liberté dans leur vie, tandis que d'autres se sentent plus à l'aise lorsqu'elles ont un cadre fixe.

Quelle que soit votre conception du bonheur et de la satisfaction, il est important que vous preniez conscience de ce que vous voulez exactement. Ce n'est qu'en sachant ce que vous recherchez que vous pouvez y aspirer. Recherchez donc les choses et les situations qui vous rendent heureux et vous procurent un sentiment de satisfaction. Passez du temps avec des personnes qui vous font vous sentir bien, faites des choses qui vous plaisent - vivez de manière à vous sentir bien !

Bien sûr, vous ne pouvez pas toujours être heureux - il y a des hauts et des bas dans la vie - mais si vous savez ce que vous recherchez et ce qui vous rend heureux, il sera beaucoup plus facile de rester positif et de tirer le meilleur parti de votre vie, même dans les moments difficiles.

Il existe de nombreux facteurs qui peuvent rendre une personne heureuse et satisfaite. L'un de ces facteurs est la certitude que nous devons nous accepter tels que nous sommes. Si nous nous sentons constamment coupables de ne pas être comme les autres voudraient que nous soyons, cela peut nuire à notre sérénité. Il est également important que nous ne fassions pas dépendre notre valeur de circonstances extérieures ou du jugement d'autres personnes. Si nous nous définissons sur la base de telles choses, nous risquons d'être malheureux ou insatisfaits. En revanche, si nous nous concentrons sur nos valeurs intérieures et nos forces et que nous admettons que nous sommes des personnes uniques et merveilleuses, nous pouvons grandir heureux et satisfaits.

Un aspect important de la vie est de rester heureux et satisfait. Il est important de se concentrer sur les choses positives de la vie et d'apprécier les personnes, les lieux et les expériences de notre vie qui nous rendent heureux. L'une des meilleures façons de devenir une personne heureuse et satisfaite est d'aider les autres. Cela peut se faire sous forme de bénévolat ou de travail d'intérêt général. Lorsque vous aidez les autres, vous ne donnez pas seulement un peu de vous-même, mais vous recevez également quelque chose en retour. Vous recevez de la reconnaissance et de l'appréciation pour votre engagement et votre travail, ainsi qu'un lien plus profond avec les gens et la communauté.

Une autre façon de devenir une personne heureuse et satisfaite est de prendre du temps pour ses hobbies ou ses activités de loisirs ainsi que du temps pour soi. Il est important de se déconnecter du stress quotidien et de faire de la place pour la détente et le repos dans sa vie. Cela peut signifier faire des pauses dans notre quotidien de manière régulière, ou se retirer en prenant des vacances annuelles. Prendre soin de notre état émotionnel est essentiel pour être en mesure de ressentir du bonheur et de la satisfaction dans notre vie.

Enfin, nous devrions nous efforcer de cultiver nos relations avec les autres. Qu'il s'agisse de membres de la famille ou d'amis ; les amitiés sont un élément précieux dans notre vie et doivent être entretenues. Un contact régulier avec nos proches nous aide à nous sentir plus connectés et soutenus - ce qui est souvent l'une des clés de notre bonheur !

Trouver un sens, un chemin ou un but dans la vie

Si vous voulez trouver un sens, un chemin ou un but dans la vie, vous devez d'abord chercher des réponses en vous-même. Demandez-vous ce que vous voulez vraiment et ce qui vous rend heureux. Écoutez votre cœur et votre intuition et suivez vos rêves. Certaines personnes trouvent utile de créer un tableau de visualisation pour être plus au clair quant à leurs objectifs et leurs souhaits. D'autres mettent leurs objectifs par écrit et les visualisent régulièrement. Faites ce qui vous convient le mieux et mettez-vous en chemin pour réaliser vos rêves.

De nombreuses personnes sont à la recherche d'un sens, d'un chemin ou d'un but dans la vie, mais elles ont du mal à les trouver ; il existe toutefois quelques stratégies qui peuvent vous aider dans ce sens.

Conseil pratique n° 1 : apprenez à méditer. La méditation est un véritable moyen d'entrer en contact avec votre voix intérieure et d'écouter votre cœur. La méditation vous permet également de mieux ressentir ce qui vous rend vraiment heureux.

Conseil pratique n° 2 : écrivez vos pensées et vos sentiments lorsqu'ils vous semblent importants. De cette manière, vous aurez toujours sous les yeux toutes les pensées et sentiments importants, et vous pourrez les revoir et y réfléchir à plusieurs reprises. De cette façon, vous aurez de bonnes chances de découvrir ce qui vous rend vraiment heureux !

Parfois, nous nous sentons perdus et sans but dans notre vie. Nous nous demandons ce que nous devons faire et où nous devons aller. Nous avons l'impression de ne pas avoir de sens, de chemin ou de but dans la vie. On peut trouver cela. L'une des façons de trouver sa voie consiste à déterminer ce que vous voulez faire et ce qui vous fait plaisir. Posez-vous la question : Qu'est-ce que j'aime ? Quels sont mes intérêts et mes talents ? Quel changement aimerais-je apporter ? Ai-je du plaisir à aider, à enseigner ou à créer ? Renseignez-vous sur les emplois et les stages dans les domaines qui vous intéressent. Soyez ouvert à de nouvelles idées et expériences. Car seule l'expérience vous permettra de découvrir ce que vous voulez vraiment.

Il est également important de développer une vision pour l'avenir. Imaginez où vous aimeriez être dans cinq ans. Prenez conscience de vos rêves - quels sont les objectifs que vous souhaitez atteindre ? Qu'est-ce qui vous fait peur ? Faites des plans concrets - fixez-vous des objectifs clairement définis et travaillez dur pour les atteindre. Notre vie est notre œuvre d'art personnelle - il n'y a pas de meilleur moment que maintenant pour se mettre en mouvement pour sa création !

Il est également important de se créer un réseau - demandez conseil à vos amis et à votre famille ou à des mentors dans votre secteur. Créez des liens avec d'autres personnes - vous pourrez ainsi découvrir de nouvelles idées et obtenir du soutien pour atteindre vos objectifs. Ce réseau peut également vous aider à faire des compromis ; personne n'a toutes les réponses dans la vie ! Acceptez les suggestions et laissez-vous inspirer - vous trouverez peut-être une voie qui fonctionne mieux !

Grâce à toutes ces étapes, on peut trouver plus de sens à sa vie, que ce soit par le travail ou d'autres contributions dans la vie quotidienne, mais cela ne signifie-t-il pas automatiquement le bonheur ? Non, cela signifie plus de contrôle sur notre destin, cela signifie d'avoir le courage de changer, de rendre son propre chemin plus reconnaissable ! Faites le premier pas vers du sens dans votre vie !

Équilibre entre famille, amis et collègues

La clé d'une personne heureuse et satisfaite est l'équilibre entre la famille, les amis et les collègues. Cet équilibre est important pour que vous vous sentiez bien dans votre vie et que vous n'ayez pas l'impression d'être constamment à la traîne. Si vous vous entendez bien avec votre famille et vos amis, vous pourrez également mieux vous concentrer sur votre travail et sur le développement du lien avec vos collègues pour les considérer comme un soutien. En revanche, si vous ne vous entendez bien qu'avec vos collègues, vous risquez facilement de vous sentir négligé par votre famille et vos amis. Il est donc important de trouver un équilibre entre les trois.

Il est important de trouver un équilibre entre la famille, les amis et les collègues. Un enfant a besoin de l'amour et du soutien de ses parents, mais il a aussi besoin d'amis avec lesquels il peut rire et auxquels il s'intéresse. C'est particulièrement important lorsque l'enfant grandit et passe plus de temps en dehors du foyer parental. Il en va de même pour les collègues. Il est important que vous preniez votre travail au sérieux et que vous travailliez dur, mais vous devez aussi apprendre à profiter de votre temps avec vos collègues et trouver un juste équilibre. Un autre élément important sur la voie d'une vie heureuse et satisfaisante est d'apprendre des compétences. Que ces compétences soient acquises pendant les loisirs ou au travail, il est important de prendre la responsabilité de ses propres actions et de contribuer à aller de l'avant. En apprenant de nouvelles compétences, nous pouvons renforcer notre indépendance et apprendre à avoir plus de contrôle sur notre vie. Les compétences sociales jouent également un rôle important dans une vie heureuse et satisfaisante. Il ne s'agit pas seulement de développer des compétences personnelles, mais aussi des compétences sociales. Il est important d'apprendre à interagir avec les autres, qu'il s'agisse de nos pairs, ou de personnes représentant l'autorité dans notre environnement familial ou professionnel. Nous devons apprendre à prendre des responsabilités dans tout ce que nous faisons, à tous égards, sinon, nous risquons d'errer sans orientation intérieure et de rester malheureux. L'apprentissage de ces compétences sociales nous aidera également à être heureux plus tard dans la vie que ce soit dans la vie privée ou professionnelle dès que nous aurons identifié les valeurs qui sont importantes pour nous personnellement. En résumé : Si nous apprenons à trouver un équilibre entre la famille, les amitiés et les collègues, à assumer la responsabilité de nos actes et à acquérir des compétences sociales, toutes les portes nous seront ouvertes pour grandir en tant qu'individus prospères, heureux et satisfaits.

Il n'est pas facile d'être une personne heureuse et satisfaite. Beaucoup de gens ont tendance à focaliser leur attention sur les choses qu'ils n'ont pas ou qu'ils ne peuvent pas réaliser. Cependant, si nous nous concentrons sur ce que nous avons déjà dans notre vie, nous pouvons généralement traverser l'existence en étant plus heureux et plus satisfaits. Un équilibre entre la famille, les amis et les collègues est le premier pas vers une vie heureuse et satisfaite. Si nous consacrons notre temps et notre attention aux personnes qui comptent dans notre vie, nous aurons plus de raisons d'être heureux. Il est également important de porter notre attention sur les choses qui ont un sens pour nous. Lorsque nous trouvons ce qui donne du sens à notre vie et que nous nous concentrons sur ce qui nous fait plaisir, nous nous sentons généralement plus forts et meilleurs.

Attirer des personnes positives

Une attitude positive face à la vie est l'un des meilleurs moyens pour l'améliorer. Les personnes qui nous entourent ont une forte influence sur notre bien-être. Les personnes positives dégagent une énergie qui est attrayante et nous donnent un sentiment positif. Pour améliorer notre qualité de vie, il est donc important de s'entourer de personnes positives. Malheureusement, il n'est pas toujours aussi facile que cela de rencontrer des personnes positives ou de les garder dans notre entourage. Mais il y a certaines choses que nous pouvons faire pour devenir plus positifs et attirer également des personnes positives. Par exemple :

- Nous féliciter et nous récompenser lorsque nous faisons quelque chose de bien ;

- Dire à nos amis et à notre famille combien nous les apprécions ;

- Parler positivement des autres ;

- Passer du temps avec des personnes qui nous font nous sentir bien ;

- S'efforcer à voir le bon côté des choses.

Lorsque nous nous traitons de manière positive et que nous traitons les autres avec respect et estime, nous attirons automatiquement des personnes positives. Ce type de relations contribue à améliorer la qualité de notre vie. Commençons donc dès aujourd'hui à changer notre perspective et à introduire plus de positivité dans notre vie quotidienne !

Le chemin vers une meilleure vie commence par la prise de conscience que nous devons nous ouvrir pour nous-mêmes et pour d'autres personnes positives dans notre vie. Un changement de perspective peut nous aider à modifier notre attitude vis-à-vis du monde et de nos semblables. Si nous pensons positivement, nous développons également une attitude positive envers les autres. Nous reconnaissons que chaque personne a sa propre histoire et possède des qualités précieuses. Nous traitons chaque personne avec respect et estime. Cette attitude positive se répercute sur les autres et crée une atmosphère saine dans laquelle chacun se sent à l'aise.

Une autre façon d'améliorer la qualité de sa vie est d'attirer des personnes amicales. La gentillesse est contagieuse et peut avoir un effet positif sur les personnes qui nous entourent. Nous ne pouvons peut-être pas toujours éviter les formes d'énergie négatives qui nous entourent, mais nous pouvons nous efforcer à passer plus de temps avec des personnes à l'attitude positive. Cela nous aide à réduire le stress de la vie quotidienne et à augmenter notre sentiment général de bonheur.

Nos relations ont une influence directe sur notre vie : les personnes positives apportent de la joie dans notre vie et nous donnent force et motivation. Il est donc important que nous nous efforcions de créer ou d'entretenir de telles relations. Cela peut sembler difficile, mais vous pouvez apprendre à accepter les autres avec joie, par exemple en les félicitant ou en les soutenant, et créer ainsi un environnement positif. Même si ce n'est pas facile, plus vous avez de personnes positives autour de vous, plus vous aurez de chances de vivre des moments de bonheur !

Lorsque nous entrons en contact avec d'autres personnes, nous recherchons souvent les aspects positifs de notre interlocuteur. La recherche du positif n'est toutefois pas une invention récente. Cette tendance fait partie de notre culture et de notre société depuis des siècles. Si nous changeons de perspective, nous pouvons améliorer considérablement notre qualité de vie. Il importe donc de se concentrer plutôt sur les aspects positifs de notre environnement. Lorsque nous nous concentrons sur les choses positifs de notre vie, nous nous sentons automatiquement beaucoup plus heureux et satisfaits.

Un environnement de soutien

L'un des facteurs les plus importants pour une vie saine est l'environnement social. Un environnement positif et soutenant peut énormément contribuer à ce que nous nous sentions mieux et que nous vivions mieux. En échangeant régulièrement avec d'autres personnes, nous pouvons élargir notre regard sur le monde et acquérir de nouvelles perspectives. Un environnement de soutien peut également nous aider à mieux atteindre nos objectifs. Lorsque nous nous trouvons dans un groupe de personnes qui poursuivent les mêmes objectifs que nous, nous avons la possibilité d'apprendre d'elles et de profiter de leur expérience. De cette manière, nous pouvons collaborer plus efficacement et nous motiver mutuellement.

Un autre aspect qui peut contribuer à améliorer notre vie est un environnement de soutien. Avoir quelqu'un qui nous soutient dans la poursuite de nos objectifs et dans les décisions que nous prenons peut faire une grande différence. Lorsque nous vivons dans un environnement sûr et aimant, nous pouvons mieux nous concentrer sur nos objectifs et y travailler avec plus d'énergie. Toutefois, l'influence d'un environnement de soutien sur notre vie ne dépend pas seulement des autres personnes. Elle dépend aussi de la manière dont nous nous traitons nous-mêmes. Lorsque nous commençons à nous accorder plus d'estime et de respect, nous nous sentons mieux et nous pouvons nous motiver. Cette motivation peut nous aider à nous accrocher à nos objectifs et finalement à réussir. Lorsque nous vivons dans un environnement de soutien, nous avons également accès à d'autres ressources qui peuvent nous aider. Ces ressources peuvent être de nature financière ou émotionnelle, ou encore nous aider à poursuivre certains objectifs. Il est également avantageux de demander conseil à ses amis et à sa famille ou de leur offrir son soutien lorsque cela est nécessaire. Tout cela contribue à se sentir bien et à améliorer la qualité de la vie. On améliore sa qualité de vie en changeant de perspective, mais cela va encore plus loin : un bon réseau de personnes et de ressources autour de vous aura un impact positif énorme ! En cultivant vos cercles de relations et en recherchant et en offrant du soutien, vous devriez rendre visible ce dont vous avez besoin au lieu d'essayer de tout faire seul. Cette cohésion peut considérablement améliorer la vie de tous.

Donner et recevoir - déclencher des émotions positives

Plusieurs études montrent que les personnes qui font régulièrement de bonnes choses ressentent plus de satisfaction et de bonheur. C'est une raison de plus qui encourage cette attitude de penser non seulement à soi, mais aussi aux autres. Alors, si vous voulez vous sentir bien, faites le bien !

Voici quelques moyens d'y parvenir :

- Aidez un ami ou un voisin dans le besoin ;

- Donnez de votre temps à une association caritative ;

- Complimentez quelqu'un ou dites-lui qu'il est une personne formidable ;

- Souriez davantage ! Le sourire est contagieux et peut rendre les autres plus heureux ;

- Soyez gentil avec les animaux. Caressez-les ou apportez-leur des friandises.

Il est scientifiquement prouvé que les émotions positives nous rendent plus heureux. Elles nous aident également à mieux gérer les émotions négatives et à nous sentir nous-mêmes plus heureux. Donc, si vous êtes quelqu'un qui aime donner, n'oubliez pas que cette qualité a aussi un effet positif sur vous.

Des études scientifiques ont montré que les personnes qui font du bénévolat ou qui aident les autres se sentent globalement plus heureuses et plus satisfaites. La raison en est que le fait de savoir que nous avons fait quelque chose de bien nous donne un sentiment d'accomplissement.

Donner peut générer bien plus que de la satisfaction, cela peut susciter des émotions positives qui influencent globalement notre vie. Ainsi, en faisant du bien aux autres ou en les aidant, on se sent mieux tout en renforçant vos relations.

Une autre façon de déclencher des émotions positives est d'apprécier et de valoriser les personnes qui nous entourent. La gratitude et l'appréciation nous permettent non seulement de transmettre des émotions positives aux personnes qui nous entourent, mais aussi d'améliorer notre propre bien-être. Une pratique régulière de la gratitude contribue à rendre notre vie plus positive et à apporter plus de joie dans tout ce que nous faisons.

Mais donner et recevoir n'est pas seulement fatigant ou gratifiant, cela peut également être amusant ! Si vous souhaitez être particulièrement généreux un jour quelconque, ou offrir quelque chose de spécial à quelqu'un - faites-le tout simplement ! Les gestes spontanés de gentillesse ou de compassion rendent notre vie plus agréable et cultivent notre comportement envers les autres. Cela aussi soutient cette attitude d'essayer d'aider les autres et de nous rendre heureux dans cet élan de don ! En aidant les autres et en transmettant des émotions positives, vous vous facilitez la tâche pour être heureux, tant sur le plan émotionnel que matériel !

C'est un cercle vertueux, en transmettant des émotions positives à d'autres personnes, on devient automatiquement plus heureux et plus satisfait de soi-même. En effet, les émotions positives déclenchent également des émotions positives chez d'autres personnes, ce qui nous rend finalement tous heureux.

Une véritable façon de déclencher des sentiments positifs est de montrer aux autres combien nous les aimons ou les apprécions. Cela peut être fait soit par des mots, soit par des actes. Une autre possibilité consiste à faire du bien aux autres ou à leur dire quelque chose de gentil. Cela peut également se faire à travers des mots ou des actes. Lorsque nous transmettons des sentiments positifs aux autres, nous nous sentons automatiquement plus heureux et plus satisfaits de nous-mêmes. C'est un bon moyen d'augmenter nos propres émotions positives et donc notre satisfaction.

Santé mentale et bonheur grâce à la paix de l'esprit

La santé mentale est un élément essentiel de notre bonheur. Lorsque nous nous sentons en bonne santé mentale, nous pouvons atteindre nos objectifs et profiter de la vie. Les personnes heureuses sont paisibles et n'ont pas de problèmes psychologiques. Elles vivent en harmonie avec elles-mêmes et avec le monde qui les entoure. Les personnes heureuses sont également en meilleure santé que les personnes malheureuses. Elles souffrent moins souvent de dépression et d'autres maladies psychiques et cherchent plus souvent de l'aide auprès des médecins et des thérapeutes.

Alors, comment pouvons-nous être heureux ? La réponse est simple : en étant heureux avec nous-mêmes ! Les personnes heureuses se sentent bien dans leur peau et s'acceptent telles qu'elles sont. Elles n'ont pas peur du changement et prennent les choses comme elles viennent. Elles vivent dans l'instant présent et ne cherchent pas à dominer ou à contrôler la vie. Les personnes heureuses prennent des risques sans avoir peur de l'échec. Elles regardent vers l'avant plutôt que vers l'arrière et saisissent chaque occasion pour améliorer leur vie. Les personnes heureuses s'acceptent telles qu'elles sont, tout en cherchant à s'améliorer. Elles ne se comparent pas aux autres, et restent authentiques et honnêtes envers elles-mêmes.

De nombreuses personnes ont du mal à rester calmes intérieurement. Les pensées tournent sans cesse autour des mêmes sujets et ne leur permettent pas de se calmer. Dans de tels moments, il est important de trouver une issue pour se vider la tête. Un bon moyen de retrouver le calme est la méditation. Vous vous asseyez confortablement et essayez de calmer vos pensées. Vous vous concentrez sur votre respiration et vous éloignez les pensées par le fait de ne pas les poursuivre, de les laisser s'éteindre d'elles-mêmes. La méditation aide à calmer les pensées et à se vider la tête. Essayez.

Le sport peut également être d'une grande aide pour retrouver la paix de l'esprit. L'exercice physique détend le corps et apaise l'esprit. Le sport est donc un véritable moyen d'évacuer le stress quotidien et de retrouver la sérénité. Une autre bonne façon de retrouver le calme est de passer du temps dans la nature, qui nous permet de nous détendre et de nous déconnecter. Lorsque vous êtes dans la nature, vous devriez essayer de vous imprégner des bruits environnants et de laisser vos pensées se calmer. Vous devriez reconnaître que vous faites partie de la nature et vous laisser nourrir par elle. Pour retrouver le calme, vous devez donc trouver un exutoire pour laisser vos pensées s'apaiser. La méditation, le sport et la nature offrent les conditions idéales pour la paix de notre esprit.

Le chemin vers une vie saine et heureuse passe par la paix de l'esprit. Un état dans lequel on s'accepte soi-même et où l'on reconnaît pleinement toutes ses forces et ses faiblesses. L'acceptation de soi est un élément important de la paix de l'esprit, mais aussi la capacité de réfléchir et de s'ouvrir aux autres.

Un autre élément important de la paix de l'esprit est la capacité à se libérer des pensées négatives. En se considérant positivement et en tirant le meilleur parti de chaque situation, on se libère du stress et de l'anxiété. De cette manière, on peut apprendre à mieux gérer les situations difficiles et gagner ainsi en sérénité.

Un mode de vie sain est également essentiel à la paix de l'esprit. Un sommeil suffisant, une activité physique régulière et une alimentation saine contribuent à un équilibre mental stable. Il est important d'avoir une alimentation équilibrée et de prendre suffisamment de temps pour se reposer et évacuer le stress. Un équilibre sain d'activités permet également de favoriser la pensée positive et de repousser les pensées négatives.

Il est important de reconnaître que chaque personne a des besoins différents et qu'il n'existe pas de solution commune. Chacun doit trouver sa propre façon de trouver le calme. Cela peut signifier passer plus de temps avec ses amis et sa famille ou s'adonner à ses loisirs. Mais cela peut également signifier faire appel à un soutien professionnel ou à une aide thérapeutique.

La paix de l'esprit n'est pas nécessairement synonyme de bonheur ou de réussite à tout instant de la vie. Elle signifie plutôt un sentiment de paix intérieure et de stabilité face à des expériences ou des défis difficiles, malgré leur présence dans notre vie. Si vous voulez y parvenir, soyez proactif : Prenez le temps de faire des choses qui vous font du bien ; créez un environnement dans lequel vous vous sentez bien ; faites des pauses ; fixez-vous des objectifs réalistes, etc. afin de faciliter le chemin vers la paix de l'esprit.

La paix de l'esprit est le niveau le plus élevé de la santé mentale. Elle signifie que nous sommes satisfaits de notre vie et que nous vivons en harmonie avec nos valeurs et nos convictions. La paix de l'esprit nous permet également d'atteindre le bonheur, notamment parce qu'elle nous permet de nous concentrer sur l'essentiel. La paix de l'esprit n'est pas quelque chose de statique. Elle évolue constamment et peut être conquise à chaque fois. Si nous prenons conscience de ce qui nous rend heureux, nous pouvons nous rapprocher petit à petit de la paix de l'esprit.

Chapitre 7 - Conseils et astuces pour la vie quotidienne

Augmentation de la sécurité

La sécurité peut avoir une influence positive sur de nombreux aspects de notre vie. Dans les relations, au travail et dans la vie quotidienne, elle peut nous procurer un sentiment de sécurité. La sécurité est un sentiment de bien-être. Elle nous aide à développer nos personnalités et à atteindre nos objectifs. Pour trouver plus de sécurité dans notre vie, nous ne devons pas nécessairement nous engager dans de nouvelles relations ou de nouveaux emplois. Il y a aussi beaucoup de petites choses que nous pouvons faire afin de nous sentir mieux, nous-mêmes ainsi que les autres. Voici quelques conseils :

1) Soyez plus ouvert à la nouveauté ! Essayez de vous réinventer sans cesse et de réagir aux nouveaux défis. Cela vous aidera à développer votre personnalité et à sortir de votre zone de confort.

2) Trouvez votre "but" ! Quelle est la raison pour laquelle vous travaillez tous les jours ? Qu'est-ce qui vous motive le plus ? Découvrez ce qui vous motive et quelle est votre mission dans cette vie. Vous pourrez alors faire de votre mieux pour atteindre ce but et trouver plus de sécurité dans votre vie !

3) Soyez honnête ! L'honnêteté est la base de toute bonne relation. Essayez donc d'être toujours ouvert et honnête avec les personnes qui vous entourent - même si c'est parfois difficile ! La vérité ne fait jamais de mal !

4) Écoutez votre instinct ! Votre intuition vous en dit souvent plus que tous les mots du monde ! Écoutez donc votre instinct et agissez en conséquence, vous éviterez ainsi les malentendus et les conflits au quotidien !

La sécurité est un aspect important de notre santé émotionnelle et peut nous aider à mieux gérer notre vie quotidienne. Si vous souhaitez plus de sécurité dans votre vie, il existe quelques conseils simples que vous pouvez suivre pour renforcer ce sentiment. Tout d'abord, essayez de prévoir régulièrement du temps pour vous. Cela peut signifier que vous prenez un certain temps chaque jour pour vous détendre. Même s'il ne s'agit que de quelques minutes, ce temps peut être très précieux pour vous.

Un autre conseil est de rencontrer des personnes en qui vous avez confiance pendant votre temps libre. Les contacts sociaux nous font souvent nous sentir plus en sécurité et nous donnent le sentiment d'être soutenu. La participation à des activités sociales peut également vous aider à vous sentir plus en sécurité. Si vous avez l'impression d'avoir besoin de plus de sécurité dans votre vie, vous pouvez également demander de l'aide à un professionnel. En discutant avec un thérapeute, vous pouvez découvrir ce qui manque à votre vie et ce que vous pouvez faire pour vous sentir mieux.

En résumé, les conseils et astuces suivants peuvent vous aider à vous sentir plus en sécurité dans votre vie quotidienne :

1) Regardez régulièrement vos photos et vidéos préférées. Vous pouvez ensuite les utiliser comme motivation pour l'avenir.

2) Prenez conscience que vous pouvez toujours rester en contact avec vos proches, même s'ils sont loin. Un message ou un appel vidéo suffisent souvent pour sentir le lien.

3) Prenez conscience que vous avez toujours quelqu'un qui pense à vous et à qui vous pouvez penser. Utilisez ce rappel pour vous réchauffer et vous rassurer !

Il y a plusieurs choses que nous pouvons faire pour nous sentir plus en sécurité dans notre vie quotidienne. L'une d'entre elles est de changer nos habitudes. Nous pouvons changer notre façon d'aller au travail ou commencer un nouveau passe-temps pour découvrir de nouvelles choses. Cela nous permet de mieux contrôler notre vie et de nous sentir plus confiants et plus sûrs de nous.

Nous pouvons également essayer de nouer davantage de contacts sociaux et de passer du temps avec nos amis et notre famille. Si nous avons un groupe solide de personnes qui nous aiment et sur lesquelles nous pouvons compter, cela renforce notre sentiment de sécurité et notre confiance en nous. Lorsque nous ne sommes pas seuls, nous nous sentons automatiquement mieux. En outre, l'intégration régulière de la méditation ou de la pleine conscience dans notre vie peut nous aider. En entraînant notre conscience et en prêtant plus d'attention à nos pensées et à nos émotions, nous pouvons apprendre à mieux gérer les situations stressantes et à nous sentir plus détendus et plus sûrs de nous.

Il est tout aussi utile de prendre du temps pour soi chaque jour - que ce soit 10 minutes ou un après-midi entier - pour faire quelque chose de spécial pour soi. Que vous vous offriez une séance de sauna ou que vous vous promeniez simplement dans le parc, de telles activités vous aideront à trouver la paix intérieure et à atteindre un sentiment de satisfaction.

Enfin, il est important que vous reconnaissiez ce que vous avez déjà accompli et que vous vous traitiez avec amour - surtout en temps de crise ou lorsque votre équilibre est rompu, vous devriez toujours prendre conscience : "Je suis ici" ; "Je suis fort" ; "Tout ce dont j'ai besoin est en moi". Ces mantras aident à apporter de la sécurité dans le quotidien. Il ne vous reste plus qu'à vous mettre au travail.

Moins de doutes, plus d'assurance

Encourager quelqu'un à moins douter de lui-même et d'avoir plus confiance en lui-même est plus facile à dire qu'à faire. Mais c'est possible ! Nous avons quelques conseils à vous proposer, que vous pourrez essayer pour renforcer votre confiance en vous et chasser les doutes.

> 1) Ne laissez pas les autres vous rabaisser. Si vous remarquez que quelqu'un essaie de vous donner l'impression que vous n'êtes pas assez bon ou que vous ne savez pas faire quelque chose, ignorez-le et restez positif ! Souvenez-vous de vos points forts et de ce que vous avez déjà accompli.

> 2) Baissez les exigences que vous vous fixez. Il est important d'avoir des exigences élevées envers soi-même, mais parfois, elles peuvent nous dépasser. Essayez donc de vous fixer des objectifs réalistes et n'oubliez pas que chaque erreur est une occasion d'apprendre quelque chose de nouveau.

> 3) Prenez le temps de faire des choses qui vous plaisent. Soyez attentif à ce qui se passe bien dans votre vie et à ce qui vous procure du plaisir, qu'il s'agisse de cuisine, de danse ou de toute autre activité que vous appréciez particulièrement. En faisant régulièrement des pauses et en faisant quelque chose qui vous plaît, vous renforcez également votre estime de soi et dissipez les doutes.

> 4) Restez optimiste ! Au lieu de vous inquiéter de ce qui pourrait arriver, concentrez-vous sur des pensées positives et essayez de trouver ce qui peut être la meilleure solution pour la situation ; cela crée une attitude positive et, par conséquent, une plus grande confiance en soi.

Il n'est pas facile d'avoir confiance en soi et d'accepter qui l'on est vraiment. Il y a beaucoup de choses dans la vie qui nous font douter de nous-mêmes et qui nous poussent à ne pas nous connaître. Mais il y a aussi beaucoup de choses qui peuvent nous aider à surmonter ces doutes et à développer plus de confiance en soi. Si vous examinez vos doutes, vous constaterez qu'ils portent souvent sur des sujets précis. Vous avez peut-être peur d'être blessé ou déçu, ou vous vous inquiétez de vos performances. Vous pouvez essayer d'aborder ces sujets et de comprendre pourquoi ils sont si importants pour vous. De cette manière, vous pouvez apprendre à les gérer et à ne pas les laisser vous influencer de manière aussi négative.

Un autre astuce est de porter votre attention sur des choses qui montrent que vous êtes bon et que vous pouvez faire la différence. Cherchez des preuves de vos forces et de vos réalisations - peut-être sous forme de témoignages ou de reconnaissance de la part d'autres personnes. Gardez ces choses à l'esprit et engrangez-les comme des confirmations. Cela vous aidera à vous sentir plus sûr de vous et à surmonter vos doutes.

Si vous ne vous sentez pas sûr de vous, n'oubliez pas que tout le monde a des doutes. C'est normal et il n'y a pas lieu de s'inquiéter. Il arrive à tout le monde d'avoir recours à d'autres personnes pour nous expliquer ce qu'on ne comprend pas ou lorsqu'on ne se sent pas sûr de quelque chose. Personne ne vous jugera ou n'aura un avis négatif sur vous parce que cela vous arrive. Même si vous ne vous sentez pas sûr de vous dans une situation ou si vous avez peur, vous devriez demander à quelqu'un.

Vous avez peut-être l'impression de ne pas en savoir assez pour vous sentir en sécurité. Mais vous savez quoi ? Tout le monde ne connaît qu'une fraction de ce qui existe dans le monde. Donc si vous pensez que d'autres personnes sont mieux informées et en savent plus, vous vous trompez. Personne n'est parfait et nous devons tous nous adapter et apprendre en permanence face à de nouvelles situations. Ne soyez donc pas trop dur envers vous-même et donnez-vous le temps de vous habituer à une nouvelle situation. Avec le temps, vous constaterez que vous n'avez pas besoin d'en savoir autant pour vous sentir en sécurité.

J'espère que ces conseils vous aideront à laisser vos doutes derrière vous et à devenir plus confiant dans votre vie quotidienne. Si nous sommes prêts à relever nos défis avec plus de courage, nous pourrons explorer de nouvelles possibilités qui nous seraient autrement restées cachées !

Renforcer la solidarité

La solidarité est un fondement essentiel de notre société. Sans solidarité, nous ne pouvons pas imaginer comment nous pourrions vivre ensemble. Nous renforçons la solidarité en prenant soin les uns des autres et en nous soutenant mutuellement. Chacun peut apporter sa contribution au renforcement de la solidarité. En nous engageant envers notre prochain et en l'aidant, nous renforçons la solidarité dans notre société, nous devenons un modèle pour les autres et nous montrons que la solidarité est importante. Nous pouvons également renforcer la solidarité en écoutant les autres et en les prenant au sérieux, cela indique qu'ils sont importants pour nous. L'écoute est une forme importante de solidarité. La solidarité est un sentiment nécessaire qui nous aide à nous sentir mieux et à soutenir nos proches. Il existe de nombreuses façons de faire preuve de solidarité, allant de petits gestes comme des fleurs ou des cadeaux à des actions plus importantes comme la participation à des événements caritatifs. Si vous vous demandez comment renforcer votre solidarité, vous trouverez ici quelques conseils et astuces :

> 1) Soyez ouvert à de nouvelles expériences. Flânez dans la ville et découvrez de nouveaux endroits ou partez en voyage. Ces expériences vous permettront de rencontrer d'autres personnes et d'entrer en contact avec elles.

> 2) Dites "oui" à de nouveaux défis. Essayez quelque chose de nouveau ou découvrez ce qui vous plaît le plus. De cette manière, vous découvrirez ce qui compte le plus pour vous et ce qui vous rend heureux.

> 3) Trouvez des personnes partageant les mêmes idées. Cherchez des personnes partageant les mêmes idées dans votre région ou dans le monde entier et découvrez comment elles pensent et ce qui les motive.

> 4) Partagez vos expériences avec d'autres personnes. Si vous avez vécu quelque chose de beau ou appris quelque chose d'utile, partagez-le avec d'autres ! De cette manière, vous pouvez partager votre vision du monde avec d'autres personnes et changer leur point de vue sur le monde.

Il existe de nombreuses situations dans la vie quotidienne dans lesquelles nous pouvons être solidaires. Nous pouvons envoyer un message positif à quelqu'un pour l'aider à se libérer de la drogue. Nous pouvons soutenir notre amie lorsqu'elle est marquée par un traumatisme. Nous pouvons soutenir nos collègues s'ils envisagent de mettre fin à leurs jours. Ou nous pouvons prendre soin de nos proches lorsqu'ils souffrent de la maladie d'Alzheimer. Développer la solidarité est un défi et parfois un combat. Mais c'est un combat que nous pouvons gagner en nous consacrant à l'autre personne, en lui accordant le temps et l'attention dont elle a besoin. Cela signifie également que nous nous accordons suffisamment de temps et d'attention pour être à la hauteur du défi.

La solidarité est l'une des qualités les plus importantes que nous pouvons acquérir dans notre vie quotidienne. Si nous nous montrons solidaires, nous pouvons nous apporter davantage de soutien et de compréhension les uns envers les autres. Il est facile de se renfermer sur soi-même dans ces moments-là, surtout si l'on a l'impression de pouvoir nous en sortir seul. Mais la solidarité, c'est aussi être aux côtés des autres et les soutenir, même si vous n'avez pas forcément de solution à leur problème. Comment pouvez-vous renforcer la solidarité ? Une possibilité est de montrer votre soutien et de faire des choses qui aident les autres. Faites par exemple des dons à des organisations sociales ou aidez vos amis et voisins dans leurs tâches quotidiennes. Soyez simplement présent et à l'écoute de vos proches.

Il existe également de nombreuses possibilités d'accroître la solidarité dans notre vie quotidienne : Aidez votre voisin à faire ses courses ou à cuisiner, organisez un pique-nique dans un parc avec des amis ou faites une promenade dans la forêt avec des personnes proches de vous. Tout ceci montre le soutien que vous apportez aux autres et facilite l'établissement de relations positives.

Vous pouvez également faire preuve de solidarité grâce à la technologie : envoyez un message d'amour à quelqu'un ou partagez une publication sur les réseaux sociaux pour souligner l'importance de la solidarité. Et n'oubliez pas : si quelqu'un a besoin de soutien, c'est l'occasion de se rendre disponible !

Chapitre 8 - Exercices

Exercices pour être heureux en un clin d'œil

Avez-vous déjà réfléchi à ce que vous pouvez faire pour rendre votre vie plus heureuse et plus épanouie ? Si ce n'est pas le cas, vous devriez commencer dès maintenant ! Il existe de nombreux exercices pratiques que vous pouvez essayer pour améliorer votre bien-être et rendre votre vie plus heureuse. Voici quelques conseils qui vous permettront de vous lancer immédiatement :

1) Dressez une liste des choses qui vous rendent heureux. Nous savons qu'il peut s'agir de choses aussi simples que de "passer du temps avec des amis" ou de "se promener dans la nature". Choisissez chaque jour une chose de cette liste et mettez-la en pratique. De cette manière, vous intégrerez davantage de sentiments positifs dans votre vie.

2) Prenez chaque jour du temps juste pour vous, pour faire quelque chose que vous aimez. Qu'il s'agisse d'un hobby, d'une promenade en plein air ou d'une autre activité, accordez-vous chaque jour un moment de détente et de plaisir.

3) Abandonnez les pensées négatives. Si vous commencez à penser négativement, dirigez immédiatement votre attention vers quelque chose de positif. Par exemple, au lieu de penser "Je suis tellement fatigué", pensez "Je suis content d'avoir accompli tant de choses aujourd'hui". De cette manière, vous entraînez votre cerveau à prêter plus d'attention aux aspects positifs de la vie.

4) Faites des compliments, à la fois aux autres et à vous-même. De cette manière, vous augmenterez non seulement l'estime de soi de l'autre personne, mais aussi la vôtre.

5) Aidez les autres. Faites le bien et observez comment vous vous sentez mieux ! En rendant les autres heureux, vous renforcez également votre propre bien-être.

6) Le rire est le meilleur remède ! Le rire libère le corps du stress et des tensions et nous rend heureux. Essayez de rire un peu chaque jour, en regardant un film drôle, en lisant un livre de blagues ou simplement en rencontrant des amis - riez autant que vous le pouvez !

7) Récompensez-vous chaque jour avec un petit geste. Que vous vous offriez enfin votre café préféré ou que vous alliez vous promener dans un endroit agréable, prenez le temps de faire quelque chose d'agréable pour vous. C'est l'un des meilleurs moyens d'augmenter votre bien-être et d'éveiller en vous des sentiments de bonheur.

8) Sortez régulièrement et profitez de la nature. S'asseoir dehors sous le soleil, se promener à l'air frais ou faire une randonnée en montagne peut aider à réduire le stress et à améliorer votre vie. Une méditation en plein air est également un merveilleux moyen de se détendre et de provoquer consciemment des sentiments de bonheur.

9) Faites régulièrement des pauses dans votre vie quotidienne et réfléchissez à vos objectifs. Si vous prenez régulièrement le temps de réfléchir à vos objectifs et de faire des plans pour les réaliser, vous pourrez exploiter pleinement votre potentiel et rendre votre vie positive. Ce processus peut vous aider à être plus clair sur ce qui vous rend heureux et sur ce qui est important dans votre vie.

10) Veillez à avoir une alimentation saine, riche en fruits et légumes frais et à boire beaucoup d'eau ou de thé non sucré. Une alimentation saine a un impact direct sur notre santé et notre bien-être. Veillez donc à avoir une alimentation équilibrée.

Dans l'ensemble, il existe de nombreuses astuces pour développer une vie saine, mais le plus important est de faire des pauses régulièrement et de penser d'abord à soi-même ! Essayez, cela en vaut la peine !

5 routines positives pour la résilience au quotidien

Il est important de se rappeler que nous ne pouvons pas atteindre la résilience simplement en travaillant dur. Mais il existe des routines positives qui peuvent nous aider à améliorer notre qualité de vie et à nous rendre généralement plus résistants.

1) Développer une routine matinale : une routine matinale saine est un élément essentiel pour devenir plus résistant au quotidien. Cela comprend des choses comme se lever tôt, faire du yoga ou de la méditation, prendre un petit-déjeuner sain ou prendre le temps de réfléchir à la journée et de l'aborder en toute conscience. Vous vous assurez ainsi de commencer la journée bien préparé et d'avoir la force nécessaire pour faire face à tout ce qui vous attend.

2) Faites des pauses régulières : il est si facile de se mettre sous pression et de travailler jusqu'à l'épuisement. Mais si vous faites régulièrement de petites pauses, il vous sera plus facile d'évacuer le stress et de reconstituer vos réserves d'énergie. N'oubliez jamais que l'être humain a besoin de repos pour être productif !

3) Profitez de la nature : une promenade dans un parc ou sur la plage ne vous mettra pas seulement en forme, mais vous permettra également d'être plus connecté et détendu avec votre environnement. Prenez le temps de profiter de la nature et utilisez consciemment les vertus thérapeutiques positives de la nature pour réduire le stress et recharger vos batteries.

4) Fixez-vous des objectifs réalistes : Il est important d'avoir des objectifs, mais vous devez les garder réalistes afin de ne pas vous décourager si vous ne les avez pas atteints. Essayez de vous rapprocher de votre objectif par petites étapes, plutôt que de faire tout d'un coup : vous aurez ainsi un plus grand sentiment de réussite et de motivation !

5) Restez en contact avec votre réseau : notre réseau est constitué d'amis et de collègues qui partagent les mêmes intérêts et les mêmes préoccupations, et qui ont des expériences de vie similaires. Utilisons-le ! Notre vie sociale nous aide à surmonter les défis du quotidien, plus notre réseau est grand, plus nous sommes résistants !

Dès que vous aurez intégré ces routines positives dans votre quotidien, vous remarquerez rapidement leurs effets, vous vous sentirez plus fort et plus énergique ! Si vous essayez de toujours garder un œil sur votre consommation de ressources, plus rien ne s'opposera à l'amélioration de votre vie !

5 routines positives avant d'aller se coucher

Nous savons tous que le sommeil est l'un des éléments les plus importants de notre vie. La qualité de notre sommeil a une influence directe sur notre santé, notre bien-être et nos performances. C'est pourquoi j'aimerais vous proposer 5 routines simples mais efficaces à suivre avant d'aller vous coucher afin d'améliorer votre qualité de vie.

Première routine : faites des exercices de relaxation. Les exercices de relaxation permettent d'évacuer le stress et les tensions de la journée et garantissent un sommeil paisible. Qu'il s'agisse de yoga ou de méditation, ou tout simplement de respirer profondément, toutes ces activités vous aideront à vous détendre et à trouver un sommeil paisible.

Deuxième routine : lire un livre. Lire avant de se coucher est un bon moyen de clôturer la journée et de se préparer mentalement à la journée suivante. Elle offre également la possibilité de dériver vers d'autres mondes et d'orienter vos pensées dans une direction positive.

Troisième routine : prenez un bain chaud. Un bain chaud peut non seulement être apaisant, mais il vous aide aussi à vous détendre et à relâcher les tensions de la journée. Il peut également aider à renforcer le système immunitaire et à réduire le stress, ce qui garantira, à son tour, un sommeil plus profond !

Quatrième routine : utilisez des affirmations positives. Les affirmations positives peuvent vous aider à penser positivement et à réduire les schémas de pensée négatifs. L'utilisation d'affirmations positives avant d'aller vous coucher peut vous aider à gérer et à surmonter les schémas de pensée négatifs.

Cinquième routine : rédigez une liste de gratitude. Nous devrions tous être conscients des bonnes choses que nous avons dans notre vie, de la famille au travail en passant par les amitiés. Pourtant, nous oublions parfois de les reconnaître. Avec une liste de gratitude, nous pouvons écrire chaque soir les bonnes choses de notre vie et apporter ainsi plus de satisfaction dans notre vie quotidienne.

En appliquant régulièrement ces 5 routines, vous trouverez plus de calme face au stress de la vie quotidienne, et vous irez vous coucher avec des pensées plus positives, cet état d'esprit induira, en conséquence, un sommeil plus tranquille et une meilleure qualité de vie en général.

Mot de la fin

Nous pouvons influencer notre bonheur et notre qualité de vie et ainsi le prendre en main. En adoptant une attitude plus optimiste et en changeant de perspective, nous pouvons parfois faire des miracles. Tout en prenant en main la responsabilité de notre bonheur, nous devrions dès lors également commencer à célébrer nos réussites. Prenons donc le temps d'être reconnaissants pour ce que nous avons accompli et ne laissons pas les contraintes de la vie nous empêcher d'atteindre nos objectifs. Pour en savoir plus sur le bonheur et sur la qualité de vie, consultez les autres livres de cette collection.

La vie est bien trop courte pour s'occuper de la pression et des soucis du monde. Nous devons apprendre à développer nos perspectives et à nous concentrer sur les choses qui sont importantes pour nous. Il est important de se donner du temps pour réaliser les choses qui nous font plaisir et qui nous aident à améliorer notre qualité de vie.

Le bonheur est entre nos mains. Pour améliorer notre vie, nous devons changer de perspective. Nous devons apprendre à voir les choses sous un autre angle. Grâce à ce changement de perspective, nous pouvons améliorer considérablement la qualité de notre vie. Même si vous n'êtes pas un optimiste né, vous pouvez apprendre l'optimisme !

La force mentale

"On ne peut pas résoudre un problème avec le même niveau de pensée que celui qui l'a créé".

Albert Einstein

Introduction

La force mentale est une qualité très particulière et complexe à définir : on la recommande souvent comme s'il suffisait de trois coups de cuiller à pot. D'autres personnes associent ce concept à la violence, à l'agressivité et/ou à la colère.

On trouve de nombreuses études sur la manière dont les individus peuvent se développer et se renforcer mentalement en changeant leur façon de penser, de ressentir et de se comporter, mais on trouve presqu'autant d'articles sur la force mentale et la résistance mentale qui ne sont pas du tout pertinents. Hélas, même après des années de recherche scientifique, il existe encore de nombreuses interprétations erronées sur ce sujet.

En réalité, faire preuve de force mentale est la capacité à défendre des pensées positives et à maintenir une ferme détermination à poursuivre des pas constructifs en ce sens. Il s'agit de s'engager à faire ce qui est juste en sachant que cela améliorera sa vie. Et à ce propos, nous découvrons au cours de la vie, que les combats les plus authentiques et les plus difficiles que la plupart d'entre nous mènent sont ceux qui commencent et se terminent dans notre tête.

Ainsi, pour clarifier le concept, voici cinq simples vérités sur la force mentale :

1) Les personnes qui font preuve de force mentale admettent qu'elles ne peuvent pas faire quelque chose d'extraordinaire.

Avoir de la force mentale ne signifie pas être doté de superpouvoirs. Il existe un certain nombre d'activités que ces personnes sont incapables d'exercer et elles n'ont ni honte, ni peur de le dire. Il s'agit de personnes qui reconnaissent volontiers leurs faiblesses. S'il leur est utile de travailler sur elles-mêmes, elles le font, tout simplement. Tandis que de nombreux articles tentent de vous convaincre que "je ne peux pas" et "je ne peux pas faire ça" sont des phrases honteuses à prononcer. Oubliez cela !

2) Développer sa force mentale ne signifie pas qu'on ne peut pas abandonner.

De nombreux articles affirment que les personnes mentalement fortes n'abandonnent jamais. En réalité, comme tout le monde, elles sont capables de changer d'objectif. Lorsque le coût du travail sur un sujet donné dépasse les bénéfices, elles abandonnent et ne continuent pas. Ce sont des personnes suffisamment déterminées pour reconnaître la situation, et qui ne perdent pas de temps à essayer de résoudre un problème pour lequel il n'existe pas de solution. Elles ne sont pas têtues et obstinées au point de continuer à foncer sans se soucier de la perte de temps et d'énergie. C'est la raison pour laquelle elles sont spirituellement fortes : Elles agissent et continuent de manière efficace. Elles sont donc bien plus intelligentes que les autres.

3) Il n'existe pas d'alimentation spécifique pour atteindre la force mentale.

Il existe d'innombrables recommandations sur ce qu'il faut consommer pour la construire. C'est bien étrange puisque chacun a son propre régime alimentaire, certains boivent du café, d'autres sont végétariens, certains mangent des céréales au petit-déjeuner, d'autres des protéines. Bien qu'il existe un lien évident entre le maintien d'un corps sain et d'un esprit sain, il y a plus d'une façon pour rester en bonne santé. Ce que les personnes mentalement fortes mangent au petit-déjeuner est beaucoup moins important que leurs habitudes quotidiennes saines : Tout comme il existe de nombreux régimes différents qui contribuent au développement musculaire, il existe également différentes stratégies pour l'entraînement des muscles mentaux.

4) Contrairement à ce qui est révélé dans certains articles, atteindre la force mentale ne signifie pas être toujours positif.

Les personnes mentalement fortes recherchent généralement le côté positif, mais il ne s'agit pas d'une positivité "irréaliste". Une confiance en soi excessive ou un optimisme exagéré peuvent conduire à ne pas être préparé à la réalité qui se présente. La construction de la force mentale implique d'apprendre à réguler ses pensées afin qu'elles ne soient ni trop négatives, ni trop positives. Il faut avoir une vision claire de la vie, même s'il est difficile d'y faire face.

5) Tout le monde peut acquérir une force mentale, et de nombreuses personnes ont obtenu d'excellents résultats.

Méfiez-vous de tous ceux qui pensent qu'il faut être milliardaire ou sportif de haut niveau pour atteindre certains objectifs. La force mentale incite à vivre en cohérence avec ses propres valeurs : Pour certains, cela signifie accorder autant de valeur au temps passé en famille qu'au fait de gagner de l'argent. Il faut être le meilleur dans ce que l'on fait, que l'on monte une entreprise ou que l'on soit un bon parent. Soyez le meilleur dans tout ce que vous faites !

Chapitre 1 - Qu'est-ce que l'"état d'esprit " ?

Le secret de la pensée positive est d'adopter une mentalité de gagnant et de l'appliquer non seulement aux situations futures, mais aussi au passé et au présent. Ainsi, beaucoup de bonnes choses peuvent se produire et vous obtiendrez certainement ce que vous voulez. Il vous suffit de travailler sur vous-même.

Nous avons souvent tendance à nous focaliser uniquement sur les choses négatives. Si c'est votre cas, observez ce que vous avez déjà dans votre vie. Appréciez les bénédictions que la vie vous a apportées et soyez-en reconnaissant : vous vous sentirez définitivement mieux. C'est une des recettes pour être heureux.

Supposons par exemple que vous viviez une situation financière difficile. Voyez-vous seulement ce problème ou pouvez-vous conclure : "Heureusement, j'ai une famille qui m'aime et me soutient" ?

Ou si vous n'avez pas cette bénédiction dans votre vie, qu'avez-vous d'autre ? Peut-être la chance d'avoir un travail, un fils ou une bonne santé ? Réfléchissez à celle-ci et estimez-vous heureux. Il y a certainement quelqu'un quelque part dans le monde qui aimerait avoir ce que vous avez.

Mais comment faire pour être positif ?

Voici quelques conseils.

1) Visualisez-vous atteindre au fur et à mesure les objectifs que vous avez fixés.

Visualisez la victoire plutôt que de vous concentrer sur ce qui pourrait conduire à la défaite.

2) Remplacez les pensées négatives par des pensées positives.

Les pensées négatives sont naturelles, elles vont et viennent, mais moins on les laisse nous submerger, mieux c'est. Ainsi, lorsqu'une pensée négative surgit, prenez-en conscience. En prendre conscience est une première étape.

La seconde consistera à passer à une pensée positive, et si vous ne savez comment la choisir, vous pouvez faire une liste de toutes les choses agréables sur lesquelles vous voulez vous concentrer. Vous pouvez également choisir de commencer par répéter des affirmations positives. De cette façon, lorsque vous serez à nouveau assailli par une pensée négative, vous pourrez aller à votre liste et vous concentrer sur les choses que vous avez notées ou vous répéter les affirmations positives. Il s'agit d'apprendre à discipliner l'esprit. En vous engageant dans cette pratique, vous serez peut-être étonné de constater le nombre de pensées négatives que vous avez.

Faites attention aux croyances intérieures telles que "Je ne peux pas" ou "Je ne pourrai jamais". Essayez de les remplacer par "Je peux" et "Je vais". Michael Jordan, considéré par beaucoup comme le plus grand joueur de basket-ball de tous les temps, a été rejeté par l'équipe de basket-ball de son école avant de devenir un professionnel, parce qu'ils pensaient qu'il n'était pas assez bon ! Même face aux difficultés, la force positive de ses pensées l'a maintenu sur la voie pour arriver là où il en est aujourd'hui.

3) Transformez vos problèmes en expérience d'apprentissage

Au lieu de vous plaindre des difficultés de votre vie, vous pouvez les considérer comme une opportunité d'apprendre et de grandir au niveau personnel. Tout comme la célèbre citation le rappelle : "Ce qui ne me tue pas me rend plus fort".

Devant une épreuve, demandez-vous : quelles leçons puis-je en tirer ? C'est une habitude très positive à prendre. J'ai récemment eu l'occasion de l'appliquer très sérieusement à un problème concret qui se déroulait dans ma vie : Je peux vous dire avec certitude que la méthode m'a permis de gérer la situation bien mieux qu'au début, lorsque je ne voyais que le côté négatif des événements. Considérer les deux côtés peut être utile.

4) Se protéger de l'énergie négative

Les pensées négatives ne proviennent pas seulement de notre esprit, beaucoup sont aussi externes. Par exemple, en regardant le journal télévisé, on constate que certaines nouvelles concernant la violence peuvent s'ancrer dans notre mémoire et nous déprimer. Essayez donc de vous entourer de personnes positives. Le fait d'être avec quelqu'un qui se plaint constamment de son existence ou de vous, est une source majeure de négativité. N'oubliez pas que notre attitude est fortement influencée par la moyenne des cinq personnes avec lesquelles nous passons le plus de temps. C'est pourquoi vous devez choisir votre entourage avec sagesse.

5) Remplissez votre esprit de contenu positif

Des livres, des films, des personnes, des articles, etc. peuvent vous y aider. En même temps, ces choses ont aussi un effet divertissant.

6) Se concentrer sur ce qui va bien plutôt que sur ce qui va mal

Vous devez voir le verre à moitié plein plutôt qu'à moitié vide : Pensez "J'ai beaucoup de qualités" au lieu de "J'ai beaucoup de défauts", "Je peux me faire beaucoup d'amis" au lieu de "Je n'ai pas d'amis". Les deux visions peuvent être justes et réalisables, la seule question est de savoir sur laquelle vous allez vous concentrer.

Eh bien, entamons à présent le voyage vers une mentalité positive avec une attitude et une approche positive !

L'être humain se plaint trop de tout et de tous. Cette attitude, maintenue à tout moment, ne fait qu'attirer la négativité et l'insatisfaction, ce qui est néfaste.

Se plaindre fait partie de la nature humaine. Mais le problème, c'est que si une personne se plaint de tout, cela révèle qu'elle pense et se comporte de manière négative. Ainsi, une telle personne n'est pas la compagnie idéale pour vous.

Comme tout dans l'univers est soumis à la loi de l'attraction, vous aussi attirerez et concrétiserez ce que vous pensez, dites et faites. Celui qui émet une pensée négative produira davantage d'énergie négative, qui se matérialisera ensuite par de mauvaises situations. C'est pourquoi votre esprit doit percevoir, ressentir et produire des pensées positives. De cette manière, vous attirerez de bonnes énergies, vous vivrez dans un meilleur environnement et vous aurez l'occasion de réaliser vos objectifs. La pensée positive n'est rien d'autre que l'application de la loi de l'attraction pour attirer dans votre vie ce que vous désirez : Amour, prospérité, voyages, santé, joie, bonheur et beaucoup de rêves.

Ce qui est le plus intéressant, c'est que l'énergie que nous tirons de l'univers pour créer de la positivité ou de la négativité est la même. Ce qui rend l'énergie bonne ou mauvaise, c'est la pensée qui lui est associée, donc le résultat dépend de votre attitude. Si vous la changez, quelque chose changera également en vous. Vous le remarquerez.

Masaharu Taniguchui, le fondateur de la Seicho-No-Ie, décrit le pouvoir de la pensée positive comme suit : "L'homme a le pouvoir d'être le maître de son propre avenir et de le façonner. C'est pourquoi personne ne peut vous empêcher de puiser votre propre destin grâce au pouvoir de la pensée. Votre avenir et votre situation évoluent d'une manière conforme à ce que vous pensez".

La pensée positive est la première étape d'un long voyage vers le bonheur. Il n'y a pas de miracle, mais il faut changer ses habitudes et sa façon de penser pour commencer une nouvelle vie.

Changez votre mentalité négative ou stagnante et commencez à penser positivement, vous remarquerez que vous attirerez de nouvelles opportunités et des personnes optimistes dans votre vie. L'écrivain américain Robert Collier (1885-1950) l'exprimait ainsi : "Le succès est la somme de petits efforts répétés jour après jour".

Transformez votre essence et vos pensées en quelque chose de positif : Vous pouvez vous plaindre, mais essayez ensuite de voir le verre à moitié plein.

"Vous pouvez avoir ce que vous voulez si vous savez comment créer sa forme en pensée. Il n'y a pas de rêve qui ne puisse être réalisé si vous apprenez simplement à utiliser la force créatrice qui vous traverse. Les méthodes qui fonctionnent pour une personne fonctionnent pour tout le monde. La clé du pouvoir est d'utiliser librement et pleinement ce que vous avez, puis d'ouvrir vos canaux pour que davantage de force créatrice circule en vous", a écrit Robert Collier.

Répétez des affirmations positives et des prières pendant 21 jours pour changer votre attitude. Vous voulez essayer ? Vous trouverez dans les pages suivantes toutes les informations utiles pour retrouver une attitude plus saine et plus positive :

Affirmations positives

1. Je possède une richesse illimitée qui est toujours à portée de main

2. Je crée ma propre réalité

3. je m'aime et je m'accepte tel que je suis

4. Je suis aimé et soutenu par l'univers. Étant donné que je suis créé à l'image et à la ressemblance du Seigneur, je suis aimé inconditionnellement.

5. Je suis un être spirituel fort

6. Je m'habille exactement comme je le veux et comme j'en ai besoin

7. J'ai la capacité de créer et de conquérir ce que je veux.

8. Je suis un être spirituel qui vit une expérience physique

9. Je suis en paix avec le monde qui m'entoure et le monde est en paix avec moi

10. Je crée mes propres expériences. La vie est amusante !

Chapitre 2 - Développer une mentalité victorieuse et positive

Imaginez que vous jouez un match de football et que vous êtes sur le point de tirer un penalty. L'arbitre siffle, vous vous êtes entraîné et vous êtes prêt à tirer. Mais tout à coup, vous vous dites : "Il ne faut surtout pas tirer le ballon hors du terrain".

Que se passe-t-il à chaque fois que cette pensée surgit dans une telle situation ? La balle sort inévitablement du terrain ! Comme par magie.

La raison tient du fait que l'esprit n'est pas un indicateur de la réalité : il ne peut pas distinguer le bien du mal par nature, il se base seulement sur nos croyances. Le simple fait de penser, de faire quelque chose, place cette chose au centre de notre attention et de nos actions.

D'où l'importance de la construction d'une pensée positive, définie comme suit par Napoléon Hill : "Une procédure qui conduit à la réalisation d'une intention mentale constamment positive. Une procédure est une succession d'actions qui conduisent à un résultat précis. Matérialiser signifie le réaliser, le faire advenir. L'intention est volonté et désir".

Nous pouvons donc comprendre qu'une pensée positive est une série d'actions qui mènent à la réalisation d'un objectif par le biais de certaines pensées. Cependant, pour que nos rêves se réalisent, ces pensées doivent être 100% positives. Une seule pensée négative, même si elle est simple et courte, suffit à perturber tout le processus, de sorte que le résultat attendu ne pourra être atteint.

Se dire qu'il ne faut pas faire quelque chose, même si ce n'est qu'en pensée, nous mène parfois à concrétiser cette pensée.

Au lieu de penser : "Ne rate pas le ballon", nous devons discipliner notre esprit pour penser : marquer 100 % des buts lors d'un penalty, jusqu'à ce que nous tirions effectivement dans le ballon. Ce processus permettra effectivement d'atteindre le but.

Il ne s'agit là que d'un exemple concret de l'importance de la pensée positive. Il est important de se rappeler que la positivité s'applique à toute situation dans laquelle nous vivons : elle nous mènera là où nous voulons aller.

C'est l'influence d'une pensée positive : la différence entre le succès et l'échec. Et cela s'applique à tout ce que nous faisons dans la vie. Notre façon de penser influence nos actions.

Comment développer une pensée positive ?

L'un des plus grands secrets des personnes qui réussissent est de maintenir une mentalité positive, même face aux défis. Pour ceux qui ont leur propre entreprise ou qui veulent se réaliser professionnellement, ce comportement est fondamental, car il est l'une des clés de la persévérance, qui est l'un des piliers du succès.

Alan Pakes, expert en entrepreneuriat numérique, admet toutefois qu'il n'est pas si facile de conserver une attitude positive lorsque nous rencontrons des problèmes. "J'étais comme ça avant, je laissais les difficultés me priver du calme, du sommeil et de la capacité à penser logiquement".

Pakes, fondateur du premier congrès brésilien en ligne CONAED, rappelle que ce qu'il y a de plus complexe dans le désespoir, est l'incapacité de penser normalement et de croire qu'il n'y a pas de solution. "C'est ce genre de piège qui peut détruire en quelques secondes toute une entreprise de nombreuses années. Les gens devraient fuir cette idée !".

Pour vous aider à rester optimiste et positif, intériorisez et appliquez les 5 mesures suivantes :

1 - Trouvez votre bonheur intérieur

Nous avons tous quelque chose qui nous motive à avancer, qui nous inspire, qui nous donne de la force et qui nous sert d'énergie motrice pour nos actions. Ce quelque chose peut être la famille, l'amour, le succès, la foi, les hobbies, les voyages, etc. Réjouissez-vous de ce qui vous procure ce sentiment, cultivez-le en vous chaque jour, et accrochez-vous à ce qui vous motive.

Placez un souvenir ou un symbole de ce qui vous rend heureux dans un endroit où vous pouvez le voir tous les jours, afin de ne pas l'oublier et de rester toujours inspiré.

2 - Gérez le stress

La manière dont vous gérez le stress peut vous sauver ou vous faire sombrer. Sur 10 employés, 3 souffrent d'épuisement. Même à un degré moindre, le stress peut entraîner des problèmes physiques et psychologiques tels que : maux de tête, épuisement, hypertension, problèmes gastro-intestinaux et dépression.

Chaque personne a des méthodes différentes pour réduire la pression, il est primordial de trouver celles qui vous conviennent. Chanter, peindre, danser, écrire, faire du sport, écouter de la musique et méditer sont quelques-unes des stratégies efficaces et reconnues pour lutter contre le stress et la frustration. Prévoyez toujours du temps dans votre calendrier pour quelques activités agréables.

3 - Restez motivé

Souvent, lorsque nous nous engageons dans un processus au long cours, comme la création de notre propre entreprise, nous oublions les raisons pour lesquelles nous nous y sommes lancés. Souvenez-vous toujours de ce qui vous a motivé à commencer, des objectifs que vous avez déjà atteints, de ce que vous voulez encore réaliser et de votre récompense.

Restez concentré sur votre objectif. Le succès exige du temps, de la persévérance et de la confiance. Beaucoup de gens essaient des milliers de fois avant de réussir. N'oubliez pas que même si vous avez déjà essayé de nombreuses fois, la prochaine tentative pourrait être celle qui réussira ! C'est la raison pour laquelle vous devez persévérer !

4 - Soyez prêt à tout, même aux bonnes choses

Nous ne pouvons pas prévoir ce qui va se passer, alors soyez toujours prêts.

Oui, de mauvaises choses peuvent se produire, mais également des bonnes, et il faut être prêt à en profiter. Ainsi, vous trouverez, non seulement de la joie, mais des opportunités et de nombreuses situations prodigieuses. Faites en sorte d'être en mesure de saisir les opportunités, de vivre vos rêves et d'en tirer le meilleur parti.

Soyez ouvert d'esprit et ne vous laissez pas abattre par les événements négatifs. Et si cela se produit, relevez-vous ! Vous rencontrerez des obstacles et ferez des erreurs, alors acceptez-les et tirez-en les leçons.

5 - Construire un réseau de contacts positifs

Jim Rohn, entrepreneur, écrivain et conférencier américain sur le thème de la motivation, affirme que nous sommes la moyenne des cinq personnes avec lesquelles nous passons le plus de temps. Si l'on y pense, cette idée vaut la peine de bien choisir ses amis.

Nous avons tendance à nous rapprocher des personnes qui ont des opinions et des attitudes similaires aux nôtres, et cela peut être à la fois un avantage et un inconvénient. Dès lors, si vous voyez le monde de manière négative, vous risquez de vous entourer de personnes qui pensent comme vous et qui vous freinent, même involontairement, parce qu'elles ne sont pas capables de trouver de solution aux problèmes.

En revanche, si vous vous entourez de personnes optimistes et confiantes, vous serez soutenu dans la résolution de vos problèmes.

Bien entendu, vous ne devez pas bannir les personnes négatives de votre vie, mais créez un réseau de contacts en qui vous avez confiance et qui peuvent vous motiver !

"Il existe plusieurs clés du succès, mais j'ai appris par expérience qu'une attitude positive à conserver est de loin la plus importante. Grâce à cet état d'esprit, il est beaucoup plus facile de conquérir toutes les autres clés", explique Pakes.

L'importance d'un esprit d'entreprise réussi

Les principes :

Ces principes sont fondamentaux, car celui qui les comprend peut facilement choisir et appliquer n'importe quelle méthode. De plus, il peut transformer les différentes techniques pour les amener à correspondre à l'objectif qu'il souhaite réaliser.

L'inverse n'est pas toujours vrai : ceux qui tentent désespérément de changer de stratégies sans en comprendre les principes rencontreront sans aucun doute des difficultés.

Vous devez comprendre les principaux concepts afin de développer une base solide qui vous guidera naturellement tout au long du processus. Cela vous aidera si vous devez changer de direction à mi-chemin. Sans une bonne base, à chaque fois que quelque chose n'ira pas, vous vous retrouverez dépendant des instructions des autres.

Personnellement, je préfère la philosophie de l'adage : Quand un homme a faim, mieux vaut lui apprendre à pêcher que de lui donner du poisson.

Vous allez concentrer votre attention sur deux choses : Premièrement, vous allez apprendre à "pêcher", et deuxièmement, vous allez apprendre les bases, la philosophie et certains principes. Ensuite, vous procéderez de manière logique et analyserez différentes techniques étape par étape, ou plutôt le "poisson" mentionné plus tôt.

Avec les principes et l'esprit d'entreprise, chacun développera un "style de pêche" unique : Les premiers ne seront pas dépassés lorsque de nouvelles technologies apparaîtront.

Si vous connaissez les bases, vous pouvez vous préparer à un avenir dans lequel Twitter, Facebook et d'autres outils d'aujourd'hui n'existeront peut-être plus ou ne seront plus pertinents. Ce qui fait vraiment la différence, ce ne sont pas seulement les techniques, mais surtout l'aspect psychologique.

Ensemble, nous découvrirons quels sont les principes positifs, quelle mentalité est négative et devra être évitée. En outre, nous changerons votre façon de penser et d'aborder les choses, vos sentiments jouant un rôle décisif.

Comprendre la psychologie de l'entrepreneuriat, c'est mieux savoir comment concevoir son modèle d'entreprise, sa stratégie marketing et même la gestion de son entreprise. La psychologie s'intéresse au comportement de nos processus mentaux en étudiant le système émotionnel et le fonctionnement de notre état mental.

Cela révèle souvent une certaine contradiction entre le plan rationnel et le désir émotionnel, et de nombreuses personnes finissent par faire des choses qui n'ont aucun sens. Avez-vous remarqué que lorsque votre ami se plaint de ne pas être capable de faire quelque chose, il est en train de se comporter de manière à s'écarter de son objectif ? Ne faites pas la même chose ! Dans un tel cas, changez simplement de direction.

Vous devez aligner vos désirs émotionnels avec vos objectifs rationnels, pour aligner ces derniers. Cela signifie que vous devez mieux comprendre ce qui se passe en vous, et également que vous devez vous pencher sur les principes qui favorisent l'attitude idéale envers l'entrepreneuriat.

Tout cela est indispensable pour pouvoir traduire en actions concrètes, ce que l'on a appris en théorie : Les choses deviennent plus faciles si l'on commence par les principes et la bonne attitude, même s'il faut résister à la tentation naturelle de passer immédiatement à la pratique.

Dans ce livre, vous trouverez des techniques d'optimisation étape par étape. Celles-ci ne vous seront toutefois d'aucune utilité si vous n'avez pas la bonne attitude et des principes solides pour vous aider à faire votre travail.

Savoir, c'est appliquer. Si vous avez un permis de conduire, la conduite vous semblera facile, mais si vous êtes débutant et que vous apprenez, vous trouverez cela difficile. Il s'agit d'apprendre un seul bloc d'informations, mais lorsque vous conduisez pour la première fois, vous devez traiter plusieurs blocs d'informations à la fois. Au début, vous devrez donc passer votre temps à apprendre, mais avec le temps, les informations arriveront automatiquement dans votre subconscient. Vous ne le réaliserez même pas. Il en va de même pour toutes les choses de la vie.

De la même manière, les principes de l'entreprise détermineront également vos processus de travail. C'est essentiel, car les entrepreneurs numériques n'ont pas de chef pour contrôler leur travail, ni d'horaires de travail. Il serait très tentant de faire une sieste l'après-midi et de se réveiller 90 minutes plus tard, mais cela perturberait complètement le déroulement de la journée, c'est donc une habitude négative qu'il faut éviter.

Il y a des habitudes positives que vous pouvez et devez développer dans l'entrepreneuriat, comme le contrôle de votre "hygiène de vie". Si vous êtes souvent obligé de travailler même la nuit, cela signifie que vous n'êtes pas bien organisé.

Personnellement, j'ai beaucoup d'autres habitudes positives : la collaboration avec des influenceurs du marché, le respect des fournisseurs, le strict respect de la législation fiscale et les bonnes relations avec les clients.

Tout devient beaucoup plus facile si l'on développe une bonne attitude entrepreneuriale. Cela dit, il est nécessaire de partir de ses principes, ils sont ce à quoi vous pouvez vous référer.

Aimez ce que vous faites

Le concept "fais ce que tu aimes" est très relatif et, à mon avis, assez mal compris.

Imaginez que ma passion soit de jouer aux jeux vidéo et de manger du pop-corn toute la journée : Qu'est-ce que j'en retire ? Même la personne la plus talentueuse dans ce domaine peut éprouver une frustration qui sera probablement ressentie par d'autres personnes passionnées par la même chose.

Ces personnes sont des clients potentiels, ce qui conduit au développement d'une solution et à la fabrication d'un produit à vendre. La première étape consiste donc à trouver un marché de niche qui présente un certain potentiel à exploiter et à utiliser. Il s'agit d'un processus difficile, mais qui en vaut la peine.

Après avoir vérifié la viabilité économique, vous devez créer un lieu idéal où les gens peuvent apprécier l'un de vos produits et être animés par la même passion que vous. Sans cela, il sera difficile de présenter quelque chose d'extraordinaire, de différent et d'innovant, car sur le marché, la passion fait la différence. C'est un élément indispensable sans lequel on ne saurait être suffisamment persévérant et créatif pour développer une solution à un problème.

Néanmoins, toutes les choses que vous aimez ne vous rapportent pas des bénéfices. Vous devez donc d'abord déterminer ce qui a vraiment un potentiel de rentabilité.

Après avoir lu ce livre, essayez d'imaginer quelque chose d'innovant et de nouveau pour vous assurer que vous apporterez une valeur ajoutée aux gens. Les entrepreneurs sont en effet payés en proportion de la valeur qu'ils créent pour les autres : c'est le concept de base de l'entrepreneuriat.

Les stratégies intelligentes commencent lorsqu'une personne propose un produit ou un service de valeur qui répond aux besoins de son groupe cible. Et l'objectif est de trouver le plus grand nombre possible de personnes qui s'intéressent à vos articles comme solution à leurs propres problèmes.

Si vous voulez que vos clients vous soient fidèles, la qualité des produits que vous vendez est essentielle. Si vous avez votre propre entreprise, vous ne proposez pas seulement des biens ou des services, mais plutôt une manière de résoudre un problème.

Comme nous l'avons déjà mentionné, les entrepreneurs sont proportionnels à la valeur qu'ils créent. Si cela fait défaut, cela signifie qu'ils sont uniquement des employés, qu'ils reçoivent des salaires et non des bénéfices, et qu'ils ne créent pas de valeur directe pour le client.

Les entrepreneurs sont prêts à payer pour pouvoir se mettre à la place des consommateurs, car ils doivent apporter une solution aux consommateurs. C'est la responsabilité du chef d'entreprise, alors que l'employé n'a que des tâches à accomplir pour ses supérieurs. Une fois que vous savez ce que veulent les consommateurs, vous devez vous efforcer de leur offrir ce qu'il y a de mieux pour les inciter à acheter.

Supposons que vous ayez soif au milieu du désert. De quoi avez-vous besoin ? De toute évidence, vous avez besoin d'eau. Ainsi, si vous déterminez la demande, tout devient plus simple.

Le deuxième principe est de ne plus penser, ni agir, ni travailler comme un employé, car cette attitude est un poison pour votre entreprise.

Le problème est qu'un employé est recruté au sein d'une structure déjà établie. La mettre en place est toutefois différent : il y a un autre niveau de responsabilité. L'attitude de l'employé peut se résumer ainsi : "Je viens, je fais bien mes tâches, je les fais à temps et je reçois mon salaire". Il n'a pas à se soucier de savoir si l'économie est instable, si les clients sont satisfaits ou non, et s'il apporte de nouveaux clients : les soucis de l'entreprise sont isolés. Surtout dans une grande entreprise, le travail devient encore plus sectoriel : on fait une chose et rien d'autre. Cela reste une tâche monotone et répétitive.

Il existe des entreprises qui sanctionnent les collaborateurs indisciplinés ou qui portent atteinte aux services et au personnel. Mais en même temps, ces entreprises ne se préoccupent pas des intérêts des consommateurs et disposent d'un système d'assistance inexistant. Le client attend des heures, voire des semaines, pour obtenir de l'aide.

L'un des problèmes de toutes les entreprises est que l'employé ne se préoccupe souvent pas du système dans son ensemble : il s'occupe simplement de son domaine spécifique et, s'il fait tout bien, il reçoit son salaire chaque mois.

En tant qu'entrepreneur, c'est différent : vous devez vous fixer des objectifs. Vous n'êtes plus dans le domaine du "je vais juste faire ma part des choses et rien de plus", mais votre objectif est désormais de créer de la valeur et de réaliser des bénéfices.

Une autre différence réside dans le fait que les travailleurs se préoccupent avant tout de percevoir leur salaire mensuel. Ils se disent : "Est-ce que je vais avoir une augmentation ? Ils travaillent, arrivent à l'heure, accomplissent leurs tâches et, s'ils se révèlent compétents, ils peuvent être promus pour leurs efforts. Même s'ils ne fournissent qu'un travail médiocre, ils seront payés. Mais dans l'entrepreneuriat, il y a un autre objectif : la recherche permanente de la gratitude et de la satisfaction du client et un travail de qualité.

Le chemin à parcourir pour avancer consiste à relever de nouveaux défis avec plaisir et à interagir avec différentes personnes. C'est le processus lui-même qui représente une valeur, et c'est le secret le plus important pour changer cette mentalité de subordination qui entrave notre croissance.

Il ne s'agit pas d'une généralisation : Bien sûr, il y a de grands employés qui se battent pour l'entreprise, et vous pourriez être l'un d'eux. Avec tout le respect que je vous dois, il s'agit d'une minorité. Vous pourriez être une exception talentueuse qui, malheureusement, ne se trouve pas en abondance sur le marché.

Il faut garder à l'esprit qu'une bonne planification est essentielle pour obtenir une rentabilité. Il est donc important d'investir dans les connaissances, dans les outils d'automatisation, dans la cohérence et diverses autres stratégies. Votre temps doit être calculé de manière objective afin de générer des revenus à partir de votre activité en ligne.

Au fil de la lecture de ce livre, nous comprendrons mieux quels sont les schémas de pensée généralement adoptés par les travailleurs.

Le système éducatif et la culture générale de la société tendent à montrer des voies standardisées qui ne contribuent pas au développement de notre côté entrepreneurial.36

Dans ce volume, vous découvrirez comment acquérir le mode de pensée d'un entrepreneur qui favorise le changement de votre vision et de votre attitude et qui fait progresser votre entreprise.

Vous apprendrez comment utiliser le focus pour offrir une plus grande valeur aux clients : Les bénéfices résulteront des bonnes décisions qui pourront conduire à davantage de bénéfices.

Vous apprendrez également à appliquer des stratégies afin qu'elles ne restent pas de simples théories. Vous ferez les premiers pas nécessaires pour vous mettre sur la voie du succès et découvrirez des méthodes efficaces pour attirer des clients.

Chapitre 3 - La pensée critique

La pensée critique implique un jugement conscient dans le sens où l'on réfléchit sur ce que nous pouvons croire ou pas, ou encore à la manière dont on doit réagir à une expérience, à une déclaration orale ou textuelle, et même aux déclarations des autres. Il s'agit également de définir le contenu et la valeur de l'objet observé.

La pensée critique examine également s'il existe une raison raisonnable d'accepter des thèses comme authentiques. Fisher et Scriven soutiennent qu'il s'agit d'une compréhension compétente et d'une observation, d'un exposé, d'une connaissance et d'une discussion riches.

De nos jours, on attribue généralement une signification négative et accusatrice au terme "critique", mais cela ne correspond pas nécessairement à la réalité lorsqu'il parle de "pensée critique". La pensée critique peut être interprétée de manière positive. La pensée critique élargit l'horizon.

C'est une façon de penser qui ne repose pas sur des méthodes dures et rapides. Elle ne repose pas seulement sur la logique, qu'elle soit formelle ou informelle, mais aussi sur des notions mentales plus larges telles que la clarté, la fiabilité, la précision, l'importance et la valeur d'expression.

Elle repose sur l'étude détaillée et l'évaluation substantielle d'arguments, notamment ceux que le groupe social considère comme authentiques au quotidien. Cette opinion se concrétise surtout par la réflexion, l'expérience, l'argumentation ou la méthodologie utilisée par la science.

La pensée critique exige clarté, précision, égalité et clarté, car elle vise à empêcher l'utilisation de points de vue subjectifs. De ce point de vue, on peut dire qu'elle est associée au doute permanent et à la perception de simulations. De cette manière, le sujet utilise des éléments cognitifs et l'intellect pour se forger une opinion acceptable et compréhensible sur une déclaration donnée. En faisant intervenir de nombreuses variables différentes.

Les chercheurs estiment qu'il est nécessaire d'adopter le rôle d'un penseur critique, c'est-à-dire d'identifier la discrimination découlant des dogmes et de ne pas l'utiliser, d'identifier et de mettre en évidence les spécificités des arguments, de prendre en compte la fiabilité des sources de données et, enfin, de vérifier les arguments.

Il convient de souligner que la pensée critique ne vise pas à donner une vision pessimiste du contexte, ni à encourager une tendance à rechercher les imperfections et les erreurs. Il ne s'agit pas non plus de changer la mentalité des gens ou d'occuper l'espace réservé à l'affection et aux sentiments.

Leur objectif est d'éviter que les tensions dans la société ne conduisent à l'uniformisation et à la passivité. Ceux qui adoptent ce mode de pensée tentent d'identifier et d'atténuer, voire d'éviter, les déceptions et les malentendus auxquels ils sont soumis au quotidien. C'est pourquoi ils doutent de l'origine des nouvelles provenant souvent des médias, qui déforment presque toujours la réalité. Le principe premier est de remettre en question ce qu'ils lisent ou entendent et d'essayer de se rapprocher le plus possible des informations objectives avec un maximum de précision.

La pensée critique

La pensée critique a pris naissance avec les philosophes grecs dans l'Antiquité classique. Des grands esprits telles que Socrate, Platon et Aristote étaient convaincus qu'il était possible d'atteindre la vérité ou du moins d'éviter de penser de manière erronée en argumentant et en adoptant certains principes rationnels ou logiques.

Ce type de raisonnement est basé sur l'étude des affirmations que la société tient pour vraies et fiables dans la vie quotidienne. Cette analyse peut se faire par l'observation, l'expérience, la réflexion ou la méthode scientifique.

La clarté, la précision, l'égalité et la force probante sont nécessaires, car certaines impressions doivent être évitées. En ce sens, il s'agit d'une attitude liée au scepticisme et à la mise en évidence des tromperies.

Notre vision du monde est influencée par un système de croyances complexes, car nombre de ces croyances proviennent de réflexions erronées d'autres personnes. C'est pourquoi la pensée critique doit être une pratique pour nous permettre d'analyser, de créer et d'évaluer ces croyances. Tout cela nous permet de collecter et d'évaluer des informations complètes.

Elle fait appel aux connaissances et à l'intelligence pour trouver une position juste sur un sujet donné. Les étapes incluent la reconnaissance des préjugés, la définition des arguments, l'analyse des sources d'information et l'évaluation des arguments.

Il est important de souligner que la pensée critique ne conduit pas à une pensée négative ou à une tendance à trouver des erreurs et des échecs. Il s'agit plutôt de changer la manière dont les gens pensent ou échangent des émotions et des sentiments.

En fin de compte, il s'agit d'éviter les pressions sociales qui conduisent à la standardisation et à la conformité, et de définir la qualité des croyances et la manière dont nous pouvons contrôler celles auxquelles nous sommes exposés.

Développer l'esprit critique

Pour commencer à développer un esprit critique, il est important d'acquérir trois caractéristiques différentes : La curiosité, la compréhension et la logique. En outre, il est important de s'exercer fréquemment jusqu'à ce que vous atteigniez la perfection.

- La curiosité : poser des questions, ne pas se contenter de solutions simples et approfondir ses connaissances ;

- La compréhension : comprendre le scénario d'un problème. Si un seul détail est mis en évidence, il se peut qu'il ne soit pas possible d'évaluer efficacement la situation ;

- La logique : peut être stimulée par des exercices tels que le sudoku, les mots croisés et autres exercices de réflexion.

Si ces trois qualités sont développées, il est plus probable que la pensée critique s'améliorera rapidement. La pensée critique est une activité qui demande du temps, du dévouement et de l'engagement : Lâchez vos convictions et commencez à analyser les situations de la meilleure manière possible.

L'importance de la pensée critique

Alors que nous sommes exposés aux difficultés du monde, les influences extérieures sur l'apprentissage deviennent de plus en plus fortes, car l'expérience personnelle des gens est faible et l'application de la pensée a priori est limitée aux phénomènes qui sont connus dans une certaine mesure.

Dans la société actuelle, connue sous le nom de "société de l'information", les gens sont exposés quotidiennement à une énorme quantité de nouvelles provenant d'une multitude de sources, avec un degré de crédibilité variable. Si cela permet aux gens d'évoluer culturellement, ce qui aurait été impensable il y a quelques années, cela peut aussi conduire à l'ignorance. Cela peut sembler contradictoire, mais c'est le cas, car il y a à la fois de vraies et de fausses informations.

La pensée critique résout ce problème en nous aidant à reconnaître la qualité des informations auxquelles nous avons accès. Son application reste limitée, car les fausses rumeurs se propagent facilement dans la société. Il suffit de penser aux nombreuses fausses rumeurs.

L'École de Francfort

L'École de Francfort a été fondée dans la première moitié du XXe siècle par un groupe d'érudits qui se sont réunis dans le but de développer une théorie critique.

Également connus sous le nom d'*Institut de recherche sociale*, ils ont formulé une critique sociétale et ont remis en question les modèles génératifs des choses qui se produisent dans la civilisation actuelle. Ceci alors que la société traversait une période d'instabilité et de nombreux problèmes politiques et économiques. Le groupe était dirigé par le théoricien Theodor Adorno, qui a inspiré la participation de nombreux autres comme Walter Benjamin, Marcuse, Otto Apel, Max Horkheimer, Jürgen Habermas et Leo Löwenthal.

La raison principale de la création de l'École de Francfort était la frustration causée par la révolution bolchevique : cela a conduit à la formation du groupe, qui a travaillé de manière itinérante jusqu'à ce qu'il atteigne les États-Unis, où il a élargi son champ d'étude, soutenu par la culture américaine.

L'école de Francfort présente les caractéristiques suivantes :

- Le rejet du révolutionnarisme matériel associé au travail culturel ;

- La réinterprétation du marxisme et du monde par la théorie marxiste ;

- La critique de l'aliénation et de l'impérialisme issus de la culture occidentale ;

- Le développement d'une conscience critique et la prise de mesures pour encourager la dégradation des valeurs sociales.

Comme tout le monde, vous êtes quotidiennement bombardé par une quantité absurde d'informations. Une grande partie de ces contenus circule sur les réseaux sociaux et l'origine des histoires n'est pas toujours digne de confiance. Pour éviter de croire aux rumeurs ou de tirer des conclusions hâtives, la solution consiste à développer son esprit critique.

Cela fait une différence sur le marché du travail, dans le domaine académique et dans la vie privée, car c'est une clé pour ne pas être victime de jugements hâtifs.

Adopter une attitude critique face au monde permet d'analyser plus clairement les situations. Cela vous donne la possibilité de prendre la meilleure décision.

Propositions pour le développement de la pensée critique

Vous apprendrez ici comment entraîner cette faculté mentale importante.

Ouvrir l'esprit

En premier lieu, il faut abandonner vos préjugés et essayer de comprendre d'autres opinions que la vôtre. Même si vous n'êtes pas d'accord, écoutez avant de répondre. Essayez d'analyser pourquoi la personne pense comme elle le fait ? Dans quel milieu elle vit ? Quel est le courant de pensée personnel de cette personne ? Quels sont les points forts de sa personnalité ? Tout cela est indispensable pour comprendre les autres opinions.

Ne vous préoccupez pas de trouver des solutions au problème ou des réponses à la question. Ce qui est important à ce stade, c'est que vous changiez de point de vue et que vous vous mettiez à la place de l'autre. C'est exactement ce que vous souhaiteriez que votre interlocuteur fasse.

Faire preuve d'une certaine méfiance

N'acceptez jamais la vérité comme toute faite et définitive. Si une histoire vous semble trop absurde, faites des recherches approfondies pour en tirer vos conclusions. Avez-vous lu un message sur WhatsApp ? Faites preuve de méfiance. Consultez les portails d'information connus et lisez les sources officielles. Assurez-vous qu'il ne s'agit pas d'une rumeur.

La vitesse des réseaux sociaux nous incite à partager beaucoup de bêtises sans même y penser. Respirez profondément, analysez le lien à tête reposée et confirmez le message.

Il n'est pas nécessaire d'avoir une opinion sur tout, et surtout pas sur quelque chose dont les références sont douteuses. Ne croyez pas toujours ce que vous lisez ou entendez : Il est important de s'assurer d'abord de la véracité du contenu.

Maintenir sa sérénité

Un autre point pertinent pour pratiquer l'esprit critique est la sérénité : ne vous laissez pas guider par vos émotions, mais abordez les questions quotidiennes de manière rationnelle.

Si vous êtes trop agité ou énervé, essayez des techniques de méditation. Essayez d'analyser le problème en gardant la tête froide et, si vous n'y arrivez pas vous-même, demandez de l'aide à une personne de confiance.

Analyser les conséquences

N'oubliez pas que chaque action est suivie d'une réaction. Les commentaires peuvent être mal interprétés et certaines attitudes peuvent faire plus de mal que de bien.

Lorsque vous prenez une décision compliquée, vous devez envisager tous les scénarios. Imaginez les conséquences possibles et examinez celles qui aboutiront à un résultat positif. Prenez votre temps.

Une suggestion pour exercer le raisonnement logique, est notamment de tenter de résoudre des mots croisés, des sudokus ou des tests de QI. Ces exercices vous permettent de visualiser la cause et l'effet et, comme effet secondaire agréable, vous permettent également d'avoir une conversation agréable.

Élargir son horizon

Regardez des films et lisez les informations. Si vous tombez sur un sujet polémique, réfléchissez à ce que vous changeriez dans ce cas. Discutez du sujet avec vos amis, votre famille et vos collègues ; l'échange d'idées, en particulier avec des personnes qui ont des points de vue différents, élargit notre vision du monde.

Respectez toutefois vos interlocuteurs. Ne vous battez pas uniquement pour désarmer votre adversaire : Considérez la discussion comme une somme et non comme une division en tribus adverses. La construction de la pensée critique se fait par la société dans la société. Plus il y a de contributions, mieux c'est. Plus il y a de contributions, plus les discussions peuvent être nombreuses.

Stratégies de formation de la pensée critique

La pensée critique est essentielle pour former des citoyens dotés d'une conscience sociale, d'une capacité à prendre des décisions et à résoudre des problèmes, d'une aptitude à anticiper les événements et d'une tolérance envers les opinions différentes.

Cela nécessite d'examiner objectivement les faits et l'environnement, d'éviter les impulsions et les actions irréfléchies. Cela nécessite également de peser les motivations et d'analyser si les raisons invoquées sont conformes à la rationalité.

Il est également important de reconnaître le manque d'objectivité d'un argument et de savoir comment y remédier. Pouvez-vous identifier les idées principales d'un texte ? La capacité d'interpréter est essentielle.

Lorsque nous devons prendre une décision, la pensée critique peut nous aider à augmenter le nombre de décisions positives. Toutes les options disponibles devraient être examinées et considérées avec scepticisme.

5 stratégies pour améliorer la pensée critique

1) Formulez un problème

La première étape consiste à formuler clairement et précisément les problèmes et questions essentiels. La réflexion sur un thème social, politique, personnel ou autre particulier est la base de la pensée critique. C'est par là que commence le processus de recherche de solutions, qui peut prendre un certain temps.

2) Collectez des informations

Pour aborder un sujet de manière critique, il est important d'en connaître la cause : Pour cela, vous devez collecter des informations en lisant des livres, en faisant des recherches sur Internet ou en interviewant des experts.

Si vous devez prendre une décision, la pensée critique vous aidera à choisir la meilleure voie : mieux vous serez informé des différentes possibilités, mieux ce sera. Rassemblez toutes les informations disponibles, évaluez-les et interprétez-les activement. Trouvez des conclusions et des solutions en fonction de critères pertinents.

3) Utilisez les informations pour prendre la meilleure décision

Vous pouvez utiliser cette stratégie en vous posant des questions. Par exemple, si vous êtes sur le point de prendre une décision, vous pouvez vous demander : quels sont les enjeux ? Quelles sont les hypothèses ? Mon interprétation des informations est-elle logique ? Ai-je négligé certains facteurs ?

4) Considérez les conséquences

Dans ce domaine, il est nécessaire de comprendre toutes les implications, même les plus imprévisibles. Soyez objectif, identifiez et évaluez les hypothèses et les conséquences pratiques de toute réflexion ou action.

5) Explorez d'autres points de vue

La découverte de nouveaux points de vue vous permet d'envisager d'autres alternatives et d'évaluer vos décisions, ce qui vous aide à penser de manière plus ouverte. Au cours de votre journée, vous passez beaucoup de temps à traiter des informations et à prendre des décisions, même s'il s'agit le plus souvent d'un processus qui se déroule de manière mécanique. Il n'y a rien de mieux que de se rendre compte si vous utilisez vos arguments à bon escient ou non.

L'esprit critique est l'une des " compétences générales" que les entreprises encouragent aujourd'hui, et il est lié à la communication : Il ne suffit pas de savoir simplement exprimer des idées, il faut aussi être cohérent et savoir présenter des solutions.

L'importance de la pensée positive et comment l'apprendre

La pensée positive, considérée comme l'un des facteurs du bien-être psychique, peut être un exercice quotidien utile pour surmonter toutes les difficultés.

Mais que signifie être positif ?

"Avoir confiance dans la vie", résume Maria Teresa Guimarães, coach de vie. Il y a toutefois une grande différence entre l'idéaliste et le positiviste : ce dernier est réaliste.

"Une pensée saine et positive génère des modes de pensée et des attitudes qui se refléteront dans la vie. Par exemple, pour réussir un examen d'entrée, la personne doit être motivée à apprendre", explique le thérapeute et professeur de yoga Fabio Mocci Camargos.

Voici une liste de suggestions à mettre en pratique jour après jour pour devenir une personne positive.

1. Être positif, c'est un choix et cela dépend de la pratique

C'est pourquoi l'initiative doit venir de vous. "Les personnes positives sont plus rationnelles", estime l'entraîneur André Lado Cruz.

2. Une attitude positive peut être formée

Une bonne façon de s'y exercer est de méditer chaque jour, ne serait-ce que pendant une courte période. La méditation consiste à observer ses propres pensées. "Si une pensée dont vous ne voulez pas surgit, faites comme si elle était un nuage et laissez-la passer", explique Teresa Guimarães. Cette stratégie peut s'avérer très utile.

3. Les personnes positives ne sont pas imprudentes

Au contraire, elles sont capables d'analyser une situation, d'anticiper et de penser à long terme. Même une action spontanée est réfléchie.

L'avenir se construit dans le présent, et ce qui est négatif maintenant peut devenir positif dans le futur s'il est cultivé correctement. "Avoir un but rend le poids du voyage plus supportable", ajoute André Lado Cruz.

4. Regarder des photos d'animaux, d'êtres chers et d'autres choses positives peut avoir un effet positif plus important que vous ne pouvez l'imaginer.

Une étude menée par l'université de Leicester en 2012 a révélé que le fait de regarder des images de chiots augmentait la concentration et améliorait les performances dans les tâches quotidiennes. Une plus grande concentration permet de trouver plus facilement des solutions rationnelles et logiques aux problèmes qui se présentent.

5. La musique a de nombreuses vertus

Cela inclut la capacité à réduire le stress et la possibilité de s'exprimer. Que diriez-vous d'apprendre à siffler votre chanson préférée ? Ou peut-être même que vous jouez d'un instrument de musique pendant votre temps libre.

6. Rire et sourire !

La pensée positive est une question d'entraînement, alors essayez toujours de dégager de la positivité. Si cela vous semble trop difficile, la coach MariaTeresa Guimarães propose une technique : "Lorsque vous vous sentez épuisé, fermez les yeux et souriez. Ou alors, riez devant le miroir. Avez-vous remarqué que quelque chose en vous devient plus léger ?".

7. Évaluer tous les aspects d'une situation

Vous avez rompu avec votre partenaire ou vous vous êtes brouillé avec un ami ? Il est peut-être temps de faire le point sur ce dont les autres ont besoin. "L'homme positif a une approche rationnelle de la vie. Parce qu'il croit que tout va bien, il se concentre sur les opportunités de la vie", explique Teresa.

8. Cultiver des relations constructives avec des personnes édifiantes

54

N'ayez donc pas peur de vous éloigner de ceux qui ont une influence négative sur votre vie. "Nous recevons et transmettons des émotions. Il y a des personnes qui dégagent du bonheur et nous font désirer leur compagnie, et d'autres avec lesquelles on n'a presque rien à faire et qu'on préfère éviter. Pour la santé mentale, il est important d'entretenir des relations avec des personnes qui ont une attitude positive dans la vie", explique le coach André Lado Cruz.

9. Séparez-vous un peu de vos problèmes

Éteignez l'ordinateur ou la télévision et allez vous promener dans le quartier pour profiter de ses bruits. "Il est difficile d'être positif dans un monde où nous sommes bombardés d'informations négatives", déclare la coach Teresa Guimarães à ce sujet.

10. faites attention à l'atmosphère que vous créez pour vos amis ou votre famille.

Selon le thérapeute Fabio Mocci, cela a même un impact sur l'attitude face à la vie et modifie notamment la manière d'être créatif. "Le contexte familial dans lequel vous êtes intégré a une grande importance. Si vous avez des parents tyranniques, vous pouvez devenir pessimiste. Reconnaissez donc si votre pessimisme est "héréditaire" et débarrassez-vous-en. Essayez toujours de créer un état d'harmonie autour de vous".

11. Accueillez les nouvelles opportunités et soyez ouvert à ce qui n'est pas prévu. Beaucoup de bonnes choses peuvent venir de là où l'on ne s'y attend pas, et le fait de se plonger dans l'inconnu élargit la vision du monde et l'horizon. C'est pourquoi un peu de spontanéité ne fait pas de mal.

12. Ne prenez pas de décision dans des moments d'émotion extrême, que ce soit de la colère ou de la joie.

Dans l'euphorie, nous disons souvent des choses que nous pourrions regretter plus tard, ce qui crée une situation désagréable pour tout le monde. Une personne positive est avant tout rationnelle et consciente de ses actes. Si vous avez des doutes, faites le vide dans votre tête, respirez profondément et comptez jusqu'à 10. Vous pouvez aussi faire une petite pause méditation.

13. Faites attention à ce vous dites et aussi à la manière dont vous le dites.

Une technique intéressante consiste à se demander à qui vont profiter les jugements que vous portez. "Au fond, il faut se forcer à être positif même lorsque l'on dit du mal des autres", dit André Lado Cruz.

14. Utilisez votre temps non seulement avec des moyens, mais surtout avec des expériences.

L'apprentissage qui en résulte est significatif pour votre vie. "L'un des avantages est de se sentir bien. Chaque pensée et chaque action génèrent une décharge biochimique qui permet à la personne de ressentir des sensations différentes à chaque nouvelle aventure", explique Teresa Guimarães.

15. faites un "nettoyage intérieur" : ne pas être rancunier et se pardonner ses propres erreurs sont des moyens d'entamer ce processus.

"Cette 'écologie intérieure' permet de recycler les mauvaises pensées, de les transformer et de les réutiliser d'une autre manière, pour revenir à une atmosphère plus efficace, plus agréable et en accord avec notre identité", estime André Lado Cruz.

Chapitre 4 - Comment utiliser le pouvoir de la pensée positive ?

La pensée positive ne signifie pas voir la vie en rose et en paillettes. Si vous le faisiez, vous ignoreriez une partie de la réalité, qui n'est pas toujours parfaite et juste. La conséquence inévitable serait alors de développer une aversion pour cette pensée, car les choses continueraient à aller de travers malgré nos plus grands efforts.

Tout cela nous rend sceptiques et cause en nous une difficulté naturelle à accepter les choses telles qu'elles sont, et à voir le "verre à moitié plein". Nous nous concentrons uniquement sur le problème, à nous plaindre plaindre, et sur ce qui est mauvais. Une telle attitude est le point critique qui vous empêche de saisir la véritable signification de la pensée positive. La pensée positive a en effet à voir avec le fait de trouver une solution dans tous les cas, même au milieu du chaos.

Si vous vous concentrez sur un problème, vous en devenez victime et dès lors, vous vous retrouvez incapable de le résoudre efficacement. Le problème persiste, mais vous êtes uniquement occupé à vous martyriser plutôt que de vraiment le résoudre.

En changeant votre attitude de négative à positive, vous vous concentrez plutôt sur la manière dont vous pouvez gérer le problème et aller au fond des choses.

C'est pourquoi vous devez désormais considérer la pensée positive comme une solution, car elle vous permet d'avancer sans être bloqué sur place, et sans rejeter la faute sur les autres ou sur l'environnement dans lequel vous vous trouvez. Le blâme ne résout pas les problèmes.

Quel est le pouvoir de la pensée positive ?

Une attitude positive se base sur le fait d'être toujours prêt à résoudre une situation. Cela donne une force extraordinaire pour se préparer à chaque événement de la vie, tant sur le plan privé que professionnel.

Pensez au temps et à l'énergie que vous économiseriez si vous vous concentriez sur la résolution du problème au lieu de choisir l'apitoiement, la plainte, le blâme, la frustration, la peur, l'indignation, la colère et tout autre sentiment pour justifier un événement.

La pensée positive donne plus d'énergie pour se concentrer sur ce qui est vraiment important dans la vie. C'est un fait important dont vous devriez toujours être conscient.

Comment utiliser ce pouvoir ?

Dans Pandora Training, il existe un outil appelé "Défis de soi". En gros, vous devez vous mettre au défi de faire une série de petits changements dans votre routine afin de vous débarrasser de ce qui vous donne l'impression d'être une victime et de vous concentrer sur l'amélioration de votre vie à bien des égards.

Vous trouverez ci-dessous quelques défis que vous pouvez vous lancer pour commencer à penser positivement. Choisissez une action à la fois et mettez-la en œuvre sur une période d'au moins 7 jours :

- Cesser de vous maltraiter
- Éviter les commérages
- Ne pas porter de jugement sur les autres ou sur certaines situations
- Penser à 3 compliments chaque fois qu'on se surprend à critiquer,
- Remplacer votre perception de ce qui est "apparent" par ce qui est "réel".
- Remplacer vos jugements par des solutions

L'importance de la pensée positive

On parle beaucoup de la pensée positive, mais quel est son pouvoir ?

L'être humain est constitué d'une dimension physique et d'une dimension psychique, et leur influence mutuelle et leur interaction sont indéniables. Mais si ces interactions sont aujourd'hui évidentes, cela n'a pas toujours été le cas dans le passé.

René Descartes, philosophe, mathématicien et physicien français du XVIIe siècle, pensait que l'esprit et le corps étaient des entités distinctes et indépendantes. Mais il se trompait, car il existe des preuves irréfutables et claires qu'ils sont interdépendants et inséparables.

D'un point de vue psychologique, nous sommes composés de réflexions, d'attitudes, de comportements, de personnalité, etc. La plupart de ces éléments sont constitués d'une composante de base : la pensée. Affirmer que les pensées n'ont aucune influence sur le corps, c'est ignorer des siècles de connaissances.

Chaque pensée est responsable de la production de certaines substances dans le corps. Lorsque nous ressentons de la peur, certaines hormones sont libérées, lorsque nous ressentons de la joie, d'autres hormones sont libérées. Si la peur est très forte, elle peut provoquer la panique, si elle dure longtemps, elle peut provoquer le stress, et ces sentiments ont des effets visibles sur notre santé, notre comportement et notre apparence.

Le système immunitaire est responsable des mécanismes de défense de notre corps contre les intrus extérieurs, tels que les bactéries, les virus, les champignons, les toxines, etc. D'une part, il prévient l'apparition de maladies et, d'autre part, il combat celles qui existent déjà afin de nous guérir physiquement et mentalement.

Il existe des preuves concrètes de l'influence des pensées sur le système immunitaire : Les pensées positives le renforcent, les négatives l'affaiblissent. Il est facile de s'en rendre compte : Si vous observez les personnes pessimistes dans votre entourage, vous constaterez qu'elles sont plus sujettes aux maladies et aux petits bobos que les personnes optimistes. Ces dernières ont également tendance à se régénérer plus rapidement.

Cela signifie-t-il que la pensée positive est bonne pour le corps, tandis que la pensée négative cause des problèmes ? Eh bien, ce n'est pas si simple.

Le pouvoir de la pensée sur le corps est indéniable. Les deux sont des éléments opposés d'une équation mathématique : tout changement d'un côté se reflète inévitablement sur l'autre.

À mon avis, la pensée positive ne mène pas automatiquement au succès. Ce n'est que si vous vous comportez de manière cohérente avec ce que vous pensez que vous pourrez atteindre vos objectifs. Vous devez donc passer de la théorie à la pratique.

En outre, on peut observer que les gens ont tendance à attirer des personnes similaires. Si l'on est de bonne humeur, on s'entourera d'autres personnes qui ont le même état d'esprit. Les personnes qui réussissent s'entoureront d'autres qui sont épanouies professionnellement et personnellement, tandis que les pessimistes attireront d'autres pessimistes. Essayez de vous entourer de personnes dont vous appréciez les qualités.

L'acte de penser positivement peut toujours sembler futile pour certains. Les nombreuses mauvaises nouvelles que nous lisons et entendons chaque jour, ainsi que le stress de la vie trépidante, sapent l'énergie et l'espoir de nombreuses personnes.

Cependant, si nous accordons une attention particulière au pouvoir des pensées positives, notre attitude personnelle face à la vie s'en trouvera modifiée. Ceux qui utilisent leur énergie de manière positive en récolteront généralement les fruits. En revanche, ceux qui se concentrent sur la négativité ne verront guère de lumière au bout du tunnel et deviendront des personnes amères. Cela ne peut et ne doit pas être votre objectif.

Considérer le côté positif de l'existence ne signifie pas balayer les problèmes sous le tapis, mais les percevoir comme une difficulté que l'on peut résoudre. Cette manière plus légère de vivre augmente notre énergie et notre sentiment de bonheur. La pensée positive est une question de pratique, une sorte de changement d'habitude.

Certains de ces avantages sont expliqués ci-dessous.

La résistance

Il est peu probable que les personnes qui pensent positivement désespèrent d'un problème à résoudre dans la vie ou au travail. Si l'on garde le contrôle de soi et que l'on envisage le problème sous différents angles, il est plus facile et plus rapide de trouver des solutions. Soyez résistant et pensez en termes de solutions !

Si vous avez une faible estime de vous-même, les pensées positives seront votre meilleur allié. Si vous commencez à apprécier vos qualités plus que vos défauts, vous commencerez à chercher de meilleures activités pour vous-même. La motivation et l'énergie auront plus de place pour rayonner dans tous les domaines de votre vie.

La persévérance

Des objectifs tels que perdre du poids, mettre fin à une dépendance ou obtenir le travail de ses rêves ne sont pas toujours faciles à atteindre. En plus de vous forcer à sortir de votre zone de confort, ils vous exposent également à la pression des autres qui tentent de vous décourager et d'entraver vos progrès.

Cependant, ceux qui sont positifs essaient de ne pas baisser les bras face à de telles difficultés et comptent sur leur confiance en eux et leur concentration pour obtenir les résultats souhaités.

Moins de stress

L'irritabilité, l'hypertension, la mauvaise humeur et les palpitations sont des symptômes de stress qui peuvent également affliger ceux qui essaient d'avoir une attitude positive. Ils sont toutefois plus faciles à gérer, car ces personnes ne veulent pas perdre de temps à entretenir de mauvaises habitudes ou des sentiments désagréables. Essayez également de résoudre le problème rapidement afin de retrouver votre équilibre.

La facilité de contact

L'énergie positive et l'énergie négative sont toutes deux contagieuses. Si un individu a une attitude positive, il aura probablement plus de succès dans la vie et sera une personne plus sociable et plus respectée, que ce soit dans un cadre personnel ou professionnel. Dans de nombreux cas, une personnalité extravertie vous amènera également à inspirer les personnes qui vous entourent.

Les qualités de leadership

L'une des tâches d'un leader est de toujours motiver son équipe. Et si un leader ne pense pas positivement, comment peut-il encourager ses collaborateurs ? En outre, le leader doit être un modèle pour les autres.

Chapitre 5 - Comment faire de votre vie un succès

Le soleil ne brille pas tous les jours, il n'y a pas de joie à chaque instant, mais tout passe à un moment donné. La voie du succès consiste à penser positivement et à s'y efforcer constamment.

La manière dont nous gérons les situations qui surviennent dans notre vie dépend entièrement de nous. Certaines personnes, lorsqu'elles sont confrontées à un problème, ont une attitude extrêmement négative et pensent que les choses vont encore empirer. D'autres, qui se trouvent dans la même situation, passent outre et pensent que ce n'est qu'un obstacle sur le chemin vers quelque chose de meilleur.

Dans cet esprit, vous trouverez ci-dessous quelques pensées positives qui vous encourageront à considérer tous les événements de votre vie avec optimisme. Car rien n'arrive par hasard et les meilleures choses nous attendent après que nous avons surmonté les difficultés.

Les pensées positives font la différence

Pour maintenir votre force mentale et votre motivation, vous devriez lire et relire les déclarations positives suivantes.

Pensée n° 1

Il est interdit de renoncer à ses rêves : Peu importe le nombre de fois où vous tombez, relevez-vous.

Pensée n° 2

Même si tout semble aller de travers, il se passe de bonnes choses qui ne seraient pas arrivées si tout s'était bien passé. Ainsi, chaque événement négatif a aussi son côté positif.

Pensée n° 3

N'ayez pas peur du changement : Certaines choses ont disparu pour laisser place au meilleur. Allez vers elles !

Pensée n° 4

C'est bien de rêver, mais c'est encore mieux de se réveiller et de se battre pour réaliser vos rêves ! Ne vous contentez pas de rêver, agissez !

Pensée n° 5

Le destin n'est pas une question de chance, mais de choix. Il ne faut pas attendre ce que vous désirez, il faut travailler pour le conquérir.

Pensée n° 6

Un dose de pensée positive le matin peut changer toute la journée. Tout comme un sourire.

Pensée n° 7

Faire ce dont on a peur est le meilleur moyen pour gagner une confiance en soi.

Pensée n° 8

Terminez toujours la journée par une pensée positive. Peu importe si la journée d'aujourd'hui a été difficile : demain sera une nouvelle occasion de faire mieux.

Pensée n° 9

Exploitez toutes les possibilités, faites des erreurs. C'est ainsi que l'on grandit, la douleur nourrit notre courage. Il faut s'entraîner à être courageux.

Pensée n° 10

Vos pensées sont puissantes, si vous vous concentrez uniquement sur vos bonnes pensées, votre vie commencera à changer.

La pensée positive

La pensée positive consiste fondamentalement à voir le bon côté des choses, dans le passé comme dans le présent, tout en ayant confiance et en étant optimiste face à l'avenir. Cela est important pour grandir.

Imaginez le scénario suivant : Il y a deux candidats pour un poste vacant. L'entretien s'approchant, le premier pense : "Ils ne m'embaucheront jamais, je n'ai pas les compétences ou les connaissances pour ce travail. Il y a certainement d'autres personnes bien plus compétentes qui sont en concurrence avec moi". La personne arrive à l'entretien anxieuse et peu sûre d'elle et n'inspire pas confiance à son interlocuteur.

Le deuxième candidat, quant à lui, commence à se préparer une semaine avant. Il répète sa présentation et se dit : "Je vais y arriver, c'est ma place. Je suis prêt".

Pendant l'entretien, cette personne a une attitude positive, parle bien, peut montrer ses points forts et impressionne son interlocuteur. D'après vous, lequel des deux obtiendra le poste ?

Le premier candidat s'est déjà préparé à l'échec avec sa pensée négative, tandis que le second s'est préparé et a " créé" sa victoire. Sa façon de penser l'a "équipé" pour la réussite. La fameuse prophétie auto-réalisatrice a joué un mauvais tour au penseur négatif.

C'est la raison pour laquelle la pensée positive change toute votre vie.

Chapitre 6 - La méthode infaillible pour abandonner les mauvaises habitudes

La procrastination peut entraîner des retards dans l'exécution de vos tâches, en raison de la paresse et de la tendance à remettre les choses à plus tard. Si vous voulez surmonter ce problème, vous devez apprendre à vous débarrasser des habitudes qui entravent votre efficacité.

Cela ne se fera pas en quelques jours, car c'est quelque chose qui demande de l'effort, du temps et de la détermination.

Vous pouvez faire beaucoup de choses pour obtenir de meilleurs résultats dans le même laps de temps. Il est possible de le faire en appliquant des stratégies qui fonctionnent bien pour vous et en comprenant l'importance de tirer le meilleur parti de votre temps, plutôt que de le gaspiller en vous demandant si vous allez réussir à achever quelque chose avant la date limite.

Diviser l'activité en petites étapes

L'une des principales raisons pour lesquelles les gens remettent toujours à plus tard, est le fait qu'elles estiment que le travail est trop long ou trop compliqué à réaliser. Certaines tâches sont courtes, d'autres plus longues, et c'est la peur de s'attaquer à un projet difficile qui peut conduire à un comportement de procrastination. Plutôt que de ruminer, il est plus judicieux de diviser les tâches en parties plus petites. Elles seront ainsi plus faciles à accomplir.

Prenons par exemple la rédaction d'un livre et divisons-la en étapes qui vous permettront de la terminer plus facilement :

- La recherche d'informations générales

- La définition du thème

- Le projet brut

- La création d'une structure

- La rédaction de contenus

- La rédaction de chapitres

- Le comité de lecture

- La relecture des projets

- La touche finale

Si vous divisez votre travail en petites sections, il vous semblera plus facile à réaliser. Ensuite, vous devez être certain de pouvoir tout faire dans les délais impartis. Fixez-vous donc un délai réaliste afin de ne pas vous surprendre vous-même à la dernière minute.

Cette méthode vous aidera à mieux vous concentrer et à fournir un travail de qualité dont vous serez fier.

Modifier l'environnement

Cela peut vous surprendre, mais différents environnements ont des effets différents sur votre productivité. Si vous vous sentez soudainement démotivé sur votre lieu de travail habituel ou à la maison, essayez d'imaginer des endroits qui pourraient vous pousser à être plus performant. Vous pouvez également en tester de nouveaux.

Si vous vous limitez à un seul lieu, vous vous empêchez de mieux réfléchir, ce qui conduit à la procrastination. Lorsque l'on passe trop de temps à la maison, un sentiment de paresse s'insinue parfois, et chaque fois que l'on voit son lit, on a envie de se détendre et de faire une petite sieste. Tout cela peut être évité en pensant de manière intelligente et en expérimentant de nouveaux environnements dans lesquels vous pouvez travailler plus efficacement. Si vous aimez vous asseoir dans une bibliothèque, essayez d'y passer quelques heures, grâce à son silence, c'est l'un des meilleurs endroits pour se concentrer.

Pour certains écrivains, les cafés sont l'environnement idéal pour trouver des idées innovantes. On pourrait penser qu'un tel endroit offre beaucoup de distractions, mais en fait, il vous aide à vous détendre et à être créatif. Si vous êtes habitué à un certain café, cela peut être une raison supplémentaire d'y aller : Les lieux familiers ont quelque chose qui vous aide à mieux travailler.

Si vous n'avez pas encore trouvé votre place, vous devez explorer de nouvelles possibilités et ne pas passer la journée à vous déplacer d'un café à l'autre. Si vous pensez que cet endroit n'est pas fait pour vous, essayez-en un autre. Vous trouverez certainement "votre" endroit.

Fixez vos délais

Comme nous l'avons déjà mentionné, vous devez toujours consacrer un certain temps à une tâche et déterminer un délai réaliste. Si vous avez beaucoup de choses à faire, mais qu'il vous reste encore de nombreux jours avant la date limite, vous pourriez avoir tendance à avancer lentement dans la phase initiale, car vous ne ressentez pas la pression psychologique. Malheureusement, c'est précisément ce qui rend difficile le respect de la date limite pour certaines personnes et qui provoque beaucoup de stress. Si vous voulez éviter cela, vous devez penser à diviser la tâche en étapes plus courtes et à fixer un délai raisonnable pour chaque étape. Vous pourrez ainsi tout faire à votre guise, mais vous aurez l'impression d'avoir moins de travail.

Si une mission nécessite 15 à 20 jours, accordez-vous toujours au moins deux jours de congé pour vous reposer et revenir motivé au travail. Promettez-vous de ne vous accorder un jour de congé que lorsque vous aurez terminé un certain nombre de tâches sur votre liste, afin de savoir que vous respectez votre planning.

Vous devez être prêt au moins 24 heures avant la date de remise effective, car il est toujours conseillé de se laisser un peu plus de temps. De cette façon, vous pourrez accomplir votre tâche même si quelque chose se passait mal ou si un imprévu survenait. Toutefois, si tout se passe bien, vous pouvez en profiter pour vous reposer. Après tout, vous devez faire une pause avant de commencer un nouveau projet si vous voulez maintenir la qualité de votre travail.

Débarrassez-vous des distractions

Alors que certaines personnes ont simplement tendance à remettre à plus tard lorsqu'elles sont stressées, d'autres le font plus souvent. Si vous remarquez que cela devient une habitude et que vous n'arrivez plus à vous concentrer sur une tâche, même en la décomposant et en organisant votre emploi du temps, vous devez vous discipliner et éliminer les distractions.

Ne vous connectez pas aux réseaux sociaux, utilisez un filtre pour bloquer les sites web et éteignez votre téléphone portable. Ces mesures drastiques peuvent vous aider à vous concentrer et à reprendre le dessus. Prenez conscience que le fait de ne pas être constamment en ligne ne vous fait rien manquer.

Au lieu de désactiver votre compte sur les médias sociaux, demandez à un ami de confiance de changer votre mot de passe et de ne vous le révéler qu'une fois cette activité terminée. Cela vous motivera à accomplir vos tâches rapidement et, sans interruptions, il vous sera beaucoup plus facile de vous concentrer.

Éliminer les distractions n'est pas compliqué, mais il n'est pas facile de faire le premier pas, car nous sommes aujourd'hui accros à Internet. Une fois que vous serez plongé dans votre travail, vous ne ressentirez plus le besoin de jeter un coup d'œil aux réseaux sociaux, et vous pourrez vous concentrer sur l'essentiel et diriger votre énergie là où il le faut.

Rencontrer des personnes qui vous inspirent

Essayez de rester à l'écart des mauvaises influences. Si vous passez du temps avec des personnes qui vous influencent de manière négative, votre tendance à procrastiner sera plus forte.

Si vous vous trouvez en compagnie de personnes qui ont une influence positive sur votre vie, vous vous comporterez de manière plus disciplinée, car vous serez motivé à faire le bien.

Si vous regardez les personnes qui ont connu un grand succès et ce qu'elles ont réalisé dans leur vie, vous verrez que ce n'est pas facile. Elles ont investi du temps, de l'argent et de l'énergie. Si vous voulez atteindre une position similaire, vous devez suivre leurs traces et faire des choses qui vous rendent plus productif au lieu de vous adonner à la procrastination.

Comme nous l'avons déjà constaté, un état d'esprit positif a une influence édifiante sur votre vie et vous aidera à vous sentir plus épanoui. Il y aura toujours des personnes négatives autour de vous pour vous dire de passer votre temps à faire des choses qui ne vous apportent rien. Mais si vous voulez réussir, vous devez faire des efforts et éliminer les distractions, y compris les mauvaises influences. En effet, vous devez également éviter les personnes qui vous influencent négativement.

Il est choquant de voir à quel point d'autres personnes peuvent se conditionner négativement, et pas nécessairement en se créant de grands obstacles, il peut s'agir de petites choses, comme le fait d'interrompre sa tâche pour aller fumer une cigarette ou faire du commérage.

Bien qu'il soit important de nouer des contacts, vous devez toutefois savoir avec qui vous établissez des relations, et combien de temps vous devez leur consacrer. Essayez de vous entourer de personnes qui vous inspirent, et non de personnes qui vous agacent ou même vous font régresser dans vos activités. Veillez à passer du temps à parler d'idées et non de personnes.

"Les grands esprits discutent des idées. Les esprits moyens discutent des événements. Les esprits modestes discutent des gens". - Eleanor Roosevelt, activiste sociale et ancienne première dame.

Trouver un ami ou un compagnon

La meilleure chose qui puisse vous motiver à travailler efficacement et à prendre du plaisir dans votre travail est d'avoir un ami ou un partenaire qui partage les mêmes intérêts et les mêmes rêves que vous. Si vous avez quelqu'un qui vous encourage, vous pouvez non seulement atteindre vos objectifs beaucoup plus rapidement, mais aussi suivre un plan plus efficacement. Il est même possible que vous puissiez élaborer un plan commun.

Lorsque vous passez du temps avec une personne qui travaille avec vous, les niveaux d'énergie sont toujours élevés et cela tire automatiquement le meilleur de vous deux. Vous pouvez également apprendre à déléguer des tâches et à trouver ensemble les solutions les plus efficaces pour atteindre le résultat souhaité en tant qu'équipe. Avec un partenaire partageant les mêmes idées, vous aurez plus de temps pour vos loisirs et vous commencerez à apprécier ce que vous faites. Cela vous aidera à garder le moral et à rester discipliné. Vous pouvez également vous aider mutuellement à traverser les moments difficiles.

Partagez votre objectif

Il est important de faire savoir aux gens ce que vous faites et à quel point vous en êtes fier. Qu'il s'agisse de votre famille, de vos amis, de vos collègues ou même de vos connaissances, informez-les du projet que vous avez entrepris et de la motivation dont vous faites preuve pour le mener à bien dans les temps. Vous n'avez pas besoin de vous vanter, mais faites-leur simplement savoir à quel point vous êtes déterminé. Cela vous rendra fier et par conséquent encore plus motivé.

Prendre conscience de ce que l'on fait permet d'éviter les comportements de procrastination : Pour surmonter les peurs ou la procrastination, il faut être sûr de ses capacités.

Lorsque vous parlez de vos objectifs futurs, ne vous inquiétez pas de ce que les autres disent, mais concentrez-vous à partager ce que vous voulez faire. Parfois, les gens ont tendance à vous décourager et si vous percevez constamment de la négativité de la part de quelqu'un, il est préférable de ne plus partager d'informations avec cette personne.

Discutez avec quelqu'un qui a accompli beaucoup de choses

Si vous voulez profiter de la vie de la meilleure façon possible, vous avez besoin d'un modèle qui vous inspire et qui vous guide dans la bonne direction. Cela ne signifie pas nécessairement que vous devez être millionnaire, mais plutôt une personne satisfaite de son existence et de ce qu'elle a accompli.

Toutefois, vous devez vous rappeler que le succès ne se mesure pas seulement en argent, mais aussi en satisfaction. Vous devriez essayer de vous inspirer d'une personne dont vous pensez qu'elle a réalisé presque tout ce qu'elle souhaitait. Parlez avec elle pour obtenir des idées pour la planification de vos objectifs : Demandez des conseils et des solutions.

Contrôlez à nouveau vos objectifs après un certain temps

Si vous n'avez pas eu de comportement de procrastination ces derniers temps et que vous pensez avoir été plus productif, il est temps de faire le point sur vos progrès.

Si vous trouvez qu'il est trop facile d'accomplir des tâches et que vous avez beaucoup de temps libre, vous devriez réfléchir à la manière dont vous allez l'utiliser pour obtenir plus de performances. En fin de compte, il s'agit de se rapprocher de son rêve !

Plus vous passez de temps à suivre des stratégies contre la procrastination, plus vous obtiendrez de résultats. Cela signifie que vous devriez vous mettre un peu plus au défi à chaque fois pour grandir et progresser.

Vous devriez également vous fixer des objectifs à long terme et vérifier tous les quelques mois si vous les atteignez. Lorsque vous avez atteint un certain nombre d'objectifs, accordez-vous un jour de congé, des vacances ou achetez-vous quelque chose de beau. Il est important de se récompenser pour un travail bien fait, car cela permet de rester motivé pour s'améliorer.

Ne rendez pas les choses trop compliquées

L'une des pires habitudes des personnes qui cause la procrastination est de rendre les choses excessivement compliquées en étant obsédées par l'idée de les améliorer. Vous devez comprendre que vous ne pouvez pas toujours atteindre la perfection. Votre objectif devrait simplement être de vouloir effectuer un travail de bonne qualité et efficace. La procrastination peut être une conséquence de la recherche constante d'un travail absolument impeccable, par opposition à un travail de qualité. Trouvez l'équilibre entre la perfection et le travail bien fait.

La clé d'une vie heureuse est une vie simple : Ainsi, plus on complique les situations, plus on se crée de problèmes. Il faut accepter le fait que parfois, on ne peut pas tout résoudre à 100 %. Si vous pouvez le faire, faites-le sans vous plaindre.

Arrêtez de vous plaindre

Reporter des tâches a quelque chose à voir avec l'habitude de se plaindre. Une fois que vous aurez abandonné ce comportement, vous deviendrez une meilleure personne.

Il faut néanmoins être conscient que l'on ne peut pas avoir tout ce que l'on veut : il y aura toujours des moments d'insatisfaction qui nous pousseront à nous plaindre. Mais il faut apprendre à savoir quand s'arrêter et se dire que cela ne nous dérange plus.

Plutôt que de s'inquiéter d'un problème, il est plus judicieux de chercher des solutions pour le résoudre. Alors que vous pouvez contrôler certaines situations, il y en a d'autres que vous devriez ignorer pour pouvoir avancer.

Il se peut que vous ne soyez pas capable de vous débarrasser de toutes les manifestations de la procrastination en une seule fois. Comme nous l'avons déjà recommandé, répartissez les tâches et abordez les difficultés progressivement. Ne vous forcez pas à faire trop de choses et limitez votre temps de travail afin d'éviter l'épuisement. N'oubliez pas que vous pouvez et devez faire des pauses entre les activités.

Ne vous sous-estimez pas, car c'est l'une des raisons pour lesquelles vous pourriez à nouveau retarder vos engagements. Quoi qu'il en soit, rappelez-vous que vous ferez mieux et que vous obtiendrez ce que vous voulez, tant que vous restez concentré et positif.

Transformez la procrastination en motivation

Si vous avez trop de choses à faire et que vous n'avez pas encore commencé votre liste parce que vous pensez que vous n'arriverez jamais à rien, respirez !

Il ne fait aucun doute que la plupart d'entre nous mènent un style de vie très trépidant et n'ont que peu de temps pour eux. Alors qu'auparavant, les gens travaillaient pour des périodes de 8 heures, ils passent désormais environ 12 à 15 heures au travail, ce qui les épuise mentalement et physiquement.

Si vous n'avez pas encore terminé une tâche avec une échéance, il est important de comprendre comment transformer positivement la procrastination en motivation et l'utiliser à votre avantage. Personne n'aime faire des heures supplémentaires parce qu'elles limitent notre temps libre, et si vous en avez déjà fait l'expérience, vous savez qu'il est important de se motiver et de réduire les distractions pour pouvoir travailler plus rapidement.

Comment vaincre la procrastination

Concentrez-vous et débranchez la prise

Pour pouvoir vous concentrer sur la tâche que vous êtes en train d'accomplir, il est nécessaire de vous débarrasser de toutes les distractions inutiles, en particulier de votre téléphone portable. Laissez-le dans un tiroir et ne l'allumez que lorsque vous avez terminé une certaine charge de travail que vous vous êtes fixée. Si vous devez absolument utiliser votre téléphone pour entrer en contact avec d'autres personnes, limitez-vous à quelques minutes pendant les pauses. Veillez à ne pas avoir accès aux réseaux sociaux ou aux salons de discussion : Si vous voulez écrire à quelqu'un, envoyez-lui simplement un message.

Faites le ménage

Il est important de nettoyer le désordre matériel autour de vous. Avec un espace de travail propre, vous avez moins de chances de vous laisser distraire.

Il est normal d'aménager son bureau de manière personnelle et agréable. Bien que vous puissiez garder la photo de famille ou la tasse préférée à portée de vue, évitez les accessoires qui pourraient vous distraire. Plutôt que de suréquiper votre espace, essayez d'écrire ou d'afficher des citations motivantes qui vous rappelleront constamment la discipline et la détermination. Si la pièce dans laquelle vous travaillez est bien rangée, cela contribuera également à votre calme intérieur.

Notez vos distractions

Plus quelque chose vous distrait, moins vous pourrez vous le sortir de la tête, alors notez cette chose, cela vous aidera à limiter les éléments perturbateurs ou à vous en débarrasser, y compris d'y penser. Si vous lisez ou entendez quelque chose de négatif ou de violent, vous devriez vous en débarrasser, car cela peut vous déprimer inconsciemment et vous inciter par conséquent à remettre à plus tard. En revanche, si vous vous entourez de choses positives, vous aurez plus de chances de vous concentrer.

Lire

Il est important d'entraîner votre cerveau si vous voulez arrêter de procrastiner : Plus il sera actif, moins vous aurez de chances de tomber dans une phase dépressive. La lecture est le meilleur moyen de l'entraîner. L'avantage de la lecture sur papier par rapport à la lecture numérique est que l'on s'éloigne de la technologie, ce qui nous permet de mieux se détendre. C'est aussi un bon moyen de s'endormir et de s'assurer que vous vous reposez paisiblement. C'est pourquoi il est conseillé de lire avant d'aller se coucher.

Faites une promenade

Si trop de pensées se bousculent dans votre tête et que vous n'êtes pas capable de calmer votre esprit ou vos nerfs avant de commencer à travailler, essayez de faire une promenade. La marche aide à se débarrasser du stress et de l'énergie négative, et votre corps se sent plus motivé et reposé. Vous n'avez pas besoin de marcher pendant des heures : 10 minutes d'exercices de respiration profonde suffisent à changer votre humeur presque instantanément. Vous pouvez également écouter de la musique qui vous aidera à vous concentrer sur des pensées positives. De petits exercices de méditation peuvent également vous aider.

Restez en bonne santé

Connaissez-vous le proverbe : "Vous êtes ce que vous mangez" ? Ainsi, si vous vous gavez de malbouffe, votre corps en souffrira : Vous aurez davantage tendance à être déprimé que ceux qui mangent régulièrement des repas sains et préparés à la maison. Il est important d'avoir une alimentation équilibrée et de faire du sport pour avoir l'énergie mentale nécessaire au travail.

Il est également important de dormir au moins huit heures par jour : si vous ne vous reposez pas bien, vous ne serez pas en mesure d'être pleinement efficace le lendemain. Les personnes qui repoussent le travail ont parfois beaucoup de mal à s'endormir parce que tant de pensées négatives tournent dans leur tête. Pour vous en débarrasser et passer une bonne nuit de sommeil, vous pouvez essayer la méditation. Il est conseillé de la pratiquer régulièrement avant d'aller se coucher.

Installez-vous confortablement

Si votre bureau ou votre lieu de travail est trop froid ou trop chaud, cela peut nuire à votre productivité. Si vous remarquez que vous êtes distrait, vous pouvez renifler un citron : Son parfum est censé favoriser la concentration. S'asseoir près d'une fenêtre peut également vous aider à vous concentrer.

Développez votre main verte !

L'un des meilleurs moyens de stimuler la créativité est de s'entourer de plantes, car elles procurent un sentiment positif et motivant et aident à rester concentré. Les plantes contribuent généralement à améliorer l'humeur.

Utiliser des écouteurs

Pour être en mesure de vous concentrer sur votre travail, vous pouvez commencer à écouter de la musique relaxante avec des écouteurs.

Lorsque vous êtes au bureau, il n'est pas possible d'utiliser des haut-parleurs pour éviter de déranger les autres, et également parce que leur utilisation ne permet pas non plus de s'isoler du reste du monde. En revanche, les écouteurs atténuent également les bruits extérieurs.

Méditez

La méditation peut vous aider à vous détendre, à vous débarrasser de vos mauvaises pensées, à mieux vous concentrer et à réduire le risque de pensées destructrices. Commencez donc à méditer pour vous motiver et vous débarrasser de la procrastination.

Observez les choses belles et agréables

Il est bon de regarder de belles images et photos de personnes heureuses ou de moments agréables. Celles-ci transmettent de la positivité. Accrochez ou placez une belle image apaisante sur votre lieu de travail.

Gagnez du temps

Organiser trop de réunions est préjudiciable. D'une part, elles ne sont pas toujours nécessaires, d'autre part, leur planification vous fait perdre du temps que vous pourriez utiliser de manière plus productive. Pensez-y si vous occupez un poste de direction.

En cas de réunion indispensable, choisissez un moment approprié et faites en sorte que la communication soit brève.

Déléguez des activités chaque fois que c'est possible

Même s'il est important de travailler dur, il est tout aussi important de prendre des décisions rationnelles avec sa tête. Si vous avez des collaborateurs talentueux qui peuvent vous aider, vous devriez leur déléguer certaines de vos tâches afin que le travail soit effectué plus efficacement. Il est toujours bon d'avoir quelqu'un qui vous aide à atteindre votre objectif plus rapidement.

Faites le ménage dans votre boîte de réception

S'il est important de nettoyer sa boîte de réception, c'est parce que cela permet de gagner beaucoup de temps dans la recherche des messages dont on a besoin. L'organisation est aussi importante que la clarté de l'esprit. Dans une société dépendante d'Internet, le courrier électronique est le principal moyen de communication du monde professionnel.

Gardez un œil sur votre temps

Assurez-vous de tenir un registre du nombre d'heures que vous travaillez par jour et de la fréquence de vos pauses. Des contrôles réguliers vous aideront à réduire le temps passé. Idéalement, vous devriez essayer de vous accorder une pause de 10 minutes maximum toutes les heures et de ne la prolonger qu'après au moins trois heures de travail. Cela contribuera, dans une moindre mesure mais de manière significative, à obtenir des résultats plus rapides durant ce même laps de temps. Vous constaterez des résultats en peu de temps.

Automatiser les processus

Nous vivons dans un monde de technologie où nous automatisons de nombreuses tâches afin de réduire les efforts et il faut absolument en tirer avantage. Un flux RSS vous permet de préparer une structure de courriel à envoyer, ce qui vous évite de vous asseoir et de taper tout le texte. Si vous savez que vous allez écrire la même chose à 10 personnes en un jour, il est judicieux d'avoir un modèle prêt à l'emploi.

Activités similaires

Si vous faites toutes les activités similaires en même temps, vous pouvez passer de l'une à l'autre plus efficacement, car vous êtes déjà sur quelque chose de similaire. Cela vous prendra moins de temps que si vous deviez tout recommencer. Au début de chaque journée, vérifiez votre liste de tâches et identifiez celles qui sont similaires afin de pouvoir les regrouper et les effectuer en même temps.

Limitez votre dactylographie

Peu importe à quelle vitesse vous pouvez taper : Parler est plus rapide. C'est pourquoi je vous recommande d'utiliser un logiciel de dictée. Votre gain de temps sera énorme.

C'est une chance de vivre à une époque où la technologie est si avancée. Profitez-en au maximum et utilisez les outils qui vous permettent d'optimiser votre temps.

Gérez votre liste « arrêter de faire. »

Il est important d'avoir une liste de tâches, mais il est tout aussi important d'avoir une liste qui vous rappelle d'arrêter certaines habitudes qui vous font régulièrement perdre votre temps.

Chaque fois que vous les regarderez, vous saurez ce qui vous distrait habituellement et comment éviter cette situation. C'est un bon moyen de surmonter la procrastination et de la transformer en motivation.

Laissez tomber le multitâche

Il est important que vous compreniez les priorités entre les tâches afin de pouvoir les terminer avant de passer à la deuxième. Contrairement à ce que beaucoup de gens pensent, le multitâche ne favorise pas la productivité, mais épuise plutôt votre énergie. En outre, il limite votre concentration. Non seulement cela vous rend inefficace dans toutes vos activités, mais cela vous rend également confus et vous ne pouvez jamais vous concentrer entièrement sur une tâche. C'est un inconvénient majeur.

Fixez des priorités

Essayez la méthode "Je dois, je devrais, je veux". Celle-ci vous permet d'identifier les obligations importantes ainsi que les objectifs immédiats et à long terme. Vous devriez le faire quotidiennement et vous efforcer d'atteindre ces trois objectifs, en leur donnant la priorité en fonction de leur importance. "Doit" correspond aux tâches les plus importantes, "Devrait" aux moins urgentes et "Veux" se réfère à tout ce qui peut vous aider à atteindre vos objectifs à long terme.

Évitez de consulter vos courriels sur le chemin du travail

Consulter ses courriels est une tâche hautement prioritaire, et vous ne devriez pas le faire sur le chemin du travail. En arrivant au bureau, vous les ouvrirez probablement à nouveau pour y répondre, confortablement installé devant votre ordinateur et non sur votre téléphone portable. Cela réduit également le risque de manquer un courriel important que vous aurez oublié de le marquer comme "non lu" après l'avoir rapidement ouvert.

Choisissez vos tâches importantes avec soin

Examinez la liste des tâches que vous devez accomplir et choisissez les plus importantes en premier. Ceci afin de pouvoir les terminer à un moment où vous serez plus énergique et plus concentré. Vous pouvez écrire votre liste sur une feuille de papier et la coller sur l'écran de votre ordinateur ou à un endroit où vous pourrez la vérifier plusieurs fois afin de vous rappeler ce qui vous manque ou ce qu'il vous reste à faire. Cela vous motivera à travailler plus dur.

Commencez à travailler de manière créative

Concentrez-vous en premier lieu sur les tâches créatives, car vous devez les aborder avec énergie et ayant l'esprit clair. Dans la deuxième moitié de la journée, on est déjà plus épuisé psychologiquement et généralement moins créatif.

Soyez exigeant

Vous devez choisir un certain type de travail. En effet, si vous finissez par faire tout ce qui vous passe par la tête, vous serez submergé d'obligations que vous ne pourrez plus gérer. S'il est important de rester productif, il n'est pas conseillé d'en prendre plus que vous ne pouvez absorber, comme pour la nourriture, il ne faut manger plus que ce qu'on ne peut mâcher ; car cela nuirait à la qualité globale de votre entreprise.

Si vous êtes organisé et que vous avez l'esprit clair, vous choisirez avec soin les choses que vous êtes capable de faire efficacement et en toute sécurité. Au lieu de penser au profit que vous pouvez tirer d'un travail, vous devriez vous demander à quel point vous pouvez le faire efficacement.

Planifiez votre liste de choses à faire la veille au soir

Il est important d'avoir une liste régulière de choses à faire, que l'on établit de préférence la veille. Vous aurez ainsi une idée claire de ce que vous ferez le lendemain et de la manière dont vous pourrez organiser votre temps. Vous serez ainsi en mesure d'être productif le matin, au lieu d'attendre d'être au bureau pour établir votre liste.

Classez toujours vos tâches par ordre de priorité

Effectuez vos tâches par ordre de priorité, en vous concentrant d'abord sur les plus importantes, puis en passant aux moins urgentes. Lorsque vous commencez votre journée, vous êtes plus motivé et plein d'énergie.

Si quelque chose d'inattendu se produit et que vous êtes incapable d'accomplir le reste de vos tâches, sachez que vous avez au moins accompli les plus importantes.

Posez-vous toujours cinq questions :

1. La solution que vous avez choisie vous aide-t-elle à vous rapprocher de votre objectif ?

2. Cette tâche est-elle importante pour votre chef ?

3. Vous pouvez gagner beaucoup d'argent avec ça ?

4. Cela vous facilite-t-il la vie ?

5. Vous devez le faire en urgence ?

Si vous connaissez les réponses à ces questions, vous pouvez établir vos priorités et laisser de côté les activités qui ne sont pas très importantes afin de vous concentrer sur celles qui le sont.

Restez motivé

Comme nous l'avons déjà mentionné, il est nécessaire de diviser les tâches en petites sections afin de les rendre plus faciles à gérer. Ces sous-tâches ne devraient pas durer plus de 30 minutes chacune, afin que vous puissiez vous donner le temps de les accomplir.

La règle des deux minutes

S'il y a des mini-tâches qui durent moins de 2 minutes chacune, donnez-vous un certain temps pour en faire le plus possible. Vous resterez également motivé et, même si vous passez une mauvaise journée, ces petites tâches vous permettront tout de même de réaliser quelque chose.

Acceptez les désagréments

Les tâches longues ou épuisantes sont généralement celles que vous redoutez le plus. Divisez-les en petites sections et essayez d'en faire autant que possible tant que vous avez encore de l'énergie. Cela vous aidera à éviter la procrastination, car vous aurez un programme à suivre et vous saurez par où commencer.

Trouvez votre heure biologique idéale.

Chaque personne a un 'prime time' ou un moment magique où sa productivité atteint son apogée. Trouvez votre 'prime time' personnel.

Des progrès visibles

Il est important de surveiller et de mesurer vos progrès pour voir si vous avancez bien et pour garder votre détermination. Si vous ne voyez pas de résultats, il vous sera difficile de continuer et cela vous freinera.

Ne cassez pas la chaîne

Veillez à vous fixer des objectifs chaque jour afin de maintenir votre rythme sans rompre la chaîne. Parfois, des facteurs extérieurs pourront influencer votre réflexion ou vous démoraliser, mais votre objectif principal doit être de vous tenir à votre plan.

Commencez à vous lancer des défis

Examinez le temps qu'il vous faut pour accomplir une tâche et lancez-vous le défi de la réaliser en un temps toujours plus court. Accordez-vous une petite récompense à chaque fois que vous avez réalisé quelque chose que vous aviez prévu de faire - cela vous donnera un sentiment de bien-être et d'enthousiasme. Si vous avez une attitude positive, vous avez déjà gagné la moitié de la bataille !

Restez confiant

Quel que soit le type de travail que vous effectuez, il est important que vous le fassiez avec confiance et que vous croyiez en vous. Si vous vous persuadez que vous êtes bon dans ce que vous faites et que vous serez capable d'accomplir votre tâche efficacement, vous obtiendrez de meilleurs résultats et vous vous sentirez motivé. Une bonne posture contribue également à booster votre estime de soi.

Soyez heureux

La manière la plus efficace d'augmenter votre productivité est d'être heureux. Faites chaque jour de petites choses qui vous donnent le sourire : c'est une habitude qui vous fera vous sentir mieux et vous empêchera de remettre des tâches à plus tard.

Ces changements peuvent sembler insignifiants, mais si vous les acceptez et commencez à profiter de la vie, vous en tirerez profit et vous vous améliorerez peu à peu.

Le secret pour développer l'autodiscipline

Pour surmonter le comportement de procrastination, vous devez avoir une forte autodiscipline afin de ne pas être tenté. Même si vous ne pouvez pas vous améliorer immédiatement, chaque étape vous rapproche de l'objectif souhaité.

Voici quelques conseils pour développer votre autodiscipline.

Connaître ses faiblesses

Vous devez accepter vos faiblesses. Tout le monde veut croire qu'il est fort, mais en réalité, il faut surmonter ses faiblesses et les transformer en forces pour s'améliorer.

Il existe une solution à chaque difficulté, mais il faut d'abord la reconnaître. Si vous n'arrivez pas à les repérer par vous-même, vous pouvez toujours vous adresser à des personnes de confiance et leur demander de l'aide. Vous devez être prêt à faire face à des critiques qui ne vous plaisent peut-être pas, mais cela fait partie du processus d'apprentissage.

Un point faible n'est pas nécessairement une distraction ou une erreur, cela peut être quelque chose au travail ou une tâche dans laquelle vous ne vous sentez pas à l'aise. Vous devez vous préparer à accepter le fait qu'il y a des tâches que vous pouvez faire et d'autres que vous ne pouvez pas faire. Cela vous aidera à décider comment gérer une situation de ce type sans perdre de temps. Une solution pourrait consister à déléguer cette tâche à quelqu'un qui la fait mieux que vous, de cette façon, la tâche sera quand même effectuée, mais vous n'aurez plus à vous en occuper.

Cela vous permettra de rester constant dans votre rôle et vous serez assuré que la tâche sera bien réalisée par votre collègue à temps. Si vous tombez sur quelque chose que vous ne savez pas bien faire, vous avez la possibilité de l'éviter et de remettre cela à plus tard. Le stress d'atteindre la perfection est l'une des causes de la procrastination. Un proverbe latin dit que "nécessité fait loi", si vous n'avez pas les compétences nécessaires pour une tâche quelconque, essayez une autre approche. Essayez par exemple de découvrir comment les autres s'y prennent.

Éliminez les tentations

Les tentations vous font perdre du temps et vous incitent à remettre le travail à plus tard. Certaines personnes ont plus de maîtrise de soi que d'autres, mais si vous cédez à des caprices et à des désirs au mauvais moment, ils deviennent souvent une obsession. Lorsque c'est le cas, votre productivité diminue drastiquement.

Pour être sûr de ne pas vous laisser distraire par les tentations, vous devez apprendre à les affronter avec fermeté et à dire non si nécessaire.

Dans la première phase, il s'agit de les identifier : Qu'il s'agisse de l'envie de se lever de son bureau, de fumer une cigarette ou de remettre à plus tard un projet important, vous devez identifier ce qui nuit à votre objectif à long terme. Les beuveries et le tabagisme, par exemple, sont mauvais pour la santé et entraînent un sentiment de culpabilité.

Si vos tentations sont très fortes, vous pouvez demander à votre famille et à vos amis de vous aider à les contrôler. Si vous êtes fumeur, essayez de garder le paquet de cigarettes loin de vous et promettez-vous de ne pas y toucher avant d'avoir terminé votre tâche. Si vous souhaitez manger beaucoup, vous pouvez aussi vous contenter d'une collation saine. Le type de nourriture que vous consommez peut contribuer à augmenter ou à diminuer votre productivité, alors faites votre choix avec sagesse.

Apprenez à résister aux tentations à plus long terme : Si vous essayez d'arrêter de fumer, vous devez vous débarrasser de tout ce qui vous rappelle les cigarettes. C'est un processus qui prend du temps. Ne vous forcez donc pas à vous mettre dans une situation qui nuit à votre productivité, mais essayez plutôt d'améliorer progressivement votre contrôle afin d'atteindre l'objectif souhaité. Chaque fois que quelque chose vous tente, n'oubliez pas qu'il existe aussi une solution à ce problème qui peut améliorer votre vie.

Soyez honnête avec vous-même, car si vous continuez à nier votre manque d'autodiscipline, vous ne ferez aucun progrès.

Si votre envie de céder augmente de manière spectaculaire, imaginez mentalement que vous vous y opposez. Une interprétation visuelle du refus peut vous renforcer et vous donner la motivation de le faire.

Chaque fois que vous voulez céder à une tentation, essayez de réfléchir aux conséquences de votre décision. Qu'il s'agisse de perdre du temps au lieu de vous concentrer sur votre travail, de fumer ou de manger mal, cela ne vous fera pas de bien. Pensez aux effets négatifs de ces comportements.

Une autre stratégie consiste à se distraire avec autre chose jusqu'à ce que l'envie négative s'estompe. Parfois, il suffit de fermer les yeux et de méditer quelques minutes.

Vous devez adopter un mode de pensée qui vous oblige à résister. Ce n'est certes pas facile, mais pas impossible non plus.

Définir des objectifs clairs et établir un plan d'action

L'une des meilleures façons de développer l'autodiscipline est de se fixer des objectifs réalisables. Ils ne doivent pas nécessairement être liés au travail, mais peuvent tout englober : Se lever chaque jour à une heure précise, se coucher tôt, manger sainement au moins cinq jours par semaine ou faire du sport régulièrement.

Lorsque vous planifiez vos objectifs, soyez réaliste afin d'éviter d'être trop dur avec vous-même et de retomber dans vos vieilles habitudes.

Évitez de vous fixer des objectifs trop difficiles à atteindre, car vous risquez d'être déçu si vous n'y parvenez pas. Même s'il faut toujours se fixer des objectifs élevés, il faut commencer par le bas et célébrer ses progrès pour se motiver à continuer.

Il existe différentes manières de se fixer des objectifs : Si vous voulez apprendre à mieux vous concentrer sur votre travail, vous pouvez créer un tableau qui vous indique ce que vous devez faire à chaque heure de la journée et vous y tenir. Pour éviter d'être distrait par votre téléphone portable, essayez de ne pas l'utiliser à certaines heures, sauf si vous devez passer un appel urgent. Il ne vous sert à rien d'aller voir ce que font les autres sur les réseaux sociaux, vous devez donc prendre l'habitude de surfer sur ces plates-formes pendant que vous travaillez. Vous pouvez vous permettre de les regarder pendant quelques minutes lors de vos courtes pauses, mais renoncez à le faire si vous êtes en retard dans votre livraison : Cela vous servira de petite punition.

Si vous vous engagez à devenir plus autodiscipliné, vous augmenterez votre productivité et aurez plus de temps pour vous, que vous pourrez investir dans d'autres choses. Si vous voulez réussir, vous devez bien utiliser votre temps et vous concentrer régulièrement sur la réalisation de vos objectifs à long terme et à court terme. Les objectifs à court terme sont les tâches partielles en lesquelles vous subdivisez votre objectif final pour mieux le gérer.

Souvent, les gens demandent aux autres de les aider à définir leurs propres objectifs : C'est une situation à éviter absolument, car vous ne vous sentirez pas motivé à travailler sur un objectif que vous n'avez pas fixé vous-même. De plus, les gens ne connaissent pas vos limites et peuvent vous donner quelque chose de trop facile ou d'extrêmement difficile.

Il faut toujours avoir un plan pour ne pas s'égarer et apprendre à se discipliner progressivement. Vous devez vous-même apprécier votre objectif final, alors concentrez-vous et gardez les yeux rivés sur le résultat. Cela vous rendra positif, même dans les jours les plus stressants, et vous encouragera à garder un œil sur votre progrès.

Construisez votre autodiscipline

L'autodiscipline n'est pas une capacité innée, c'est pourquoi il faut travailler durement à l'aide de différentes stratégies pour l'acquérir.

Assurez-vous d'abord que vous savez quel est votre objectif, car vous avez besoin de quelque chose qui vous motive. Demandez-vous toujours ce que vous voulez faire, comment et pourquoi : lorsque vous aurez les réponses, rappelez-vous toujours de cela. L'autodiscipline est le carburant qui vous permet d'injecter chaque jour plus d'énergie dans la concentration et l'inspiration, mais elle demande beaucoup d'efforts et de temps, donc faîtes attention à ne pas être distrait par des pensées inutiles.

Ainsi, vous devez vous rendre responsable de chacune de vos actions, car personne d'autre n'est responsable de vos actes. Assurez-vous donc que vous savez pourquoi vous l'avez fait. Vous ne pouvez pas tenir les autres responsables de vos décisions et de la manière dont vous gérez les différentes situations ou les obstacles qui se dressent sur votre chemin. S'il est juste de se récompenser pour quelque chose que l'on a bien fait, il est également nécessaire de se punir lorsque l'on fait quelque chose de mal. Lorsque vous vous corrigez pour une erreur que vous avez commise, vous vous aidez à ne pas la répéter. Tout le monde connaît les tentations, mais si l'on apprend à les gérer efficacement, on devient discipliné.

Vous êtes responsable de votre capacité à maîtriser l'autodiscipline, c'est donc à vous de décider du degré de contrôle que vous souhaitez atteindre. En fonction de votre objectif et du nombre de distractions que vous avez dans votre vie, vous pouvez soit être extrêmement dur avec vous-même, soit vous motiver un peu. Pour déterminer votre standard, vous devez vous poser plusieurs questions et déterminer où vous en êtes actuellement.

S'obliger à mener une vie très solitaire alors que l'on est une personne sociable peut être irréaliste et compliqué à mettre en pratique. Il serait préférable d'opter pour une technique simple mais efficace, qui vous permette de céder de temps en temps à une petite tentation. Ainsi, vous vous sentirez satisfait.

Adoptez de nouvelles habitudes

Le plus important dans le développement de l'autodiscipline est de créer des habitudes avec lesquelles vous pourrez travailler et utiliser à votre avantage.

Il est important que vous sachiez ce que vous voulez vraiment et ce qui vous motive. Vous ne devriez pas penser à cette motivation. Au lieu de cela, vous devriez l'utiliser pour respecter les délais et atteindre les objectifs que vous désirez, que ce soit à court ou à long terme. Vous devriez également être suffisamment discipliné pour continuer à travailler les jours où vous n'en avez pas envie. C'est précisément ce qui vous rendra plus fort.

Vous devez également comprendre que lorsque vous effectuez un travail, vous ne devez pas vous contenter de regarder les résultats, mais également la quantité de connaissances que vous avez acquises et la qualité du service que vous fournissez. Si vous avez du mal à accomplir une partie de vos tâches parce que vous n'avez pas les connaissances nécessaires, vous devez travailler dur pour les acquérir.

Faites de votre travail un voyage passionnant et divertissant pour que vous puissiez prendre plaisir à ce que vous faites chaque jour. Pour vous sentir épanoui, vous devez toujours être satisfait de la tâche que vous accomplissez : La satisfaction vous aidera à avancer et à réussir. Essayez de vous libérer des sentiments négatifs qui vous ralentissent dans votre travail et vous font prendre du retard. Utilisez votre imagination pour penser positivement plutôt que de vous complaire dans des pensées négatives qui vous privent d'énergie.

Lancez-vous des défis : vous testerez vos compétences, vivrez de nouvelles situations, améliorerez la qualité de votre travail et apprendrez, ce qui vous évitera de dépendre des autres ou de devoir déléguer. Si vous voulez vous motiver, sortez de temps en temps de votre zone de confort.

Vous vous demandez peut-être si votre parcours actuel vous permettra de réussir ou non : lisez plusieurs fois par jour des phrases motivantes pour renforcer votre détermination. Les affirmations positives sont utiles.

Contrôlez également ce que vous mangez. En effet, l'alimentation contribue à augmenter votre productivité, ce qui détermine votre niveau de réussite. La malbouffe abîme le corps et favorise les problèmes médicaux tels que les troubles hormonaux et thyroïdiens, qui vous rendent plus lent et léthargique. Vous ne pouvez pas non plus puiser de l'énergie dans la malbouffe.

En revanche, des repas sains pris à intervalles réguliers vous permettront de maintenir votre niveau d'énergie et de concentration élevé. Manger des aliments que vous avez préparés vous-même est la meilleure façon d'avoir une alimentation complète et équilibrée, y compris des légumes et des protéines. Même la couleur des fruits a une influence sur votre vie et votre humeur.

De nombreuses personnes dépendent de la caféine pour maintenir leur niveau d'énergie et de concentration. Mais cela n'est pas recommandé, car cela affecte la capacité de réflexion et rend la récupération plus difficile. Elle entraîne une somnolence et une fatigue le lendemain.

L'autodiscipline vous aidera à planifier une alimentation équilibrée et régulière. Si vous voulez réussir, vous devez prendre soin de votre santé, commencez par votre alimentation.

Si vous avez de mauvaises habitudes alimentaires et que vous mangez aux mauvais moments, vous pouvez faire le plein d'en-cas sains que vous pouvez également manger pendant le travail. Vous vous sentirez rassasié, ce qui est une bonne chose, car lorsqu'on a faim, on devient irritable et on a du mal à se concentrer. L'entraînement à la concentration peut également être un moyen de stimuler votre concentration.

Si vous essayez de manger sainement, vous devez vous rappeler qu'une bonne mesure est la clé du succès. Si vous ne mangez que de la salade, vous ne recevrez pas l'énergie dont vous avez besoin tout au long de la journée, vous devez donc également consommer la bonne quantité de protéines. Prenez le temps d'établir un plan alimentaire équilibré. Certains optent également pour la prise de multivitamines en début de journée.

La manière dont vous mangez joue également un rôle : si la télévision est allumée pendant les repas, vous aurez tendance à ingérer de plus grandes portions et à moins mâcher, ce qui rend la digestion plus difficile.

S'alimenter sainement nécessite définitivement une phase d'adaptation.

Changez votre perception de la volonté

Si l'on veut obtenir quelque chose, il est nécessaire d'adopter les bonnes habitudes et de faire de l'autodiscipline une partie de son quotidien. Cela ne se fera pas immédiatement et demande beaucoup de volonté. Vos vices ne disparaîtront pas en une minute, et les abandonner peut être plus compliqué que de créer une nouvelle bonne habitude.

Les bonnes habitudes vous permettent d'économiser des ressources et de l'énergie, d'être capable de rester détendu dans des situations stressantes et de surmonter les problèmes. Elles se forment dans le cerveau, alors donnez-vous le temps d'éduquer votre esprit : Rome ne s'est pas construite en un jour.

La meilleure façon de surmonter ses vices est d'apprendre à dire non et à ne pas céder à la tentation. Abordez la question progressivement.

Si vous prévoyez de mettre en place de bonnes habitudes dans votre vie, ne vous éloignez pas de votre objectif principal. Avoir une routine saine ne doit pas devenir une obsession, alors allez-y doucement et progressivement.

Ne pensez pas à un plan B

Le plan B fait référence à des objectifs mineurs que vous pouvez revoir régulièrement et modifier en fonction de vos besoins. Beaucoup de gens pensent qu'il est important de les avoir au cas où le plan A échouerait. Mais cela facilite en quelque sorte l'échec et peut inciter à la procrastination, car on sait qu'on a toujours un "programme de secours ".

Si vous voulez réussir, ne pensez pas que la seule solution est de vous rabattre sur autre chose, car cela aussi échouera. Si vous avez un plan B, vous aurez tendance à prendre votre première option à la légère.

Se pardonner et avancer

Nous sommes tous humains, et cela signifie qu'on fait parfois des erreurs. De temps en temps, il s'agit d'erreurs un peu plus graves que ce que vous aviez imaginé, et cela vous frustrera. Il se peut que les choses ne se déroulent pas toujours comme vous l'aviez prévu. Et même s'il n'est pas bon d'avoir un plan B, il faut repartir de zéro au lieu de se bloquer, sinon vous n'avancerez jamais.

Pour aller encore plus loin, le pardon est indispensable et comporte plusieurs phases.

La première étape est d'assumer : vous devez reconnaître votre faute. Parfois, les gens procrastinent et refusent de reconnaître leurs erreurs. Or, cela est important pour progresser.

La deuxième étape est le regret des dégâts que vous avez causés. Si vous ne ressentez rien, vous ne pouvez pas vous améliorer.

La troisième phase est celle du rétablissement, c'est-à-dire que vous recommencez à planifier des activités et vous le faites avec confiance pour ne pas échouer. Vous pouvez alors commencer à mettre en œuvre votre plan et aborder la dernière phase du renouvellement.

Si vous vous pardonnez, vous pouvez vous dépasser sans vous sentir coupable ou avoir de mauvais souvenirs de l'expérience. L'autodiscipline implique également de contrôler ses émotions, car c'est la seule façon de gérer les situations les plus complexes et de réussir. Parfois, cela signifie aussi de reconnaître ses erreurs.

Les raisons de la procrastination

La procrastination a un impact négatif sur votre vie et affecte vos performances, votre santé mentale et physique et votre niveau de stress. De plus, vous vous sentez coupable et le temps nécessaire à l'accomplissement d'une tâche est allongé, ce qui affecte sa qualité.

Il est donc important de trouver une solution efficace, et pour cela, il faut identifier les causes, qui varient d'une personne à l'autre.

Manquez d'autocompassion

Si vous avez peu de compassion envers vous-même, vous êtes plus susceptible d'être stressé, ce qui augmente automatiquement la probabilité que vous remettiez vos tâches à plus tard.

L'autocompassion ne s'apprend pas d'un coup, elle doit être assimiler progressivement. Ne soyez pas trop dur avec vous-même lorsque vous faites des erreurs et efforcez-vous de vous motiver. Essayez d'adopter une attitude plus constructive et optimiste y compris envers vous-même) au lieu de vous plonger dans la négativité.

On doit d'abord se pardonner les erreurs qu'on a commises : Faire des erreurs est humain et utile pour en tirer des leçons. Se sentir constamment coupable de ce que vous avez fait n'est pas bon pour vous. Au contraire, l'autocompassion fera en sorte d'éveiller en vous des sentiments positifs et vous permettra également de surmonter vos imperfections. C'est une bonne méthode pour enseigner et apprendre la gentillesse et la générosité.

Imitation

Le comportement de procrastination est rarement appris par soi-même, c'est-à-dire que l'on imite les autres ou que l'on a observé un comportement qui a influencé sa propre rationalité. Dans les deux cas, il est malsain.

Les personnes positives peuvent avoir une bonne influence sur votre vie, alors que les personnes négatives vous rendent tristes et déprimées. Si vous continuez à être l'esclave de pensées négatives, vous ne serez pas en mesure de progresser et de vous apprendre à réussir. Vous devez trouver la cause de vos souffrances afin de pouvoir travailler à les résoudre. Voilà pourquoi il faut éviter les personnes négatives

La procrastination a beaucoup à voir avec vos émotions : Ainsi, si vous êtes épuisé ou énervé, vous passerez la plupart de votre temps à vous laisser envahir par la négativité plutôt qu'à planifier vos objectifs. Cela vous condamnera à l'autodestruction. Cherchez donc un modèle positif qui vous apprenne les bonnes choses. Cherchez dans votre entourage des personnes appropriées.

Sous-estimation

L'un des signes les plus importants de la procrastination est que vous vous sous-estimez. Même si vous excellez dans un domaine, vous allez remettre en question vos capacités et vous concentrer sur toutes les petites erreurs que vous commettez. Certaines personnes n'essaient même pas de faire quelque chose qui pourrait en fait leur être très bénéfique.

Au lieu de vous rabaisser, encouragez-vous à faire quelque chose que vous savez que vous pouvez faire ou essayer de faire. Même si cela peut être difficile la première fois, prenez-le comme une expérience d'apprentissage et continuez. Au lieu de vous apitoyer sur votre sort, apprenez de vos erreurs et essayez toujours de vous améliorer.

L'une des causes de la procrastination est de croire que l'on ne peut rien faire et que, malgré ses efforts, on obtient de mauvais résultats.

Peur des nouveaux défis

Ce n'est pas en remettant à plus tard que l'on avance. C'est un cercle vicieux dont vous devez apprendre à sortir petit à petit.

Pour cela, il faut se lancer des défis et être ouvert à des situations nouvelles et changeantes. Les personnes qui hésitent ont généralement peur du changement et ne veulent pas se lancer dans de nouvelles aventures parce qu'elles pensent qu'elles ne pourront pas les surmonter.

Les défis sont vraiment importants pour grandir, et si vous ne les acceptez pas, vous ne créerez jamais rien de bon pour vous. L'une des meilleures façons de s'encourager à essayer quelque chose de nouveau chaque jour est de comprendre l'importance des défis : Une fois que l'on a surmonté les premiers, il est amusant de répéter l'expérience et de développer de nouvelles compétences. C'est aussi parce qu'avec le temps, on prend conscience des succès qui en découlent.

Estimations de temps imprécises

Les gens remettent le travail à plus tard parce qu'ils ne savent pas combien de temps il leur faudra pour accomplir certaines tâches. Certains surestiment leur propre vitesse d'exécution et risquent de ne pas terminer le travail dans les temps. La cause principale est une trop grande confiance en leurs propres capacités, ce qui les conduit à ralentir ou à faire de longues pauses. Cela peut s'avérer préjudiciable si la tâche s'avère plus difficile que prévu.

La meilleure façon d'éviter cette situation est de commencer plus tôt que prévu et d'essayer de faire le travail à l'avance. Une estimation réaliste du temps est aussi importante que sa gestion.

Penser au présent plutôt qu'à l'avenir

Une autre raison pour laquelle les gens remettent à plus tard est qu'ils veulent que leur présence soit fructueuse. Ils ne pensent pas trop à l'avenir tant qu'ils peuvent le remettre à plus tard. Cela se traduit généralement par l'abandon de certaines activités lorsque les choses deviennent trop difficiles à faire.

Vous pouvez éviter cela en réfléchissant à la manière dont votre travail actuel peut influencer positivement votre avenir : Si vous ne planifiez pas à long terme, vous ne réussirez jamais. Une bonne planification est indispensable pour que vous puissiez faire bon usage de votre journée, maintenant et à l'avenir.

Perfectionnisme

La procrastination est également due à l'obligation de vouloir tout faire parfaitement, ce qui entraîne des retards.

Tirez les leçons de vos expériences passées. Rappelez-vous comment vous avez été incapable d'accomplir vos tâches à cause de votre perfectionnisme. Vous devriez être motivé par le fait de faire le travail de manière efficace et non parfaite. Personne ne regarde uniquement à quel point un résultat est impeccable, ce que les clients ou les patrons recherchent, c'est souvent un résultat qui leur sera utile à long terme. Concentrez-vous donc sur la recherche de solutions qui vous permettront d'avancer plus rapidement, car si vous vous perdez dans les détails, vous n'avancerez pas. La gestion du temps est essentielle dans de nombreux domaines de la vie.

Maladies psychiques

Les maladies mentales telles que l'anxiété et la dépression peuvent entraîner des retards au travail, car elles sont source de distraction et de démotivation.

Si certains aspects physiques sont à l'origine de vos sautes d'humeur, vous devez vous assurer d'y remédier avant de pouvoir vous concentrer à nouveau sur vos tâches. S'en remettre à une thérapie est une bonne solution. Cela vous permettra de maîtriser vos souffrances. Vous devez choisir un moyen efficace et être patient pour que les choses tournent en votre faveur. Essayez d'abord des petits changements, puis passez à des changements plus importants. Tout au long du processus, vous devez vous motiver et vous convaincre que vous pouvez vous améliorer. La détermination est importante, car la motivation ne durera peut-être pas éternellement.

Les terribles effets de la procrastination

Souvent, les gens sous-estiment les effets négatifs de la procrastination sur l'existence : ce n'est qu'en apprenant à surmonter cette dernière que l'on se rend compte du potentiel inexploité que l'on a en soi.

La perte de temps

Lorsque vous procrastinez, vous avez tendance à mettre de côté toutes les tâches, quelle que soit la proximité de l'échéance. Au lieu d'utiliser le temps comme une force, il devient votre plus grande faiblesse, car vous attendez la dernière minute pour tout faire. C'est un problème qui vous conduit à vous rabaisser, un problème qui est parfois sous-estimé. C'est le signe que quelque chose vous dérange, et vous devez vous en occuper si vous ne voulez pas traîner cela avec vous dans le futur.

L'incapacité à reconnaître les opportunités

Les gens attendent avec impatience les occasions d'améliorer leur vie, mais malheureusement, ils remettent à plus tard et ne saisissent même pas ces opportunités lorsqu'elles se présentent : Ils sont trop occupés à se plaindre des problèmes qu'ils rencontrent.

La plupart du temps, ils ne comprennent même pas comment ils ont raté une occasion. Lorsqu'ils sont négatifs, il est très difficile de percevoir quelque chose de positif.

L'incapacité d'atteindre des objectifs

Même si la tâche est simple, si vous procrastinez, il vous sera très difficile de respecter les délais. Ce n'est pas parce que vous avez moins de temps, mais parce que vous avez passé une grande partie de votre temps à vous plaindre inutilement.

Si c'est une habitude chez vous, vous aurez même de la difficulté à reconnaître que vous remettez ce que vous avez à faire jusqu'à ce qu'il soit trop tard. Pour maîtriser ce problème, vous devez acquérir de l'autodiscipline.

L'obstacle à la carrière

Les personnes qui procrastinent ont tendance à s'énerver facilement parce qu'elles sont constamment de mauvaise humeur. Si vous êtes toujours en colère contre les choses qui vous entourent, vous ne pouvez pas voir le bon côté des choses ou des personnes, et cela pourrait mettre votre travail en péril, puisque vous pourriez avoir du mal à vous entendre avec vos collègues. Si vous avez du mal à respecter les délais et que vous n'êtes pas capable de tenir un certain rythme, la probabilité que vous soyez licencié augmente énormément.

La diminution de l'estime de soi

La procrastination sape votre estime de soi ; ne pas réussir à utiliser correctement ses capacités, même lorsqu'on est doué, vous amène à perdre confiance vous. Vous pensez alors de manière automatique que vous n'êtes bon à rien, raison pour laquelle vous ne faites pas trop d'efforts, même si vous êtes convaincu que vous en faites.

La paralysie au moment de prendre une décision

Si vous n'êtes pas dans le bon état d'esprit, vous ne serez pas en mesure de prendre les bonnes décisions : Il pourrait même vous arriver de choisir une option simplement pour créer du stress et voir à quel point vous pouvez supporter la pression émotionnelle.

Tandis que les personnes qui se comportent de manière rationnelle choisiront au contraire quelque chose qui les rendra heureuses.

L'atteinte à la réputation

Les procrastinateurs ont l'étiquette de paresseux et d'incompétents au travail. Ils sont aussi considérés comme arrogants et agaçants parce qu'ils ont du mal à s'entendre avec leurs collègues. Même si vous pensez que c'est votre caractère, ce n'est pas le cas : c'est une conséquence de cette tendance à la procrastination.

Les risques pour la santé

Les individus qui procrastinent passent la plupart de leur temps à ne faire quasiment rien, puis deviennent léthargiques et paresseux.

Leur niveau de stress et d'anxiété augmente, ce qui entraîne divers problèmes, dont le risque de dépression. Le non-respect constant des délais de travail entraîne une tendance à la dépression et à la solitude. L'isolement peut les amener à être victimes de diverses autres maladies psychiques. Si vous en voyez déjà les signes, n'hésitez pas à demander une aide compétente.

Si vous ne voulez pas que la procrastination domine votre vie, il est important de reconnaître que vous avez un problème et de prendre les mesures nécessaires pour le résoudre. Attaquez-vous à ce problème, c'est essentiel !

Chapitre 7 - Arrêtez de procrastiner et agissez maintenant !

Il n'est pas facile de surmonter la procrastination, c'est la raison pour laquelle de nombreuses personnes luttent pendant longtemps. Si vous voulez surmonter la procrastination, vous devez identifier vos capacités et les améliorer de la bonne manière. Ainsi, vous pourrez transformer vos faiblesses en forces, et commencer à en tirer profit. Dans les pages suivantes, vous trouverez quelques conseils et la manière de les mettre en œuvre.

Videz votre esprit

Tout comme le rangement d'une pièce augmente la productivité, il en va de même pour votre esprit : Libérez-le des pensées négatives, car elles rendent la concentration difficile.

Vous devez apprendre à contrôler ce que vous pensez et à classer vos pensées par ordre d'importance. Souvent, nous avons tendance à hésiter à cause des choses les plus insignifiantes, car nous perdons du temps à nous en plaindre plutôt qu'à les résoudre.

Il est important que vous compreniez qu'il y a deux types de situations dans la vie : celles que vous pouvez contrôler et celles que vous ne pouvez pas contrôler. Vous ne pouvez contrôler que vos propres pensées, et non ce que les autres pensent de vous. Au lieu de vous inquiéter du jugement des autres, essayez d'utiliser cette énergie pour faire quelque chose de bien pour vous. Se concentrer sur ce que vous ne pouvez pas contrôler n'a pas de sens et ne fait que vous faire vous sentir mal. Le meilleur moyen de déjouer les personnes qui vous critiquent est de réussir. Pour ce faire, abandonnez vos pensées négatives et mettez vos priorités sur ce qui est important afin de libérer votre esprit.

Prenez une journée, rien que pour vous

Un jour de congé peut vous aider à recharger vos batteries et à retourner au travail plein d'énergie. Cela vaut aussi pour les distractions : Si vous vous laissez distraire par votre téléphone portable, prenez un jour de congé de cette distraction en vous éloignant des réseaux sociaux. Si vous êtes constamment sur le téléphone, limitez le nombre d'appels et leur durée, pour le bien de votre santé.

Cela vous rendra plus productif. Il n'est pas facile de renoncer à quelque chose dont on est dépendant, mais il ne faut pas oublier que le succès a un prix et qu'il n'est pas facile à atteindre. Plus vous ferez d'efforts, plus vous en tirerez profit. Les bénéfices l'emporteront.

Fixez des priorités dans le travail

Si la première étape de la définition des priorités consiste à se vider l'esprit, vous devez également classer les tâches que vous devez accomplir par ordre d'importance : Certaines d'entre elles sont très répétitives et doivent être effectuées quotidiennement, vous devez donc trouver des moyens de les accomplir rapidement. De cette manière, vous pourrez vous concentrer sur les tâches essentielles qui vous permettront de réussir. L'établissement de priorités est utile pour savoir où vous perdez votre temps et comment de petits changements dans votre routine peuvent vous aider à mieux utiliser ce temps et être plus efficace. Vous pourrez également mieux vous concentrer sur une tâche importante, ce qui vous permettra d'accomplir votre tâche de manière plus qualitative et plus quantitative, et d'augmenter vos chances pour un bon succès.

Partagez le temps

Plutôt de travailler de manière constante pendant une longue période, il est plus judicieux de diviser les tâches en plusieurs parties, en prévoyant que chacune d'elles ne dure pas plus de 15-20 minutes. Cette méthode permet de mieux se concentrer sur de petites sections et de s'assurer qu'elles sont bien réussies. Psychologiquement, la situation est perçue comme plus facile à gérer, de sorte que la productivité augmente sans que vous vous mettiez trop de pression. Ainsi, les tâches fastidieuses vous paraîtront plus courtes.

Il est également important que vous vous accordiez une pause entre les périodes de travail. Cela vous aidera non seulement à maintenir votre énergie, mais aussi à calmer votre esprit et à rester concentré.

La gestion du temps est très importante pour surmonter la procrastination, mais ce n'est pas un processus immédiat.

Choisissez votre position ou votre lieu de réflexion

Il y a de nombreuses personnes qui réfléchissent mieux lorsqu'elles se trouvent dans un endroit ou dans une position spécifique. Au lieu de vous limiter à votre bureau, vous devriez trouver l'endroit où vous vous sentez le plus à l'aise et le plus détendu. C'est probablement là que vous serez le plus créatif et le plus efficace pour brainstormer. N'hésitez pas à l'utiliser.

Fixez des priorités sur votre liste de choses à faire

Presque tout le monde a une liste de choses à faire, parfois si longue qu'il est impossible de la suivre. Pour en venir à bout, il est important de fixer des priorités et de toujours commencer par les tâches les plus importantes ou celles qui sont soumises à des délais. Il s'agit de trouver son rythme : Décider de ce qui doit être fait en début de journée, lorsque vous avez le plus d'énergie, et de ce qui peut être fait en fin de journée. La pensée pratique fonctionne toujours si l'on veut réussir.

Ne vous surmenez pas

Soyons honnêtes : nous avons beaucoup de choses à faire, mais nous avons trop peu de temps ! Il est important de décider combien de choses vous pouvez gérer par jour. Si vous êtes submergé par des tâches, vous compromettez la productivité et la qualité de votre travail. Ce n'est pas le but.

Il y a une différence entre travailler plus dur et travailler de manière intelligente. C'est pourquoi vous devez limiter les tâches que vous effectuez en fonction du temps dont vous disposez. Parfois, quelque chose peut être fait en moins de deux heures, mais il se peut que vous ayez complètement dépensé votre énergie et que vous deviez vous reposer avant de reprendre votre emploi du temps. Ce n'est pas parce qu'une tâche peut être faite rapidement que vous en tirerez plus de bénéfices qu'une tâche de 8 heures.

Et n'oubliez pas de prévoir des pauses.

Établissez un plan d'action quotidien

Votre liste de choses à faire ne doit pas nécessairement contenir tout ce que vous faites en un jour : Il doit toujours y avoir un peu de place pour l'imprévu. Ce temps vous permettra peut-être de vous reposer un petit peu si vous le décidez, ou de vous mettre au défi de travailler un peu plus. Vos actions quotidiennes peuvent être réussies ou non, mais elles ne doivent pas briser votre routine. Vous devez simplement changer votre façon de penser et d'aborder la situation afin de vous améliorer ou comprendre ce qui doit être changé.

Donnez la priorité aux projets difficiles

En début de journée, vous devez classer les différentes tâches par ordre d'urgence et de difficulté en tant que priorités. Une fois le plus dur passé, vous pourrez vous consacrer aux choses les plus simples et les moins fatigantes. Définir des priorités vous aidera à accomplir vos tâches et à penser clairement, si vous redoutez le moment où vous devrez accomplir des tâches complexes, vous serez démotivé toute la journée.

La règle des deux minutes

Pas tout à l'heure, mais tout de suite. C'est l'essence même de cette règle. Cette règle a été introduite par David Allen. Elle est très simple : lorsque vous recevez une tâche, prenez un moment pour déterminer si elle peut être accomplie en deux minutes ou moins. Si c'est le cas, vous devez le faire immédiatement afin de réduire votre liste de tâches. Toutefois, ne diminuez pas la qualité de votre prestation et assurez-vous de prendre le temps nécessaire pour la réaliser.

L'idée de cette stratégie est qu'elle vous aide à travailler par courts intervalles et à rester motivé. Comme on dit, ce qui est fait est fait ! Vous serez capable d'accomplir ces petites tâches sans délai, et vous vivrez cela comme un défi permanent, car même si ces petites tâches ne semblent pas être grand-chose, lorsqu'elles s'accumulent, elles ont tendance à vous submerger.

Définissez un espace de travail

Si vous travaillez dans un bureau, vous avez votre propre bureau ou pièce.

Dans le cas où vous pratiquez le smart working, vous devez veiller à séparer votre vie professionnelle de votre vie privée. Choisissez un espace exclusivement dédié au travail : Votre confort est important, mais contrôlez son niveau, sinon vous serez distrait et repousserez le travail.

L'une des pires choses à faire est de travailler au lit, car cela nuit à la productivité. Il s'agit en effet d'un lieu informel où vous vous reposez, alors qu'il faut adopter une bonne attitude bien éveillée pour être efficace.

Votre espace de travail doit être une pièce séparée et ne doit pas être relié à la zone où vous vous détendez habituellement. De plus, il ne doit pas être trop proche de la télévision ou d'autres appareils électroniques qui pourraient vous distraire.

Les heures de travail les plus importantes

Il y a des moments de la journée qui sont plus productifs que d'autres. Si vous estimez que 9 heures à 17 heures n'est pas l'idéal pour vous, vous pouvez définir vous-même vos horaires de travail : Certaines personnes préfèrent par exemple effectuer leurs tâches la nuit et dormir pendant la journée. Elles sont ainsi moins distraites et se retrouvent dans un environnement plus calme.

Quel que soit l'emploi du temps que vous suivez, vous devez vous assurer d'être attentif lorsque vous remplissez vos obligations.

Comprendre à quel moment de la journée vous êtes le plus productif est la clé. Si vous ne l'avez pas encore découvert, faites un essai. Une fois que vous avez décidé de votre heure de travail principale, vous devez vous y tenir et ne pas changer trop souvent votre emploi du temps. Vous constaterez rapidement que votre productivité augmente.

Éliminez les distractions

Prenez des mesures pour éliminer toutes les distractions, en particulier l'Internet.

Si vous voulez simplement vous asseoir et écrire, vous pouvez faire comme si vous étiez dans un avion où la connexion est très limitée. Vous pourrez ainsi mieux vous concentrer. Le fait de ranger le téléphone peut également contribuer à augmenter la productivité.

Soyez cohérent

La clé du succès est de toujours rester à la pointe de son domaine et de continuer à travailler dès que l'on a terminé son activité précédente.

Les écrivains les plus célèbres du monde commencent à écrire leur nouveau livre dès qu'ils ont terminé le précédent. Ils n'attendent pas de lire des critiques sur l'œuvre qu'ils viennent de publier, car ils croient en ce qu'ils font et se remettent donc au travail. Ils écrivent souvent au moins 2000 mots par jour, ce qui les aide à maintenir leur élan et leur créativité.

Si vous n'êtes pas cohérent dans ce que vous faites, vous obtiendrez des résultats inconstants. De plus, vous ne serez pas capable d'évaluer si vous fournissez la qualité souhaitée ou non. Vous n'êtes pas obligé de repousser vos limites tous les jours : Tant que vous vous en tenez à l'horaire prévu, vous serez plus productif sans effort supplémentaire pour respecter les délais.

Prenez soin de votre santé

Même si vous avez l'impression de devoir travailler en permanence, vous ne devez pas vous épuiser. La volonté de réussir ne devrait pas être si forcenée au point de vous rendre malade.

Faites suffisamment de pauses pendant la journée et accordez-vous au moins un jour de congé par semaine. Cela permet non seulement de protéger votre corps, mais aussi votre humeur. Si vous voulez bien travailler, vous devez rester en bonne santé, sinon vous manquerez quelques jours au travail et vous entraverez votre propre progression.

N'oubliez jamais qu'au moment où vous sentez la pression monter, vous devez vous détendre. La clé pour obtenir de bons résultats à long terme est de savoir reconnaître le moment où il faut faire une pause avant de reprendre.

Essayez différentes méthodes

Si vous faites des efforts et que vous n'atteignez pas vos objectifs, vous devez essayer de changer votre façon de travailler. Toutes les méthodes efficaces ne fonctionnent pas nécessairement pour vous. C'est à vous de trouver votre propre méthode idéale.

Essayez toujours de faire quelque chose de nouveau et d'être innovant dans votre travail : Si votre routine devient monotone, cela se reflétera dans vos résultats. Changer régulièrement de stratégies de travail vous permettra de toujours vous enthousiasmer pour votre travail.

Il n'y a pas de règle universelle pour tout le monde : alors qu'une solution peut être idéale pour plusieurs personnes, elle peut ne pas être efficace pour vous. Trouver la stratégie qui fonctionne peut prendre du temps, alors continuez à essayer. Dans ce cas, abandonner n'est pas une option.

Fausses croyances sur la procrastination

La procrastination est plus fréquente qu'on ne le pense et c'est pourquoi il existe un certain nombre de croyances absurdes sur la manière de résoudre le problème.

Si vous voulez améliorer votre autodiscipline et vous engager sur la voie du succès, vous devez faire la différence entre la réalité et les fausses croyances. En voici quelques-unes :

#1 - Je travaille mieux sous pression

La pression fait rarement ressortir le meilleur de soi-même. Même si vous avez l'impression de travailler dur et efficacement, vous finirez par faire beaucoup d'erreurs, car il s'agit de finir à temps et non de manière plus efficace. Cette pression que pose la volonté de performance est généralement un problème que l'on se crée soi-même.

Quand on est sous pression, on a aussi tendance à essayer d'accélérer au mauvais moment et à chercher des raccourcis, ce qui est préjudiciable au projet.

Bien que certaines personnes puissent effectivement bien travailler sous pression, vous ne devriez pas le faire régulièrement, car ce n'est pas sain. Cela vous épuisera et vous finirez par vous fatiguer. Cela aura un impact sur votre productivité générale et vous ne serez pas en mesure de suivre le rythme des exigences croissantes de votre profession.

Tout cela est également une conséquence directe de la procrastination, qui vous conduit à repousser vos tâches jusqu'à la dernière minute.

Au lieu de vous forcer à travailler dans des délais serrés, organisez-vous systématiquement lorsqu'il n'y a pas d'urgence ou lorsque vous exercez une activité qui vous plaît. Le plaisir de faire ce que l'on fait compte plus que tout, car c'est alors que l'on commence à donner la priorité à la qualité.

#2 - J'ai besoin d'inspiration pour travailler

Vous n'êtes peut-être pas inspiré tous les jours de votre vie, mais vous devez néanmoins travailler si vous voulez vous rapprocher de votre objectif. Vous ne devez pas attendre d'être "dans l'ambiance", mais plutôt de créer les bonnes conditions et vous motiver en permanence.

En outre, vous devez accepter que tous les jours ne se ressemblent pas : vous êtes peut-être souvent bien organisé, mais parfois vous ne vous sentez pas aussi énergique que d'habitude. Ce n'est toutefois pas une raison pour renoncer à essayer. Vous devez continuer à vous efforcer à respecter votre emploi du temps. Ce que vous pouvez essayer de changer un petit peu néanmoins, sont les circonstances et de créer un environnement de travail plus positif.

Vous ne pouvez pas vous attendre en permanence que les autres vous inspirent. Au lieu de dépendre des autres, vous devez être votre propre source de motivation. Non seulement c'est plus facile, mais cela vous donne aussi plus de contrôle sur vos émotions.

#3 – Il faut trois ou quatre heures de temps ininterrompu

Il s'agit d'un mythe très répandu que certaines personnes utilisent comme excuse pour retarder les dates de remise.

Lorsqu'on mène une vie très trépidante, il est très difficile d'obtenir de grandes périodes de temps sans interruption : il est inutile de remettre le travail à plus tard dans l'espoir de l'obtenir. En attendant toujours la dernière minute, vous vous mettez sous pression et finissez par produire de mauvais résultats. Il faut économiser de petits intervalles de temps de différentes autres activités et les regrouper pour pouvoir accomplir une tâche longue et difficile.

Comme nous l'avons déjà dit, il existe un certain nombre de règles que l'on peut suivre pour effectuer des tâches complexes à temps, en divisant le travail en petites portions limitées dans le temps. Cela vous aidera à trouver un point de départ et à mieux gérer la situation, car la plus grande appréhension à commencer une tâche est son ampleur. Vous ferez ainsi des progrès constants et finirez facilement.

#4 - Je ferai mieux plus tard

Vous ne devriez pas faire l'erreur de remettre votre travail à plus tard en pensant que demain sera un meilleur jour, plus organisé. La vérité, c'est que vous ne serez pas plus productif demain si vous ne commencez pas votre tâche aujourd'hui. Si vous avez manqué de temps aujourd'hui, vous manquerez probablement de temps demain aussi. Si vous n'êtes pas discipliné maintenant, vous ne le serez pas non plus dans un avenir proche. Efforcez-vous de faire votre travail quotidien, car vous ne sortirez jamais du cercle vicieux de la procrastination si vous attendez constamment un "matin idéal".

De nombreuses personnes croient à ces mythes et s'en servent comme excuse. Ce n'est pas parce qu'un travail ne nous plaît pas ou qu'il est compliqué, qu'il faut le craindre. Parfois, une tâche complexe peut s'avérer être l'une des plus simples de votre liste.

Ne vous laissez pas déborder par les choses que vous faites, car si vous ne faites pas le travail, quelqu'un d'autre le fera. Si vous voulez progresser dans la vie et réussir, vous ne devez pas laisser les autres prendre vos responsabilités. Assumez la responsabilité de vos actes. Cessez de vous rabaisser et croyez en vos capacités. Il est grand temps de jeter ces fausses croyances par-dessus bord.

L'intelligence émotionnelle

"Ce qui compte vraiment pour le succès, le caractère, le bonheur et la performance, c'est un ensemble défini de capacités émotionnelles, votre QE (Quotient Émotionnel), et pas seulement des capacités purement cognitives mesurées par des tests de QI traditionnels"

Daniel Goleman

Introduction

L'intelligence émotionnelle est un thème et un sujet de recherche très apprécié dans la société contemporaine, de nombreuses personnes et chercheurs se posent des questions à son sujet. Tout le monde veut comprendre pourquoi elle est importante et comment l'utiliser dans la vie.

Si vous aussi, vous avez la curiosité d'en savoir plus à ce sujet, vous avez trouvé le bon livre, vous y trouverez une mine d'informations qui répondront à vos questions, afin que vous puissiez connaître sans peine ses avantages et ses inconvénients.

Vous découvrirez pourquoi elle peut vous aider dans votre vie personnelle et professionnelle, et pourquoi elle est si importante dans le monde des affaires. En effet, les personnes émotionnellement intelligentes sont actuellement recherchées dans le monde des affaires, car elles possèdent des compétences que d'autres n'ont pas. Avez-vous déjà fait l'expérience d'une conversation qui ne se déroule pas du tout comme prévu ? Cela s'explique dès lors que l'intelligence émotionnelle n'est pas aussi développée chez les uns comme chez les autres. Si vous prenez le temps de comprendre et d'apprendre cette capacité, vous ferez partie de ce groupe de personnes si demandées de nos jours.

Vous comprendrez de plus que cette capacité peut vous aider à avoir une vision plus positive de la vie. Vous apprendrez également comment elle est perçue aujourd'hui par rapport au passé, ce qui vous permettra d'apprécier les développements de la recherche au cours des dernières années.

Au fil du temps, cette capacité est devenue un sujet d'intérêt de plus en plus large : Non seulement les personnes qui travaillent dans le domaine des sciences médicales veulent pleinement la comprendre, mais aussi celles qui sont impliquées dans le travail et la carrière. Certaines personnes souhaitent en savoir plus afin de pouvoir en tirer les bénéfices, car elles deviennent ainsi capables d'entrer davantage en contact avec leurs émotions et d'être plus conscientes d'elles-mêmes. Nous voulons tous nous améliorer dans notre vie, et si nous avons les outils nécessaires pour le faire, nous pouvons entamer ce processus et en voir les résultats.

Afin de vous informer autant que possible, les différences entre l'intelligence émotionnelle et l'intelligence normale vous seront expliquées, dans le cadre de leurs propres applications et avantages, ce livre en examinera les aspects.

Vous trouverez dans cet ouvrage une foule de conseils et d'astuces pour améliorer et comprendre votre intelligence émotionnelle. Le comportement cognitif est un autre sujet d'actualité et fait l'objet de nombreux débats et d'études. La thérapie cognitivo-comportementale est largement reconnue et a prouvé son utilité pour les personnes souffrant d'une grande variété de problèmes. Elle est innovante et complexe, et vous ne trouverez ici à son sujet que les informations de base ainsi que quelques faits moins connus.

Les problèmes qui peuvent être résolus grâce à elle sont, entre autres, les troubles alimentaires (de toutes sortes), la dépression et l'anxiété. Le taux de réussite est élevé, mais il faut être prêt à faire des efforts et à raconter honnêtement ce que l'on traverse.

Cette thérapie aide les gens à devenir plus conscients de leurs problèmes et même à les gérer et à améliorer leurs mauvaises habitudes personnelles. Si vous êtes en proie à des pensées négatives, vous pouvez les gérer et vous en débarrasser, vous deviendrez ainsi une personne plus positive et moins stressée, ce qui est une perspective souhaitable pour chacun de nous.

Comme pour l'intelligence émotionnelle, le traitement nécessite de faire preuve d'une autodiscipline, tout particulièrement pour ceux qui ne disposent pas d'un contrôle de soi très développé. Vous trouverez dans ce livre dix méthodes utiles pour développer ces compétences et les utiliser à votre avantage.

Chapitre 1- Qu'est-ce que l'intelligence émotionnelle et pourquoi est-elle importante ?

L'intelligence émotionnelle est "la capacité à se contrôler, à se comprendre et à s'exprimer", mais aussi la capacité à gérer les relations interpersonnelles avec empathie et discernement.

On dit d'une personne qu'elle est émotionnellement intelligente lorsqu'elle a la compétence de percevoir ses propres émotions et celles des autres, de les comprendre et de les utiliser.

Elle se compose de cinq éléments :

- *La maîtrise de soi*
- *La motivation*
- *Les compétences sociales*
- *L'empathie*
- *La connaissance de soi*

La maîtrise de soi signifie d'être capable de contrôler ses instincts, c'est-à-dire d'être capable de réfléchir avant d'agir et de réagir. Cela implique également de savoir comment s'exprimer de manière appropriée dans chaque situation. Dans ce contexte, la maturité émotionnelle signifie que vous assumez la responsabilité de vos actes, que vous êtes capable de vous adapter à de nouvelles situations et de réagir de manière appropriée à la manière dont les autres vous traitent. Cela implique également de comprendre un comportement irrationnel, par exemple que les gens peuvent être en colère et avoir envie de frapper quelqu'un, mais ne pas considérer leur réaction comme une attaque personnelle.

La motivation signifie que l'on a un intérêt pour l'apprentissage et l'amélioration de soi et que l'on fait preuve de persévérance pour progresser malgré les obstacles. Il faut s'engager dans l'accomplissement d'une tâche et prendre des initiatives.

Les *compétences sociales* comprennent la capacité à supporter le sarcasme, à faire des blagues, à entretenir des amitiés et des relations, à fournir un bon service à ses clients même sous pression, et à trouver des points communs avec les autres.

Ces compétences ne concernent généralement pas seulement une bonne communication, mais aussi la gestion du temps, le leadership et la capacité à résoudre les situations difficiles.

L'empathie signifie être capable de comprendre les réactions et les émotions, et s'obtient en atteignant *la connaissance de soi*.

Les caractéristiques typiques des personnes empathiques sont l'autodérision, la conscience de la manière dont elles sont perçues par les autres, l'intérêt pour les problèmes et les préoccupations des autres et la capacité à anticiper la réaction émotionnelle d'une personne face à une situation donnée.

Si l'intelligence émotionnelle est importante, c'est parce qu'elle est la clé d'une vie équilibrée. En plus de votre santé mentale, elle vous aidera également à être en bonne santé physique, elle vous aidera à gérer le stress, favorisera et influencera votre attitude et votre rapport à la réalité. Cela est aussi important pour votre santé mentale.

Une meilleure compréhension de son propre quotient émotionnel peut être utile en cas de problèmes psychologiques, car il est directement lié à une attitude positive qui, à son tour, contribue au développement d'une attitude plus heureuse face à la vie.

Cela peut améliorer les relations, les mariages et les amitiés, car nous pouvons mieux comprendre les besoins et les émotions de notre entourage. En outre, cela peut aider à résoudre des conflits, car nous apprenons à reconnaître les sentiments des autres. La conséquence naturelle est la réduction et une meilleure gestion des situations de stress.

Dans le monde des affaires ou du travail, l'intelligence émotionnelle vous permet d'être un bon négociateur et un motivateur enthousiaste. Il en résulte des avantages pour vous, comme la capacité à vous concentrer sur un objectif, une plus grande confiance en vous et moins de procrastination.

Les personnes émotionnellement intelligentes sont généralement de meilleurs leaders. Si vous comprenez ce qui motive les personnes qui vous entourent, vous pourrez mieux entrer en contact avec elles et créer des liens solides.

Cette capacité fera de vous une personne très demandée, car si vous identifiez ce dont votre équipe a besoin, cela apportera du succès à l'entreprise.

L'intelligence émotionnelle n'a pas encore été parfaitement étudiée, mais nous savons qu'elle joue un rôle crucial dans la qualité de tous les aspects de la vie. Elle vous aide à gérer et à comprendre vos émotions afin de les utiliser en votre faveur.

Dans le monde des affaires, elle fait la différence, car elle permet une collaboration harmonieuse avec les collègues et constitue aujourd'hui une qualité indispensable compte tenu du caractère interculturel des groupes de travail.

Chapitre 2 - Comment était l'intelligence émotionnelle dans le passé ?

L'intelligence émotionnelle est étudiée en profondeur par les philosophes et les psychologues depuis plus de deux siècles. Tout comme Platon, Hume et Hobbes, les grands penseurs se sont tous consacrés à l'analyse des émotions et de leurs réactions à certains événements et sujets. Ce faisant, ils se sont particulièrement concentrés sur ce qui motive le comportement humain.

On attribue à Aristote d'avoir été le premier à faire référence à quelque chose qui ressemble à l'intelligence, mais qui ne peut pas encore être nommé comme tel. Il avait utilisé le mot "raison" et expliqué qu'il s'agissait de la capacité que l'homme possède à maîtriser ses passions ou à résister à ses impulsions et à ses instincts. Selon lui, les humains se distinguent des animaux précisément par leur capacité à raisonner.

Si nous nous penchons sur le XVIIe siècle, nous verrons que les intellectuels de cette époque partageaient également cette idée.

Le dix-neuvième siècle, marqué par l'ère industrielle, a toutefois marqué un tournant avec la naissance de la notion d'intelligence. À l'époque, elle était toutefois encore assimilée à la capacité d'adaptation. Grâce au travail en usine, où les gens effectuaient les mêmes tâches ou du moins des tâches similaires, il était possible de voir qui réussissait et qui échouait.

Et au vingtième siècle, on a commencé à parler d'"intelligence sociale". Des études ont montré l'importance de s'entendre avec les autres. Plusieurs chercheurs se sont appuyés sur ce concept et ont conclu que les gestes de la main, ainsi que les émotions et les humeurs qui vont de pair avec l'intelligence, pourraient être une composante clé de la réussite dans la vie.

Une nouvelle étude a examiné comment les gens pouvaient développer une force émotionnelle.

Une autre recherche au début du siècle a été publiée sous forme de test d'intelligence et appliquée dans les écoles. Les classes ont été adaptées et uniformisées afin de créer un meilleur environnement pour un tel test. Avec le déclenchement de la guerre et le recrutement massif qui en a résulté, le test d'intelligence a changé. Avant la guerre, il consistait en des entretiens individuels intensifs avec un professionnel de la psychologie, mais comme il n'était pas possible d'appliquer cette méthode à des millions de recrues en peu de temps, un test standardisé a été mis au point, c'est à ce moment-là que le QI est né, tandis que le quotient émotionnel n'était pas encore connu.

Pour de nouveaux développements dans cette direction, il a fallu attendre encore environ vingt-cinq ans... jusqu'à la publication d'un nouveau livre.

Cette œuvre a introduit le concept d'intelligences multiples, même s'il a fallu attendre la fin du siècle pour en savoir plus, c'est à peu près à cette époque que deux professeurs ont découvert l'intelligence émotionnelle alors qu'ils discutaient de la peinture d'une maison. L'un d'eux s'intéressait au comportement et aux émotions, l'autre au lien entre la pensée et les sentiments. Selon eux, les théories de l'intelligence existantes n'en avaient pas tenu compte.

Quelques années plus tard, un grand journaliste est tombé sur les informations que ces professeurs avaient écrites et publiées dans une revue scientifique. Il a eu une intuition qui a conduit à la publication d'un livre.

Dans cet ouvrage, il défendait l'idée que l'intelligence émotionnelle pouvait assurer le succès des entreprises et énumérait les quatre principales capacités dont disposent, selon lui, les personnes émotionnellement intelligentes :

- *La connaissance de soi*, car elles comprennent bien leurs propres émotions ;
- *Le contrôle de soi*, car elles savent bien maîtriser leurs émotions
- *La conscience sociale*, car elles ressentent de l'empathie pour les autres ;
- *Les compétences sociales*, parce qu'elles sont capables de gérer les émotions que d'autres personnes ressentent à un moment donné.

À partir de ce moment, de nombreuses études universitaires et économiques ont commencé à analyser le concept pour prouver l'existence de l'intelligence émotionnelle. En revanche, beaucoup d'autres ont voulu démontrer que l'intelligence émotionnelle n'était pas plus importante que le QI pour réussir dans la vie professionnelle.

On en a conclu que d'autres études devaient être menées, mais plusieurs sont arrivées à la même conclusion : l'intelligence émotionnelle dépasserait effectivement le QI. Pour tester l'efficacité de cette hypothèse, une expérience a été menée. Certaines entreprises ont formé leurs employés sur le QE et ont observé de très bons résultats, comme par exemple :

- Une réduction des accidents (de moitié) ;
- Une diminution des plaintes ;
- Un dépassement des objectifs de productivité, de plus de deux cent mille dollars.

Un chercheur du New York Times a souligné que lorsque les entreprises recherchent des collaborateurs à fort potentiel de leadership, les personnes sélectionnées ont généralement une intelligence émotionnelle plus élevée que les autres candidats. Une conclusion surprenante.

Les compétences sociales et les personnes qui les possèdent peuvent être déterminantes dans le travail d'équipe. Ces dernières peuvent rester concentrées pendant longtemps. C'est pour cette raison que les entreprises ont pris ces études au sérieux, elles veulent que leurs employés les aident à atteindre leurs objectifs.

Ce n'est que récemment, au siècle dernier, que nous avons obtenu des informations concrètes et importantes sur l'intelligence émotionnelle, dans le cadre de l'étude des émotions et du comportement humains.

Pourtant de nos jours, certaines personnes restent encore convaincues qu'il ne s'agit pas d'intelligence, mais seulement d'une capacité comme une autre.

Chapitre 3 - Pourquoi l'intelligence émotionnelle pourrait être plus importante que le QI

Depuis le siècle dernier, on se demande pourquoi le quotient émotionnel est si important et s'il est plus important que le QI.

Beaucoup sont convaincus que l'intelligence émotionnelle est cruciale dans un monde axé sur la carrière qui est le monde dans lequel nous vivons aujourd'hui. Des études ont démontré qu'il existe un lien réel entre cette capacité et le succès, mais cela a pris du temps. Les résultats obtenus conduisent toutefois à quelques conclusions intéressantes.

À l'école, on est évalué sur la base de notes, de tests auxquels on est soumis. On accorde beaucoup d'importance à la façon dont les élèves se comparent à leurs camarades dans d'autres établissements, et il faut obtenir un certain nombre de points pour être admis à l'université. Le problème est que ces tests sont standardisés et mesurent certains aspects de notre QI. Et il s'agit toujours d'un "instantané". Si l'on a passé une mauvaise journée, il se peut que l'on obtienne un mauvais résultat à un test.

Mais le principal facteur qui détermine si vous vous en sortez bien dans la vie est votre QE. Ne l'oubliez jamais.

Chaque personne a un esprit émotionnel et un esprit rationnel. L'esprit émotionnel nous tient en haleine et s'active très rapidement. Les mauvaises décisions viennent de lui lorsque nous ne pouvons pas le contrôler et que nous cédons à son impulsivité. Dès lors, vous comprendrez quelques-unes des raisons qui font que l'intelligence émotionnelle pourrait s'avérer plus importante que le QI.

Tout d'abord, il a une plus grande influence sur l'épanouissement personnel que d'autres facteurs. Des études ont montré que votre QI peut vous aider à obtenir un emploi (il représente ¼ de votre réussite), mais que si vous n'avez pas un QE fort, vous serez viré. Nous en concluons donc que si le QI vous permet d'obtenir un emploi, vous ne le conserverez que si vous avez un QE élevé.

Elle vous permet d'avoir des relations plus saines avec les autres et peut également faire de vous un grand leader. Vous devez être capable de comprendre les sentiments des personnes avec lesquelles vous travaillez, et c'est beaucoup plus facile si vous contrôlez vos propres émotions.

Le fait de retarder sa propre satisfaction immédiate est également un bon signe de possible réussite à l'avenir. Si vous pouvez attendre maintenant, vous obtiendrez la récompense future.

La récompense immédiate est un souhait très répandu de nos jours, qui se manifeste par exemple dans la manière dont nous effectuons nos achats ("acheter maintenant et payer plus tard"). Dans notre liste de priorités, nous plaçons le pur divertissement avant le développement personnel.

La santé émotionnelle a également un impact sur la santé physique et il est prouvé qu'il existe un lien entre les deux. Le stress a également des effets négatifs et des études récentes suggèrent qu'au moins 80 % de nos problèmes de santé lui sont imputables.

Il est prouvé qu'une faible intelligence émotionnelle est liée à un mauvais comportement, voire à la criminalité. Si un jeune manque de compétences émotionnelles de base, il peut blesser les autres et a également des difficultés à faire attention à l'école. Bien entendu, l'environnement dans lequel on grandit et la famille sont également extrêmement déterminants dans le développement des criminels. Un débat s'ouvre sur l'intérêt de fournir de telles informations aux jeunes, d'autant plus que le coût pour la société serait aujourd'hui bien moindre que si ces mêmes personnes étaient emprisonnées à l'avenir.

Comme nous l'avons déjà mentionné, il faut un QI élevé pour réussir dans le monde des affaires, mais de nombreux dirigeants ont montré que leurs atouts sont également une bonne formation et un quotient d'intelligence émotionnelle élevé. De nombreuses personnes ont du mal à accepter l'importance de ce dernier.

Avoir dans son équipe quelqu'un qui a un QE développé signifie qu'il peut lire les émotions des autres et les aider à rester calmes. Il est également capable d'interagir avec ses collègues de manière attentionnée et compatissante. L'importance d'une intelligence émotionnelle élevée a diminué ces dernières années en raison des informations illimitées disponibles en temps réel sur Internet. Pourtant, elle est importante, car internet ne vous dit rien sur les émotions de vos collaborateurs, et vous ne connaîtrez donc jamais leurs points forts. Une bonne idée est d'organiser une réunion et d'observer qui se tait, qui parle, qui est mécontent et qui va au-delà de ses obligations.

Un quotient émotionnel élevé renforce votre perspective en tant que manager et vous permet de former individuellement les collaborateurs et d'exploiter pleinement leur potentiel. De cette manière, vous pouvez également exclure ceux qui pourraient représenter une menace pour la réalisation des objectifs de l'entreprise.

Il vous aidera également à connaître vos forces et vos faiblesses émotionnelles, une compétence importante que vous devriez utiliser dans tous les domaines de votre vie. Un leader doit comprendre comment classer le comportement des autres, mais aussi le sien, et comprendre comment les autres le voient.

Si le directeur d'une entreprise s'adresse à ses collaborateurs de manière intimidante, ils ne seront jamais ouverts envers lui et il ne sera jamais capable de découvrir leurs opinions et leurs problèmes au travail. En revanche, l'utilisation de l'intelligence émotionnelle ouvre un dialogue rationnel et conscient. C'est pourquoi il est important de travailler sur soi-même, dans le but de pouvoir communiquer avec les autres.

L'un des avantages de l'intelligence émotionnelle par rapport au QI est la socialisation - la capacité à interagir avec les autres - qui est essentielle pour la réussite à long terme. C'est pourquoi l'intelligence émotionnelle est d'ores et déjà une compétence clé dans la vie professionnelle.

Dans la plupart des cas, les esprits les plus brillants n'ont aucune idée de la manière de parler aux autres ; parallèlement à cela, il y a très peu d'introvertis à la tête des entreprises du Fortune 500. Cela s'explique par le fait que les dirigeants doivent communiquer efficacement et sortir de leur zone de confort émotionnel.

Être sociable et aborder les aspects émotionnels d'un emploi montre que vous prenez votre travail au sérieux. De plus, vous voulez que les autres vous aperçoivent comme soutenant et se sentent à l'aise. En tant que leader, vous devez sortir de votre bureau et avoir des conversations humaines avec vos collègues afin de leur remonter le moral et améliorer leur engagement.

Pour être un bon leader, vous devez à la fois utiliser votre QI et votre quotient émotionnel. Ce dernier vous permet de vous concentrer sur l'empathie en toute situation et sur la façon dont les gens se sentent vraiment, ce qui vous permettra de progresser dans le monde des affaires.

Chapitre 4 - Qu'est-ce que la thérapie cognitivo- comportementale ?

La thérapie cognitivo-comportementale est un traitement psychologique axé sur la compréhension des problèmes : elle vise à aider les personnes à comprendre les sentiments et les pensées qui influencent leur comportement. Son abréviation est TCC (*thérapie cognitivo- comportementale*) et elle est également employée à traiter un certain nombre de troubles et de phobies.

En règle générale, elle n'est pas de longue durée et se concentre sur le soutien des personnes ayant des problèmes spécifiques. Pendant le traitement, les patients apprennent non seulement à identifier et à comprendre leurs attitudes destructrices ou négatives, mais aussi à les modifier.

L'autre concept de la thérapie cognitivo-comportementale est que nos pensées et nos sentiments jouent un rôle important dans notre comportement. Par exemple, si une personne passe beaucoup de temps à penser qu'un voyage en avion pourrait se terminer de manière horrible, elle l'évitera donc.

Ces derniers temps, ce traitement est très bien accueilli par les professionnels et le grand public, et il est demandé car il ne nécessite pas de trop longs déplacements et est relativement peu coûteux.

La TCC aide les personnes à examiner les pensées négatives et les raisons scientifiques qui les sous-tendent, ce qui leur permet de les considérer de manière plus réaliste et de comprendre leur impact sur l'état mental.

Elle est utile pour :

- La reconnaissance des symptômes d'une maladie mentale ;
- La prévention des rechutes en cas de problèmes psychiques antérieurs ;
- L'apprentissage de techniques pour faire face aux situations stressantes de la vie ;
- Le traitement d'un trouble psychique (par exemple les troubles anxieux) lorsqu'aucun médicament n'est disponible ;
- L'apprentissage de méthodes pour gérer ses émotions ;
- La résolution de conflits dans ses propres relations et la recherche de meilleures possibilités de communication avec les autres ;
- La gestion du deuil, de la perte, du traumatisme émotionnel lié à la violence ou à l'abus ;
- La gestion d'une maladie, voire la gestion de ses symptômes physiques et psychologiques.

Les troubles psychiques qui peuvent s'améliorer grâce à ce type de psychothérapie sont entre autres :

- Les troubles alimentaires de toutes sortes
- Le trouble obsessionnel-compulsif (TOC - *Obsessive Compulsive Disorder*)
- La consommation de drogues
- L'anxiété
- L'ESPT (*état de stress post-traumatique*)
- Dépression

Dans certains cas, la TCC est plus efficace lorsqu'elle est combinée à d'autres formes de traitement. Pendant la thérapie, vous pleurerez peut-être souvent, mais c'est normal, car vous explorerez des sentiments, des expériences et des émotions qui vous ont fait vous sentir mal. Vous vous sentirez peut-être aussi mal à l'aise et physiquement épuisé, mais vous n'aurez pas à craindre de dommages permanents.

Vous devez d'abord trouver un thérapeute, puis vous renseigner sur les coûts, et enfin évaluer vos préoccupations. Lorsque vous choisissez votre professionnel de santé mentale, vérifiez ses antécédents, sa formation universitaire, sa spécialité, sa certification et son accréditation. Assurez-vous également de vérifier:

- Son approche à votre égard ;
- Les objectifs qu'il/elle a fixés pour vous ;
- La durée et le nombre de séances ;
- Le type de méthode choisi.

Le traitement peut être effectué de différentes manières : avec des personnes qui vous sont proches, en groupe ou seul. Vous devez discuter avec votre thérapeute du type de traitement qui vous convient le mieux.

Votre thérapeute voudra que vous parliez de ce que vous ressentez et de ce que vous pensez. Si vous constatez que cela vous pose un problème, ne vous inquiétez pas : c'est normal et il peut vous aider à gérer vos émotions de manière saine en vous amenant à vous fixer des objectifs et en vous encourageant à prendre des mesures pour les atteindre.

Dans la plupart des cas, la TCC se compose des étapes suivantes :

- La détection des problèmes ;
- La prise de conscience de vos pensées, croyances et sentiments par rapport à ces difficultés ;
- La reconnaissance des pensées fausses ou négatives ;
- La transformation de la pensée susmentionnée.

La thérapie est de courte durée et peut généralement durer d'une poignée de séances à près de deux douzaines. Cela dépend de différents facteurs. Pour déterminer le nombre de séances, il faut tenir compte des facteurs suivants :

- Le type de trouble ou de situation dans lequel vous vous trouvez ;
- La gravité et la durée des symptômes ;
- La gestion de certaines situations publiques ;
- Les progrès du patient ;
- La façon dont vous vous sentez émotionnellement pendant les séances ;
- L'aide que vous recevez de votre famille et de vos proches en général.

Sauf circonstances très particulières, chaque entretien que vous avez avec votre thérapeute est absolument confidentiel. Il peut toutefois rompre le secret professionnel dans le cas où le patient :

- Menace de se blesser ou de se tuer ;
- Fait référence à la possibilité de blesser, d'attaquer ou de tuer une autre personne ;
- N'est pas capable de subvenir à ses besoins en toute sécurité.

Bien que la TCC soit efficace, elle ne peut pas résoudre complètement ces problèmes, mais elle peut vous permettre de mieux gérer votre situation, d'augmenter votre estime de soi et de vous sentir mieux en général.

Et comme il s'agit de travailler avec un spécialiste, vous devez être ouvert et honnête avec lui, sinon il ne pourra pas vous aider, malgré tout son bon-vouloir.

Vous devez également respecter le plan de traitement et les tâches à accomplir et ne pas vous attendre à voir des résultats dès le premier jour, car il faut de la patience et du temps.

Si vous trouvez que cette thérapie ne fonctionne pas et que vous n'en tirez pas profit, vous devez en discuter avec votre thérapeute afin de pouvoir éventuellement vous mettre d'accord sur une autre approche. Il n'y a aucun mal à cela, et le thérapeute sera prêt à trouver quelque chose qui fonctionnera mieux pour vous. Comme je l'ai déjà signalé, il est nécessaire d'être ouvert et honnête avec lui ou elle.
L'idée fondamentale de la TCC est que les patients développent des pensées ou des sentiments qui renforcent les croyances négatives à l'origine des problèmes dans leur vie. La thérapie leur permet de prendre conscience de ces pensées destructrices et d'utiliser différentes stratégies pour les surmonter et modifier leur comportement.
Si votre assurance couvre la psychothérapie ou la médecine comportementale, elle devrait couvrir la plupart (ou la totalité) des coûts de la thérapie TCC. Si vous payez de votre poche, le prix peut varier de la gratuité dans certaines cliniques à quelques centaines d'euros en cabinet privé.
Ce traitement psychologique vous permettra de développer des aptitudes et des compétences utiles tout au long de votre vie pour faire face à vos problèmes actuels et futurs. Cela signifie qu'il peut donner des résultats durables. Par exemple, cette thérapie peut soulager les symptômes du syndrome de fatigue chronique, une maladie qui était très peu connue il y a quelques années.

La TCC a une efficacité qui varie entre 60 et 90 %. Plus vous vous impliquerez dans le traitement, plus le taux de réussite sera élevé, ce n'est qu'en faisant des efforts que vous verrez des résultats.

Cependant, seuls 15 % des professionnels de la santé mentale sont formés à la *véritable* thérapie cognitivo-comportementale. Et parmi ceux-ci, seuls 12 % la pratiquent réellement.

Chapitre 5 - Techniques à appliquer

Ce chapitre aborde l'utilisation de différentes techniques pour augmenter l'intelligence émotionnelle.

L'autosuffisance

L'autosuffisance est la confiance d'une personne en sa capacité à agir avec certains comportements nécessaires à la performance. En termes simples, il s'agit de la capacité à exercer un contrôle sur des domaines de sa propre vie, tels que le comportement et l'environnement, qui influencent tous deux tous les types d'expériences, y compris vos objectifs et la quantité d'énergie que vous dépensez pour les atteindre.

Contrairement aux constructions établies en psychologie, l'auto-efficacité est une hypothèse comportementale et varie en fonction des conditions qui entourent l'événement ou le comportement.

La théorie a une influence considérable sur la recherche et la formation, ainsi que sur la pratique clinique dans ce domaine et dans celui de la psychologie de la santé. Cette approche a été appliquée aux domaines suivants :

- Le tabagisme ;
- L'addiction à l'alcool ;
- La nutrition ;
- Le sport ;
- La tolérance à la douleur ;
- L'autogestion d'une maladie chronique.

En plus de ces domaines, des études ont été menées sur toutes les utilisations possibles, y compris l'enseignement scolaire.

La confiance en soi

Une *saine confiance en soi* est utile pour :

- Maîtriser l'anxiété ;
- Surmonter les difficultés de la vie avec une plus grande confiance en soi ;
- Maintenir une attitude mentale positive.

Cette capacité, qui a aussi des aspects malsains, est généralement basée sur des situations que vous avez vécues dans le passé, et s'améliore à mesure que vous accumulez les succès. Elle vous permet d'améliorer vos performances et de surmonter les obstacles en acquérant les compétences nécessaires. Inversement, en manquer peut vous empêcher d'exploiter votre véritable potentiel ou de donner le meilleur de vous-même. Essayez de développer votre confiance en vous !

Un autre avantage de la confiance en soi est que l'on est plus satisfait de la qualité de son travail, que l'on peut nouer de meilleures relations et qu'il est beaucoup plus facile d'influencer les autres. Vous sentirez que vous avez une place dans le monde - un détail important pour l'esprit, le corps et l'âme. Cette prise de conscience peut être très gratifiante.

L'estime de soi est une qualité qui se développe pendant l'enfance. Dans ce domaine, les parents peuvent aider leurs enfants en les incitant à penser positivement à eux-mêmes, cela peut se faire par des félicitations ou d'autres encouragements positifs.

Ainsi, les enfants peuvent donner le meilleur d'eux-mêmes dans leurs études et prendre soin d'eux d'une manière beaucoup plus saine. Il en va de même pour les adolescents, qui prendront de meilleures décisions en ayant de plus en plus confiance en leurs propres capacités.

Un autre avantage de croire en soi est le soutien qu'il vous apporte dans les situations sociales ; vous vous sentirez à l'aise dans un environnement social, vous vous engagerez facilement dans des conversations et vous vous ferez de nouveaux amis. Sans avoir peur de l'effet que vous produisez sur les autres. Comme cette conscience vient de l'intérieur, vous saurez que vous ne devez pas vous fier à l'opinion des autres, de sorte que vous n'aurez pas à vous soucier d'être jugé et vous avancerez sans craindre d'être rejeté ou refusé.

Cette capacité offre un plus grand confort face à des obstacles inconnus, et les personnes qui la possèdent envisagent l'avenir avec optimisme. Elles n'ont pas peur du changement. De plus, elles ont tendance à attirer l'attention des autres par leur rayonnement positif.

En résumé, voici ce que vous pouvez faire avec une bonne estime de soi :

- Vous apprécier pour ce que vous êtes, indépendamment des erreurs que vous faites ou du type de travail que vous faites ou ne faites pas ;
- Vous sentir en paix avec soi-même ;
- Être assez courageux pour vous défendre ;
- Être assertif et convaincant ;
- Savoir que vous méritez le respect et l'amitié des autres ;
- Accepter tout en vous, y compris vos forces et vos faiblesses, afin de pouvoir les reconnaître.

Ce que la confiance en soi n'est pas :

- Poursuivre des attentes ou des normes irréalistes ;
- Croire que l'on est parfait ou penser que l'on devrait l'être ;
- Vivre une vie sans problèmes ni douleurs. Une pensée impossible et pas du tout saine, si l'on considère que c'est justement cette capacité qui aide à surmonter les obstacles.
- Imposer ses convictions sans se soucier des conséquences.

Si vous manquez de confiance en vous, vous pourriez ressentir les sentiments suivants :

- D'incertitude ;
- D'infériorité par rapport aux autres ;
- D'indignité ;
- D'apathie ;
- De manque de joie ;
- D'anxiété ;
- De dépression.

L'égoïsme ne doit pas être confondu avec l'estime de soi. Bien que ces deux caractéristiques semblent similaires, elles ne sont pas identiques. Cette dernière peut être définie comme l'auto-évaluation de l'efficacité personnelle, c'est-à-dire la conviction d'une personne qu'elle est capable d'accomplir quelque chose. Un égoïste se surestime.

La confiance en soi crée un sentiment de complétude, donne un sentiment de paix intérieure et assure un équilibre entre force et faiblesse. Vous pouvez également acquérir la capacité de créer une expérience heureuse, d'accepter vos faiblesses et d'être plus conscient de vos forces.

Comment améliorer la confiance en soi

Voici une liste de suggestions pour améliorer l'estime de soi.

1 - Le soleil peut littéralement illuminer votre journée.

Selon des études, un peu d'activité en plein air, ne serait-ce que cinq minutes, a un effet sur le psychisme. Offrez-vous une promenade pour vous rendre au bureau ou au travail, ou une petite balade à vélo. Si vous avez un animal de compagnie, vous pouvez le sortir régulièrement. Si vous n'avez pas accès à une de ces possibilités, installez-vous sur votre terrasse, votre balcon ou au moins près de la fenêtre ouverte.

2 - Arrêtez de transformer les choses positives en choses négatives, en particulier vos réussites.

Si vous avez accompli quelque chose de grand, vous devriez reconnaître vos réalisations et vous taper sur l'épaule. Appréciez vos réussites ! Ne restez pas coincé dans le piège de l'insatisfaction et mettez-vous au défi de pratiquer un mode de pensée plus positif, car cela vous aidera à mieux surmonter votre tendance à être critique envers vous-même.

3 - Apprendre à se vanter

La société nous enseigne qu'il faut éviter cela, car vous serez perçu comme quelqu'un d'orgueilleux. Mais parfois, vous devez briser cette règle, car il y a peut-être quelqu'un qui a besoin d'une personne avec les mêmes capacités que vous, et vous pourriez être son modèle. Il est important d'être fier de soi !

Donc, si vous entendez un avis positif sur quelque chose que vous avez fait, réjouissez-vous.

4- Réfléchissez à ce que vous dites.

Les personnes qui ont une grande confiance en elles ont tendance à éviter les détours et à adopter une attitude plus affirmée. Si vous apprenez à faire de même, vous vous sentirez plus sûr de vous, car vous vous aiderez à vous sentir ainsi. Attention : assertivité ne signifie pas agressivité.

5- Améliorez votre posture

Adoptez ce que l'on appelle la "power pose" : Pensez aux super-héros et à la façon dont ils se tiennent, puis levez la tête et redressez les épaules. De cette manière, vous pouvez augmenter votre confiance en vous de 40 % et vous sentir plus fort. Veillez simplement à ne pas avoir l'air agressif, mais plutôt sûr de vous.

6- Faites 3 listes : une sur ce que vous appréciez chez vous, une sur vos points forts et une sur vos réalisations. De cette façon, vous serez en mesure d'apprécier les compétences que vous avez ou ce que vous avez fait. Si vous n'arrivez pas à définir quoique ce soit pour ces listes, demandez à quelqu'un de vous aider, de préférence un membre de votre famille ou un ami, une personne qui vous connaît bien. En lisant régulièrement ce que vous avez écrit, vous vous sentirez vraiment bien.

7- Faites une pause de tout, en particulier des médias sociaux.

Ce n'est pas parce que la vie des autres semble parfaite sur ces plateformes qu'elle l'est réellement. Internet est plus une apparence qu'une réalité. Internet peut certes être un bon divertissement, mais peut également vous nuire si vous vous comparez constamment aux autres. N'oubliez jamais que les gens ont tendance à montrer la meilleure version d'eux-mêmes, même si elle ne correspond pas à la vraie.

L'abstinence des médias sociaux est une excellente occasion pour grandir personnellement et devenir plus conscient. Cela vous permettra également de comprendre que vous n'avez besoin de l'évaluation de personne d'autre que vous-même.

8- Soyez prêt et informez-vous.

L'un des moments les plus embarrassants de la vie est celui où l'on vous demande de faire un discours et que vous n'y êtes pas préparé. Repensez à un devoir d'école pour lequel vous n'étiez pas préparé : Vous étiez nerveux, stressé et honteux. De tels événements poussent de nombreuses personnes à quitter l'environnement dans lequel elles ont vécu de telles choses avec un sentiment de tristesse et de honte.

Pour éviter cela et renforcer votre estime de soi, vous devez vous informer le plus possible sur les sujets et les situations auxquels vous serez confrontés. La préparation est essentielle : pensez à la satisfaction que vous éprouverez lorsqu'on vous posera une question et que vous pourrez donner la réponse sans sourciller. Vous pouvez également aider les autres en partageant avec eux une information qui pourrait être importante.

9- Vivez selon vos propres valeurs.

La manière dont vous vous sentez face aux décisions que vous prenez peut contribuer à vous faire sentir bien. Il peut s'agir de garder le silence lorsque des collègues parlent à quelqu'un ou de dire non lorsque quelqu'un vous demande de tricher à un test ou de faire quelque chose d'autre de désagréable. Au lieu de faire quelque chose qui va à l'encontre de vos convictions, vous devriez vous en tenir à votre morale. Cela vous permettra de vous sentir mieux.

10- Souriez.

Vous avez certainement déjà entendu la phrase suivante : "Il faut deux fois plus de muscles pour froncer les sourcils que pour sourire". Des études ont montré que le sourire a effectivement un effet positif sur l'humeur, et il est conseillé de sourire même quand on n'en a pas envie, car il aide à retrouver la sérénité.

L'autodiscipline

La maîtrise de soi est une compétence vitale dans tous les domaines de la vie et une compétence que la plupart des gens prétendent connaître. On est conscient de son importance, mais rares sont ceux qui essaient de faire quelque chose pour l'améliorer.

Être capable de se donner des règles ne signifie pas être brusque avec soi-même, mais contrôler ses propres réactions et actions. Vous devez savoir vous réguler et rester fidèle à vos choix sans vous forcer à adopter un style de vie ridiculement limité et restrictif.

Si vous y parvenez, vous serez capable de tenir vos plans jusqu'à ce que vous ayez atteint les objectifs que vous vous êtes fixés.

Il vous aidera à surmonter les problèmes suivants :

- Les addictions, par exemple l'alcoolisme et le tabagisme ;

- La procrastination ;

- La capacité à renoncer au plaisir et à la récompense immédiats pour se concentrer sur la réalisation d'un objectif à long terme ;

- Des problèmes de santé, y compris les troubles alimentaires

L'autodiscipline est une force intérieure qui peut s'exprimer de différentes manières, entre autres :

- La persévérance ;

- La maîtrise de soi ;

- La résistance aux tentations et aux distractions ;

- La capacité à surmonter des échecs, petits ou grands ;

- La concentration sur l'objectif.

Nous rencontrons tous des obstacles dans notre vie, mais pour les surmonter, il faut s'armer de détermination et d'une bonne dose d'autodiscipline. La possession et l'application de cette dernière peuvent vous donner l'élan nécessaire. Au contraire, son manque peut entraîner de nombreuses conséquences désagréables, notamment :

- Des difficultés dans l'exécution des tâches ;

- Des complications relationnelles ;

- Des problèmes de santé et de poids ;

Ce que vous pouvez faire pour vous-même, c'est apprendre à faire du sport pour faire du bien à votre corps et développer des compétences que vous n'avez pas ou que vous souhaitez améliorer. Cela favorisera votre croissance spirituelle.

L'autodiscipline peut vous aider de la manière suivante :

- Tenir les promesses que vous faites à vous-même et aux autres ;

- Vaincre les comportements de procrastination et de paresse ;

- Adopter une alimentation saine ;

- Résister aux tentations ;

- Se réveiller plus facilement le matin ;

- Abandonner les habitudes négatives ;

- Se renforcer.

Si vous commencez à pratiquer l'autodiscipline dans votre vie, vous constaterez qu'il vous sera beaucoup plus facile d'atteindre vos objectifs, et que vous serez dans l'ensemble une personne plus heureuse.

Les pensées positives

Avoir une vision positive des choses change la perception de la réalité et réduit le stress. Cela ne signifie pas que l'on nie l'existence d'obstacles ou de difficultés, mais que l'on comprend que l'on a besoin d'une approche différente pour faire face aux situations.

Cette compétence vous aidera à bien parler de vous, en analysant les idées et les réflexions qui vous traversent votre esprit. Si ce sont des pensées négatives, ne vous inquiétez pas, car vous n'êtes pas le seul. Vous devez toutefois vous efforcer de les transformer en quelque chose de plus léger et de moins critique.

La pensée positive a de nombreux avantages pour la santé, notamment :

- Moins de dépression ;

- Un bien-être physique et psychique général ;

- Un risque de mortalité plus faible, avec moins de maladies cardiaques et une meilleure santé cardiovasculaire ;

- Une résistance au stress et aux difficultés ;

- Une durée de vie prolongée.

Une vision optimiste du monde vous permet de vous sentir mieux dans n'importe quelle situation, ce qui peut réduire les dégâts dans certaines situations. En outre, certaines études suggèrent que les personnes ayant une attitude positive ont tendance à vivre en meilleure santé et plus longtemps.

Si vous êtes pessimiste, vous avez très probablement une série de problèmes qui sont mis en avant par la pensée négative.

Normalement, il y a une difficulté de *filtrage*, c'est-à-dire que l'on s'assure que le négatif supplante tout le positif.

Un autre obstacle pourrait être la *personnalisation*, c'est-à-dire le fait de se sentir coupable pour les choses désagréables qui arrivent dans la vie. Cette tendance peut s'accentuer et se polariser jusqu'à ce que vous voyiez le monde de deux façons : tout ou rien - sans tenir compte du reste. Lorsque cela se produit, vous pouvez avoir le sentiment de devoir devenir ce que vous ne pouvez pas être (l'exemple le plus courant est de vouloir atteindre la perfection, qui est impossible parce qu'elle n'existe pas), ou vous vous persuadez que vous échouerez toujours (même si ce n'est pas vrai).

Si vous vous sous-estimez, cela signifie que vous vous attendez automatiquement au pire. Vous pouvez essayer de changer la situation en identifiant les pensées négatives et en prenant des petites mesures.

Conseils pour la pensée positive :

1 - Concentrez-vous sur un problème que vous voulez résoudre, puis envisagez-le d'une manière plus optimiste. Soyez ouvert à l'humour et souriez, car cela réduit le stress et vous ouvre de nouvelles perspectives.

2 - Évaluez chaque jour vos actions et réfléchissez à la manière dont vous pensez et agissez. C'est un bon moyen de comprendre si vos pensées tendent plutôt vers le positif ou le négatif.

3 - Adoptez un style de vie sain et entourez-vous de personnes positives. S'il n'est pas possible d'arrêter ou d'éliminer complètement les pensées négatives, vous pouvez néanmoins réduire leur nombre et leur durée.

4 - Faites du sport. Vous pouvez faire du sport presque tous les jours pendant une demi-heure et en tirer profit : Votre corps libère des endorphines lorsque vous faites du sport.

5- Faites en sorte que les personnes qui vous entourent vous donnent des conseils et des commentaires utiles. N'oubliez pas que les personnes négatives peuvent vous rendre malheureux et vous faire douter de vos capacités, y compris de votre capacité à vous aider vous-même. Essayez d'éviter que ces personnes n'affectent votre attitude positive, si vous le pouvez.

6- Changez votre façon de parler de vous et les mots que vous utilisez pour vous décrire. Essayez de créer un discours intérieur positif plutôt que négatif. Vous devriez vous parler de la même manière que vous aimeriez que les autres vous parlent. Pensez à votre mère ou à votre père : que vous disent-ils que vous ne voulez pas entendre ? Est-ce que vous le répétez devant vous ? Si oui, arrêtez immédiatement et adoptez une autre approche.

7- Soyez encourageant et bienveillant envers vous-même. L'autocompassion et le pardon sont importants : si une pensée négative vous traverse l'esprit, évaluez-la rationnellement et réagissez avec une attitude positive. Pensez aux choses pour lesquelles vous êtes reconnaissant dans la vie plutôt qu'à celles qui ne sont pas bonnes. Par exemple, si vous pensez : "Je suis nul dans cette activité", vous devez prendre la résolution de vous dire : "Je peux m'améliorer avec le temps".

Si vous avez tendance à être négatif, le changement ne se fera pas du jour au lendemain : Cela demande une pratique constante et il faut être patient.

Chapitre 6 - La différence entre les personnes qui réussissent et celles qui échouent, c'est une question d'habitudes et de discipline

Les caractéristiques des personnes qui n'ont pas réussi

Les personnes insatisfaites se distinguent à bien des égards des personnes qui réussissent examinons-en quelques aspects.

- Elles manquent d'un certain niveau de discipline.
  Il est toutefois possible de les acquérir, et leur absence n'est pas toujours due à la paresse, comme on le pense généralement : Parfois, c'est parce que l'on ne sait pas comment atteindre son objectif et que l'on ne dispose donc pas des connaissances nécessaires ou que l'on n'utilise pas suffisamment celles que l'on possède déjà.

- Elles ne voient pas le changement d'un bon œil et pensent que quelque chose peut toujours mal tourner.
  Elles perdent ainsi de bonnes occasions d'améliorer leur propre vie. De plus, elles jugent les opinions des autres, même si ceux-ci ne les demandent pas. Cela leur porte préjudice, ainsi qu'à leur entourage, car avec le temps, plus personne ne voudra exprimer son opinion sincère, surtout si elle n'est pas prise en compte.

- Elles pensent qu'elles méritent ce qu'elles reçoivent, comme si le monde avait une dette éternelle à leur égard.
  Elles évitent dès lors la gratitude parce qu'elles la considèrent à tort comme une faiblesse.

- Elles ont une fausse idée de la vie et la considèrent comme une compétition qu'elles doivent gagner.
  Si c'est le cas, elles réagissent très mal à la défaite. Elles refusent également de s'excuser parce qu'elles pensent ne pas en être capables et cela peut leur sembler être un échec ou une défaite lorsqu'elles doivent s'excuser.

- Elles critiquent tout, aiment critiquer et ne peuvent pas trouver de solutions.
  En même temps, elles amplifient chaque problème, ne profitent pas des occasions d'apprendre, se découragent et dépriment. La dépression est un véritable problème dont souffrent de nombreuses personnes et qui ne doit donc pas être prise à la légère. Comme il s'agit d'un trouble potentiellement grave, il faut éviter de se noyer dans des émotions négatives, car elles ne font qu'empirer les choses. De plus, au lieu de considérer leurs fautes comme une occasion d'apprendre et de s'améliorer, elles se découragent et ont tendance à abandonner trop tôt alors qu'elles ne le devraient pas.

Les caractéristiques des personnes qui réussissent

Les personnes qui réussissent ont les caractéristiques opposées à celles qui viennent d'être évoquées.

- Elles ont une conscience de soi très développée, qui découle de leur intelligence émotionnelle. Elles ont confiance en leur propre force et capacité à faire face à la vie, quoi qu'il arrive.

- Elles sont altruistes et ne travaillent pas uniquement pour atteindre leurs objectifs personnels : elles ont le sens de la responsabilité personnelle et assument la responsabilité de leurs actes. Elles n'essaient pas de cacher leurs erreurs et ne se laissent pas aller à des sentiments négatifs, car elles savent qu'elles doivent se pardonner pour aller de l'avant. Par conséquent, elles ont tendance à ne pas commettre deux fois la même erreur.

- Elles cherchent toujours à s'améliorer et à sortir de leur "zone de confort". Elles sont prêtes à prendre des risques, ou du moins savent que cela est nécessaire.

- Elles réfléchissent de manière positive à leurs échecs, se fixent des objectifs à court et à long terme pour rester motivées et ont une vision claire et réaliste de l'endroit où elles veulent aller.

- Elles considèrent le temps comme un bien précieux et ne remettent pas les tâches à plus tard, car cela n'est pas avantageux.

- Elles se posent des questions et analysent leurs sentiments et leurs émotions. En outre, elles possèdent une intelligence émotionnelle, c'est-à-dire qu'elles ne répriment pas leurs émotions, mais savent comment les gérer de manière saine. En effet, elles sont conscientes de la manière dont elles influencent leurs pensées et leurs actions. Elles savent ce qui peut conduire à des débordements émotionnels et comment ceux-ci peuvent aggraver les situations. Elles ont beaucoup de succès et sont très efficaces, mais en fin de compte, ils ne sont que des êtres humains, comme tout le monde.

- Elles savent dire non quand quelque chose n'est pas possible et acceptent que l'on progresse en disant oui à ce qui est prioritaire et en refusant ce qui ne l'est pas, parce qu'elles ne veulent pas se fatiguer inutilement.

- Elles ne se laissent pas aller à la critique intérieure. Vous savez qu'il est important de se pardonner et d'aller de l'avant sans se laisser démoraliser par le doute.

- Elles ont tendance à se concentrer sur le positif plutôt que sur le négatif. Si vous prêtez attention aux circonstances de votre vie, vous constaterez qu'il y a plus d'événements positifs que négatifs, mais il est facile de se concentrer sur ces derniers lorsque nous sommes entourés par les mauvaises personnes. Les personnes qui réussissent remarquent les bonnes choses dans leur environnement et s'entourent de personnes qui apportent une valeur ajoutée à leur vie.

- Elles écoutent plus qu'elles ne parlent, elles ne cessent jamais d'apprendre parce qu'elles savent évaluer les situations et qu'elles se confrontent chaque jour à de nouvelles choses. Elles s'entourent également de personnes très intelligentes afin qu'elles puissent leur servir de modèles.

- Elles ne se laissent pas distraire de leur objectif final : elles savent ce qu'elles veulent et sont déterminées à l'atteindre.

- Elles sont autodisciplinées parce qu'elles sont conscientes de l'importance de cette capacité. Toutes les grandes réussites de la vie sont précédées de longues périodes d'efforts concentrés sur les objectifs les plus importants. L'autodiscipline est quelque chose qui peut être apprise, mais certaines personnes ont tendance à ne pas la pratiquer.

Comprendre les différences entre les personnes qui réussissent et celles qui échouent vous aidera à vous améliorer et à faire partie du premier groupe, car vous saurez alors par où commencer. Faites en sorte d'appliquer ces conseils dans votre vie quotidienne afin de développer de meilleures habitudes et d'atteindre vos objectifs.

Chapitre 7 - La discipline et le pouvoir des habitudes

En apprenant à adopter des habitudes saines et à atteindre l'autodiscipline, vous vous sentirez mieux, vous réduirez le stress et la frustration, vous améliorerez votre santé et votre confiance en vous.

Vous aurez également plus de succès en prenant de meilleures décisions et en augmentant votre productivité tout en gardant à l'esprit vos objectifs à long terme. Parfois, le succès est considéré comme une course de courte durée ; en réalité, c'est un long voyage qui doit être accompli avec constance. Les habitudes et la discipline ont des significations différentes, mais elles sont proportionnelles l'une à l'autre. Si vous êtes capable de travailler régulièrement sur quelque chose jusqu'à ce que cela fonctionne de manière optimale et que vous maintenez certains gestes suffisamment longtemps, ils feront partie de votre routine ou deviendront une habitude.

La force de la volonté

Une partie importante de la discipline est la volonté, qui est liée à la planification du temps. Si la première n'est pas présente, il est fort probable que vous repreniez de mauvaises habitudes et que la qualité de votre travail soit amenée à décroître. C'est pourquoi vous devez lui accorder un rôle décisif dans le déroulement de votre journée.

La volonté vous soutiendra, même sans y penser, tout comme la discipline et l'habitude. Cependant, il faut y consacrer du temps et être conscient qu'il ne s'agit pas d'une ressource infinie : Gardez-la pour les affaires dont vous avez le plus besoin et pour vos priorités.

Vous devez reconstruire votre force de volonté lorsqu'elle est faible et savoir comment la restaurer par vous-même. Faites attention à cela et assurez-vous d'en avoir toujours un minimum à disposition.

Il existe de nombreux facteurs qui contribuent au bonheur d'une personne, mais il n'y en a qu'un seul qui donne des résultats durables dans tous les domaines de la vie : La maîtrise de soi.

Des études ont montré que les personnes dotées de cette capacité peuvent gérer davantage de problèmes en accord avec leurs objectifs, ce que l'on appelle des "objectifs en conflit". Elles passent moins de temps à se disputer pour savoir si elles doivent se permettre d'adopter des comportements nocifs pour leur santé et sont plus susceptibles de prendre des décisions rationnelles et éclairées.

Il s'agit d'une compétence qui peut être apprise, mais qui nécessite un effort constant et du temps pour l'acquérir. Elle vous permettra d'être plus libre et de prendre de meilleures décisions, plutôt que de vous fier uniquement à vos émotions et à votre impulsivité.

Techniques pour la discipline - premiers conseils

Le premier thème abordé est celui des techniques disciplinaires, nous allons donc en examiner quelques-unes.

1- Éliminez les tentations.

Veillez à ce que votre lieu de travail soit propre et éteignez votre téléphone portable. Ne le rallumez que lorsque vous avez terminé votre tâche, ou bien téléchargez une application qui désactive toutes les notifications des réseaux sociaux.

2- Mangez sainement.

De nombreuses études ont montré qu'un faible taux de glycémie nuit à la prise de décision, car la concentration diminue. Cela vous rend également nerveux. Adoptez une alimentation saine et prenez des collations tout au long de la journée.

3- Soyez conscient de vous-même.

Cela ne signifie pas que vous devez être trop dur avec vous-même ou faire des changements trop rapides ou radicaux. Au contraire, vous devez vous accorder une marge de manœuvre suffisante, sans quoi vous échouerez et reprendrez vos anciennes habitudes. Vous devez comprendre et accepter que les revers existent et que les échecs font partie de la vie. Vous ne pouvez pas relever un défi si vous n'avez pas de marge de manœuvre : Si vous procédez ainsi, vous voudrez très probablement abandonner avant même d'avoir commencé, parce que vous aurez l'impression de vous être levé du pied gauche, alors qu'en réalité les choses sont différentes. L'échec arrive, mais il n'est pas définitif, il faut juste toujours se reprendre et continuer.

4-   Prévoyez des pauses et récompensez-vous.

C'est une façon de se motiver, car nous vivons dans une société qui aime les récompenses immédiates. Avec le temps, votre volonté s'affaiblit et vous êtes impatient d'arrêter pour obtenir votre récompense. C'est parce que vous en voulez encore plus.

5-   Changez votre quotidien en bousculant votre routine.

Au début, ce sera un défi qui déclenchera peut-être un conflit intérieur. Des études ont montré que les habitudes sont une zone du cerveau différente de la partie liée aux émotions. Cela mérite d'être mentionné, car les décisions sont également prises séparément. Ainsi, lorsqu'un comportement devient une habitude, nous enclenchons le pilote automatique parce qu'une autre partie du cerveau est impliquée.

Pour se débarrasser d'une mauvaise habitude, il faut plus qu'une simple décision : Votre cerveau résistera à un changement en faveur de l'habitude, et il faudra plusieurs semaines avant qu'elle ne devienne normale.

6-   Pardonnez-vous.

L'autocompassion et le pardon de soi, par opposition à l'auto-sabotage et à la noyade dans les émotions négatives, font partie des meilleurs outils que vous puissiez utiliser. Le changement de votre façon de penser ne se déroulera pas toujours comme vous l'avez prévu, car il y aura des hauts et des bas, mais c'est normal, et vous devez continuer et laisser les échecs derrière vous.

Il est facile de se laisser prendre au piège de l'abattement, de la frustration ou de la culpabilité, mais ces émotions ne vous aideront pas à atteindre les objectifs que vous vous êtes fixés. Considérez plutôt les échecs comme faisant partie de votre plan ou comme une opportunité d'apprentissage.

Changer les habitudes

Maintenant que nous avons vu l'importance de la discipline pour changer de vie, il est temps de comprendre comment changer ses habitudes.

Dans de nombreux cas, on ne les choisit pas, mais on retombe dans ce que l'on faisait avant, et cela peut avoir des conséquences négatives sur la santé et le travail.

La première chose à faire est de redéfinir des termes comme "devoir".

Dans une journée type, il y a beaucoup de choses que vous pensez devoir faire, ce n'est pas vraiment le cas. Le café est un bon exemple de ce concept : vous pensez en avoir besoin tous les matins, donc vous en buvez au moins une gorgée. Le fait est qu'un jour, vous avez décidé d'en boire, vous l'avez aimé et à partir de là, vous avez décidé de continuer à en consommer. Vous êtes convaincu que vous ne pouvez pas vivre sans lui, mais ce n'est pas vrai.

Il en va de même pour certaines activités non obligatoires que vous effectuez pendant votre journée de travail ou à la maison : elles peuvent être supprimées ou réduites.

Chaque habitude est basée sur un cycle des 3 éléments suivants :

- le *mot-clé*, c'est-à-dire votre motivation presque instinctive. Votre cerveau se met ainsi en pilote automatique et la *routine* commence ;

- la *récompense*, qui n'est pas si facile à reconnaître. C'est peut-être le bonheur qui s'installe lorsque vous savez que vous avez accompli une tâche. Vous devez travailler dur pour déterminer quelle est votre récompense et si elle est satisfaisante. Pour changer une habitude, il faut que cela reste ainsi. Vous ne devez pas la renier, mais simplement l'atteindre d'une manière plus positive.

Un exemple d'habitude (et *de mot-clé*) est que la première chose que vous faites au réveil est de vérifier vos courriels, car vous voulez savoir immédiatement si quelque chose s'est passé pendant la nuit, sans être dérangé par autre chose. Vous devez cependant trouver une autre tactique pour rester informé, vous pouvez parler aux gens, vous informer vous-même de la situation ou appeler. Bien entendu, cela ne fonctionne pas si votre équipe est dispersée aux quatre coins du monde : Dans ce cas, vous devez créer un compte de messagerie séparé, destiné à un seul usage : les urgences. Lorsqu'une urgence survient, vous savez s'il s'agit d'un cas grave ou non, et vous êtes prêt à le gérer et à le résoudre sans être dispersé par d'autres événements.

Une autre possibilité qui peut être utile est d'écrire le cycle d'une habitude.

Cela pourrait ressembler à ceci : Lorsque le signal X arrive, la routine Y est activée parce qu'elle offre la récompense Z. Dans le cas d'une urgence par courriel, cela peut se présenter comme suit : Arriver sur le lieu de travail (mot-clé), faire le point sur la situation avec les collaborateurs (routine), afin de s'occuper immédiatement des éventuels problèmes d'urgence (récompense).

Si cela se produit un certain nombre de fois, vous n'aurez plus besoin d'y penser beaucoup, car cela se fera automatiquement. Petit à petit, vous éliminerez toutes les mauvaises habitudes de votre vie et les remplacerez par de bonnes. Si vous appliquez ces conseils à chacune des habitudes que vous souhaitez changer, tout sera beaucoup plus facile à gérer, moins stressant, et vous constaterez que vous pouvez vous comporter de manière beaucoup plus autodisciplinée.

Chapitre 8 - Méthodes pour maîtriser l'autodiscipline

L'autodiscipline est considérée comme difficile à intégrer, mais les résultats de diverses études ont démontré que cette apprentissage en valait la peine : ceux qui en possèdent sont plus heureux, prennent de meilleures décisions plus facilement, et ne se laissent pas guider par leurs émotions.

Vous trouverez ici quelques conseils pour acquérir de l'autodiscipline et maîtriser vos habitudes.

1- Identifiez vos faiblesses
Ex : manger trop de malbouffe, passer trop de temps sur les réseaux sociaux, etc.
Acceptez le fait que vous avez des faiblesses, quelles qu'elles soient. Dans de nombreux cas, les gens tentent de les ignorer ou de les cacher, mais cela ne fait que à perpétuer un comportement malsain. Vous ne pouvez pas surmonter un problème sans d'abord l'affronter.

2- Adoptez un mode de vie sain et une alimentation équilibrée.
Lorsque l'on a trop faim, on se met en colère, on devient irritable, grincheux et pessimiste. Un faible taux de sucre peut affaiblir la volonté et la capacité de concentration d'une personne, un autre effet secondaire est que votre cerveau ne fonctionne pas comme il le devrait. Pour éviter ces problèmes, il convient de consommer régulièrement des collations et des repas sains.

3- Éliminez les tentations.
Avez-vous déjà entendu l'expression "Loin des yeux, loin du cœur" ? C'est un très bon conseil, car l'absence de distractions favorise la concentration.

4- Développez l'art de garder les choses simples et de créer de nouvelles habitudes.
Cela peut être décourageant, car cela demande du temps et des efforts constants. Toutefois, si vous rencontrez une tâche complexe, il est conseillé de la subdiviser et de l'aborder progressivement, car vous risquez de vous sentir intimidé ou dépassé.

Par exemple, si vous voulez être en forme, faites une vingtaine de minutes de sport par jour ; si vous voulez mieux dormir, vous pouvez vous coucher trente minutes plus tôt ; si vous voulez améliorer votre santé, préparez vos repas la veille afin qu'ils soient prêts le lendemain matin.

5- Vous devez comprendre que l'autodiscipline n'est pas innée, mais qu'il s'agit d'un comportement appris et qu'elle nécessite donc un effort conscient et constant. La raison en est que vous serez tenté de prendre de grandes décisions et que plus elles seront difficiles, plus il sera compliqué d'y faire face.

6- Fixez-vous des objectifs clairs et établissez un plan solide.
Vous devez avoir une idée claire et précise de ce que vous voulez accomplir - sinon, il vous sera difficile d'atteindre vos objectifs à long terme. Vous devez savoir exactement qui vous êtes, ce que vous représentez et ce que vous faites.

7- Changez votre perception de la volonté.
La force de ce pouvoir dépend de ce en quoi vous croyez : si vous pensez que vous n'avez aucune motivation, vous aurez du mal à surmonter les obstacles sur votre chemin, alors que si vous ne vous fixez aucune limite et que vous vous dites que vous êtes capable de tout, vous obtiendrez de meilleurs résultats et aurez aussi plus d'énergie.

Cela signifie que nos pensées dépendent de notre volonté, et votre contrôle vous indiquera le niveau de volonté dont vous disposez.

8- Offrez-vous une récompense lorsque vous accomplissez votre tâche.
Cela vous motivera à faire mieux. De nombreux parents adoptent ce comportement avec leurs enfants, car l'anticipation d'une récompense est un moyen très efficace pour arriver à se concentrer sur l'objectif que l'on souhaite atteindre. Cela permet même de réduire le temps nécessaire à l'accomplissement d'une tâche.

9- Planifiez un plan d'urgence.
Si vous avez déjà entendu parler de l'*intention de mise en œuvre*, vous savez qu'il s'agit d'un outil efficace à avoir dans votre arsenal. Elle consiste à se donner une stratégie pour faire face à une situation particulière qui est en train de se produire dans le présent ou qui a de fortes chances de se produire dans le futur. Elle est activée par un signal qui déclenche une réaction comportementale. Par exemple : si j'ai bien dîné, je peux me reposer en rentrant chez moi. Le signal est le "*si*", la réaction comportementale est le "*alors*". *Si* je fais ceci, *alors* je fais cela ! C'est la façon de suivre cette méthodologie.

Avoir un plan vous aide à vous concentrer sur l'essentiel et vous met dans le bon état d'esprit pour faire face aux circonstances qui se présentent. De plus, vous n'avez pas à prendre de décisions sur la base de vos émotions, cela vous évitera alors de prendre des décisions irrationnelles et de faire des erreurs.

10 - Apprenez à vous pardonner

L'autocompassion est un facteur important qui peut influencer tout à la fois vos intentions et vos projets. Il faut accepter de ne pas toujours être à la hauteur de la situation, mais il faut aller de l'avant, plutôt que de se bloquer et rester bloqué dans une situation. Dans la vie, il y a des hauts et des bas, on échoue et on gagne, c'est normal. Ne vous laissez pas abattre par les revers ou les échecs. Si vous trébuchez, admettez la cause de votre chute et relevez-vous.

Ne vous concentrez pas sur les émotions négatives, car cela ne ferait qu'empirer votre état. Vous avez fait de grands progrès, alors apprenez de vos erreurs. N'oubliez pas que nous tombons tous, mais que la différence réside dans la manière dont nous nous remettons sur pied.

Chapitre 9 - La différence entre le QI et le QE quotient émotionnel

Malgré de nombreux progrès, la recherche n'a pas encore apporté de réponse à un débat persistant : Qu'est-ce qui est le plus important : le QE ou le QI ?

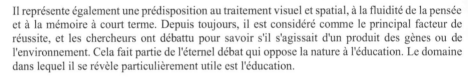

Leur seul point commun est qu'ils sont mesurés à l'aide de tests standardisés. Ce chapitre se concentre principalement sur les différences entre les deux et sur leur utilité dans la vie personnelle et professionnelle.

Le QI (quotient intellectuel) représente la capacité d'une personne à penser de manière logique. Il s'agit d'une capacité innée, qui comprend également la capacité à mettre en œuvre et à comprendre des connaissances et à penser de manière abstraite.

Il représente également une prédisposition au traitement visuel et spatial, à la fluidité de la pensée et à la mémoire à court terme. Depuis toujours, il est considéré comme le principal facteur de réussite, et les chercheurs ont débattu pour savoir s'il s'agissait d'un produit des gènes ou de l'environnement. Cela fait partie de l'éternel débat qui oppose la nature à l'éducation. Le domaine dans lequel il se révèle particulièrement utile est l'éducation.

Les personnes ayant un QI élevé ont un bon esprit, peuvent résoudre des problèmes et gérer des défis intellectuels. Elles réussissent très bien dans les affaires et dans d'autres domaines qu'elles peuvent poursuivre de leur propre chef.

L'intelligence émotionnelle est une capacité apprise (c'est-à-dire non présente à la naissance) qui permet de comprendre et de contrôler l'expression de ses propres émotions.

Elle joue également un rôle important dans la perception des sentiments des autres, un aspect qui permet une communication plus efficace avec les collègues, les amis, la famille et le partenaire. C'est pourquoi on dit qu'elle apporte plus de succès dans la vie en général et qu'elle est également très demandée dans le monde des affaires.

Les personnes ayant un quotient émotionnel (QE) élevé sont de grands leaders et de bons managers, car elles comprennent les sentiments de leur équipe, gèrent mieux leurs collaborateurs et réalisent leur potentiel. Elles sont capables d'aider d'autres personnes ayant des problèmes sociaux et les influencer positivement.

L'intelligence émotionnelle peut vous aider dans les situations de stress ou de crise, ce qui est un avantage aussi bien dans la vie privée que dans la vie professionnelle. Elle vous permet de ne pas vous laisser submerger ou abattre, mais de conserver une pensée équilibrée.

En résumé, le quotient émotionnel mesure les compétences sociales et émotionnelles, tandis que le quotient intellectuel évalue le potentiel académique d'une personne et d'autres facteurs.

Ces deux quotients sont évalués à l'aide d'un test standardisé et vous permettent de connaître vos propres émotions et celles des autres de différentes manières. Ils sont utiles dans le monde du travail, il sont des compétences très recherchées.

Cependant, votre QI détermine votre compétence par rapport à certaines aptitudes, tandis que votre QE détermine la manière dont vous interagissez et communiquez avec les autres au quotidien.

Aucun de ces deux quotients ne semble être en mesure de modifier l'intelligence ou la capacité de réflexion d'une personne. Des études discutent de ce sujet depuis des années. L'une des thèses est qu'en tant qu'enfant, on apprend à un certain rythme et on dispose d'un certain niveau de connaissances, tandis qu'en grandissant, on acquiert davantage de connaissances et on a la capacité d'en apprendre davantage.

La bonne nouvelle, c'est que chacun peut acquérir des connaissances et une culture et apprendre à maîtriser ses émotions.

On ne sait pas encore quel est le meilleur élément pour réussir, mais il est clair qu'il s'agit d'une "recette" complexe qui fait appel aux deux intelligences : à la fois émotionnelle et intellectuelle.

Chapitre 10 - La découverte du quotient émotionnel par Daniel Goleman

Dans les chapitres précédents, nous avons discuté de l'importance de l'intelligence émotionnelle, de son utilité dans la vie personnelle et professionnelle et du fait qu'il s'agit d'une compétence très recherchée.

Il a été néanmoins constaté que nous manquons encore de connaissances et de réponses à ce sujet.

Au cours de la dernière décennie du 20ème siècle, un homme a fait avancer la recherche de manière significative : il s'agit de Daniel Goleman. Ce journaliste scientifique du New York Times avait lu dans une petite revue académique un article qui avait été rédigé par deux psychologues et dans lequel ils présentaient la première formulation d'un concept appelé "intelligence émotionnelle".

C'était la première fois que cette capacité était nommée et décrite de cette manière. Jusqu'alors, les études avaient toujours considéré l'intelligence et les émotions comme deux choses distinctes, et c'était aussi l'époque où un QI élevé était la mesure incontestée de l'excellence.

Daniel Goleman a remis cette vision des choses en question, estimant qu'il y avait davantage derrière que ce qui était visible en surface. Le débat sur le QI tournait autour de la question de savoir s'il était inscrit dans nos gènes ou s'il s'agissait d'un facteur basé sur l'expérience. Mais soudain, une nouvelle façon de penser la réussite dans la vie et la manière de l'atteindre a vu le jour. Fasciné par cette idée, Goleman a écrit cinq ans plus tard un livre dans lequel il a utilisé le terme "intelligence émotionnelle" pour résumer un large éventail de connaissances scientifiques et rassembler ce qui avait été découvert auparavant dans des domaines de recherche distincts. Il a ainsi passé en revue non seulement leurs théories, mais aussi une multitude d'autres développements scientifiques qui seront passionnants pour les générations futures. Il s'agissait des premiers fruits du champ fertile des neurosciences affectives, qui étudient la manière dont les émotions sont régulées dans le cerveau.

Goleman a réussi à diffuser le concept plus largement qu'il ne l'aurait imaginé et aujourd'hui, les termes d'"intelligence émotionnelle" et de "quotient émotionnel" sont omniprésents et apparaissent dans des situations hautement improbables : des bandes dessinées aux journaux, en passant par les magasins de jouets.

Les jeux visant à accroître l'intelligence émotionnelle sont très populaires de nos jours, et certaines personnes utilisent même ce concept sur les sites de rencontre. Il est également apparu dans le langage des doctorants, des étudiants universitaires, des pédagogues et des conseillers d'entreprise.

De nos jours, les entreprises recherchent des personnes possédant cette compétence, mettent en place des programmes dans lesquels elle est enseignée, et en font une condition préalable au programme scolaire dans de nombreuses régions des États-Unis.

On a découvert que l'apprentissage social et émotionnel passe par la formation de la pensée des jeunes et par ce que nous nous approprions dans l'éducation.

Goleman a déclaré que l'une des meilleures choses qu'il avait observées était l'impact de ce type d'intelligence en dehors de la science, notamment dans les domaines où les gens apprennent à diriger les autres et dans les entreprises en développement, où elle est depuis longtemps considérée comme une forme d'éducation des adultes.

Il existe désormais des informations concrètes et solides sur l'intelligence émotionnelle : loin d'être en vogue, elle a prouvé son efficacité et son utilité. Les entreprises du monde entier l'étudient régulièrement afin de favoriser le recrutement et développer les compétences de leurs équipes.

La recherche sur ce sujet a ouvert la voie à de nouvelles études et collaborations scientifiques, et a suscité un intérêt qui a dépassé les attentes les plus audacieuses de Goleman.

Chapitre 11 - 9 méthodes pour développer votre QE

L'importance de l'intelligence émotionnelle continue de croître sur tous les lieux de travail et dans la vie en général. Elle n'est pas un phénomène de mode et les statistiques montrent que les employés possédant cette capacité sont sans aucun doute capables d'influencer positivement les bénéfices de la compagnie. Dans un monde compétitif, le développement de cette intelligence est essentiel à votre réussite professionnelle.

C'est pourquoi vous trouverez ici dix points pour les développer :

- Réfléchissez à vos réactions plutôt que de réagir directement aux conflits. Restez calme.
- Les débordements émotionnels et les sentiments de colère ne sont pas rares face aux disputes et aux situations de stress, mais elles peuvent aussi vous mettre en difficulté, alors essayez de rester calme, de ne pas prendre de décisions impulsives et de trouver une solution au problème. Vous devez être capable de prendre des décisions conscientes et de vérifier que vos paroles et vos actions sont en accord avec celles-ci.
- Communiquez d'une façon confiante inspirera le respect sans être trop passif ou trop agressif. Un juste milieu est préférable.
- Vous devez rester au centre. Apprenez à communiquer votre opinion et vos besoins de manière efficace et directe, tout en respectant les autres.
- Restez motivé.
- Ainsi, vous serez également en mesure de motiver les autres. Soyez flexibles face aux défis et fixez-vous vos propres objectifs.
- Utilisez la capacité d'écoute active et appliquez-la dans les conversations : Vous ne devez pas seulement faire attention à ce qu'une personne vous dit, mais aussi à comprendre son point de vue avant de répondre.
- Mettez toute votre énergie à comprendre le mieux possible la conversation, en prêtant également attention aux détails non verbaux et au langage corporel. Vos interlocuteurs se sentiront respectés et les malentendus et mécontentements seront évités.
- Ayez une attitude positive et soyez sûr de vous, mais pas égocentrique.
- Ces deux éléments influencent votre comportement et celui des personnes qui vous entourent. Découvrez ce qui vous met de bonne humeur et faites-le : prenez un bon petit-déjeuner, priez, mettez des citations positives sur votre bureau.
- Apprenez à vous mettre à la place des autres.
- Il s'agit d'une capacité qui fait preuve de force émotionnelle et qui peut contribuer à ce que les gens entrent en relation les uns avec les autres à un niveau humain fondamental, ouvrant ainsi la porte au respect mutuel, même en cas d'opinions divergentes et de situations stressantes.
- Acceptez les critiques.
- Au lieu de vous défendre ou de vous rabaisser, prenez quelques minutes pour comprendre l'objectif du commentaire. Dans la plupart des cas, il n'est pas destiné à vous nuire, mais à vous aider. La manière dont vous interprétez le jugement a un impact sur les autres et leurs performances, tout comme sur les vôtres. Résolvez les problèmes de manière constructive, sans vous laisser contrôler ou décourager par les opinions des autres, utilisez-les comme une incitation à vous améliorer.
- Les qualités de leadership sont également importantes.
- Soyez un modèle pour les autres. Prenez l'initiative et développez des compétences en matière de prise de décision et de résolution de problèmes. Cela permet d'atteindre un niveau de performance plus élevé.
- Soyez sociable et serviable.
- Souriez, envoyez une image positive, utilisez des compétences sociales appropriées en fonction de la relation que vous avez avec vos proches. Communiquez de manière claire, à la fois verbalement et non verbalement.

Certaines personnes ont plus de facilité à développer l'intelligence émotionnelle, mais tout le monde peut l'acquérir en s'entraînant à être plus conscient de soi-même et de la manière dont on interagit avec les autres. Si vous appliquez ces méthodes, vous êtes déjà sur la bonne voie !

Chapitre 12 - Autres faits sur l'intelligence émotionnelle

Il existe de nombreux autres faits intéressants sur le QE que beaucoup de gens ignorent C'est bien d'apprendre à les connaître, en voici donc quelques exemples.

L'intelligence émotionnelle commence en fait par ce que beaucoup de gens appellent la conscience sociale et la conscience de soi. La capacité à reconnaître les émotions des autres est importante, mais il faut d'abord reconnaître les siennes, ainsi que ses propres forces et faiblesses.

Les pauses sont importantes. Il est important de prendre une minute pour réfléchir : Cela vous évitera de faire des promesses que vous ne pourrez pas tenir et vous préservera de moments qui pourraient vous exposer à la réactivité. En d'autres termes, vous arrêter vous évitera de prendre une décision durable sur la base d'un sentiment passager.

L'intelligence émotionnelle vous aide également à contrôler les pensées qui vous traversent l'esprit. Vous ne pouvez pas contrôler totalement les différentes émotions que vous ressentez en réaction, mais vous pouvez apprendre à les gérer.

Personne n'aime être critiqué, mais si l'on est capable d'utiliser la critique comme une occasion d'apprendre, on peut s'aider soi-même en comprenant la façon de penser des autres.

Être authentique ne signifie pas partager toutes ses pensées, mais exprimer son opinion et s'en tenir à ses principes, quoi qu'il arrive. Souvent, quelqu'un tentera d'étouffer vos convictions : il est important de ne pas le tolérer et de veiller à ce que votre système de valeurs soit fort. Savoir qui vous êtes et ce que vous défendez est une partie importante du QE. Si vous acceptez de tomber dans les pièges des autres, et que leurs émotions négatives déterminent votre vie, vous aurez du mal à faire face à la négativité. Pour cela, vous devez rester fidèle à vous-même et savoir que vous avez la force d'aller de l'avant et de rester fort.

Tout le monde n'appréciera pas tout ce que vous avez à dire et tout ce que vous partagez avec eux, mais les personnes qui comptent dans votre vie le feront. Tout le monde a besoin de se sentir reconnu et apprécié, alors faites de même pour ceux qui vous entourent. Vous êtes en mesure d'obtenir cette reconnaissance si les personnes qui vous entourent vous font confiance. C'est là qu'intervient l'intelligence émotionnelle, qui vous permet de vous concentrer sur ce qu'il y a de bon chez les autres et d'exprimer votre opinion sincère.

Un commentaire négatif peut blesser les sentiments d'autrui, mais si vous faites preuve d'empathie et que vous pratiquez l'intelligence émotionnelle, vous pouvez émettre une critique constructive qui sera perçue par le destinataire comme une incitation à l'amélioration.

Vous avez également la force et le courage de vous excuser, ce qui vous permet de faire preuve d'humilité, une qualité particulière qui vous rendra plus sympathique. Si vous vous excusez, cela ne signifie pas que vous avez fait quelque chose de mal, mais que vous accordez plus d'importance à votre relation ou à votre amitié qu'à votre propre ego.

La capacité à pardonner et à oublier est une autre caractéristique importante de l'intelligence émotionnelle.

Garder une rancune, c'est comme laisser une blessure ouverte : L'autre personne passera à autre chose, mais si vous ne lui pardonnez pas, vous vous refusez la possibilité de guérir et vous finirez par être le seul à souffrir. Pardonnez et oubliez, c'est la seule façon d'empêcher les autres d'emprisonner vos sentiments.

L'une des meilleures façons d'avoir un impact positif sur les personnes qui vous entourent est d'être serviable. Beaucoup de gens ne s'intéressent pas à ce que vous avez fait, mais à votre volonté d'aider. Si vous montrez votre volonté de soutenir et de coopérer, vous gagnerez en valeur à leurs yeux. De cette manière, vous deviendrez un leader dans votre famille, parmi vos amis et vos collègues.

L'intelligence émotionnelle, comme toute autre chose, peut avoir des côtés sombres : Parfois, les gens essaient de manipuler leurs émotions ou celles des autres pour atteindre leurs propres objectifs. Dans ce cas, votre QE vous permettra de vous protéger et de protéger vos proches.

Si vous êtes une personne émotionnellement intelligente, vous tenez les petites et grandes promesses que vous faites aux autres, et c'est pourquoi les gens ressentent votre honnêteté et votre fiabilité. Cela assurera votre succès professionnel, car vos collègues pourront compter sur vous.

Il s'avère que les compétences émotionnelles et sociales sont plus recherchées que le QI en raison de leur prestige et de leur succès dans le contexte professionnel. Heureusement, l'intelligence émotionnelle n'est pas une compétence innée, nous pouvons donc l'apprendre dès notre plus jeune âge.

Le QE nous permet de percevoir la souffrance des autres. Des études l'ont montré à travers un processus appelé "résonance agile".

Les émotions sont partout et nous pouvons ressentir celles des autres et inversement, puisque nous avons la capacité de les émettre. Que nous le voulions ou non, les émotions peuvent influencer toutes les décisions que nous prenons. Nous ne montrons peut-être pas au monde extérieur comment nous nous sentons, mais notre corps sécrète des hormones en fonction de ce que nous ressentons : Si vous modifiez votre corps, vous pouvez également modifier vos émotions, grâce à un processus appelé *plasticité*.

Les émotions sont des signaux électrochimiques qui nous traversent en boucle. Le cerveau de chacun les interprète différemment, certaines personnes peuvent ressentir une multitude d'émotions par rapport à des situations historiques, mais ne rien ressentir du tout lorsqu'il s'agit de quelque chose de fondamental pour leur santé et leur bien-être quotidiens, tel qu'une partie blessée du corps.

Il existe 8 émotions de base :

- Le dégoût ;

- La peur ;

- La tristesse ;

- La joie ;

- La surprise ;

- La confiance ;

- La colère ;

- L'anticipation.

Vous serez surpris de constater que nombre d'entre elles sont neutres. Certaines ne sont pas spécifiquement bonnes, et certaines ne sont pas négatives par nature, même si elles peuvent sembler l'être.

Comme nous l'avons déjà mentionné, les émotions peuvent être contagieuses, surtout si l'on se trouve dans un groupe. L'être humain étant un être social, il a tendance à s'imprégner de l'état émotionnel des autres. Nous communiquons constamment avec les autres sans nous en rendre compte, ne serait-ce qu'en lisant les expressions du visage ou la façon dont nous marchons. Il est évident que les pensées et l'humeur sont liées et interdépendantes.

Un niveau élevé d'intelligence émotionnelle peut faciliter votre recherche d'emploi, car plus de 70 % des cadres supérieurs dans le monde estiment que cette qualité est plus importante que le QI dans le monde des affaires.

Elle peut effectivement vous faire progresser dans votre carrière, car des études ont montré qu'elle est responsable de plus de la moitié de nos performances professionnelles, alors que le QI n'en représente que le quart. De plus, 80 % des personnes très performantes ont une intelligence émotionnelle supérieure à la moyenne.

Grâce à cette capacité, vous pouvez également gagner plus d'argent, voire plus du double de vos collègues qui ne la possèdent pas. Selon certaines études, votre salaire annuel peut augmenter de plus de mille dollars si vous augmentez votre quotient émotionnel d'un point.

L'intelligence émotionnelle joue également un rôle important dans votre vie privée : elle contribue au bonheur conjugal et renforce vos relations.

Elle contribue à réduire le risque de cancer : la probabilité de développer un cancer est de plus de 50 % si vous vivez régulièrement des émotions destructrices que vous ne réussissez pas à contrôler.

En l'espace de cinq ans seulement, la popularité de l'intelligence émotionnelle a augmenté de 30 %.

Les hommes et les femmes ont le même potentiel pour les acquérir, mais les femmes ont néanmoins tendance à développer plus d'empathie et de compétences sociales que les hommes, qui sont principalement autodisciplinés. Cela peut aussi s'expliquer par le fait que les hommes ont souvent été privés de leurs émotions pendant l'enfance.

Augmenter son QE est un processus qui demande de la patience et de la persévérance, mais si vous faites des efforts, vous réussirez. Il y aura des échecs, mais il faudra vous pardonner et continuer sans retomber dans les mauvaises habitudes.

Comme chacun vit les choses différemment, vous constaterez peut-être que, malgré vos efforts, vous avez toujours du mal à contrôler vos émotions, mais vous maîtriserez beaucoup mieux vos réactions. Les émotions influencent chacune de vos décisions, c'est la raison pour laquelle, vous pensez constamment à d'autres options ou vous vous retrouvez paralysé et incapable d'avancer. Appliquez les conseils et cela vous aidera.

Les personnes émotionnellement intelligentes disposent d'empathie, un état psychologique très particulier qui se distingue de la sympathie. Cette dernière est un sentiment actif de sympathie/d'aversion envers une autre personne. L'empathie, en revanche, est un processus mental de reconnaissance et de ressenti des états émotionnels d'autrui. Ainsi, si une personne a peur d'un spectacle à venir, vous vous sentirez également anxieux parce que vous partagez les sentiments de cette personne.

Il existe deux types d'empathie : la première est l'*empathie affective, (émotionnelle),* que nous possédons depuis le jour de notre naissance, et la seconde est l'*empathie cognitive*, une forme qui n'existe que chez l'homme. Les deux types interagissent pour former une réaction complète.

Vous devez garder à l'esprit qu'il y a un temps pour l'empathie émotionnelle et un temps pour les décisions plus rationnelles. Il s'agit donc d'une capacité qui a ses limites et qui ne doit être utilisée que lorsque la situation l'exige. Toutefois, l'importance des émotions ne devrait pas être sous-estimée, et même celles qui sont considérées comme négatives devraient être appréciées à leur juste valeur. Les classer est une condition humaine, mais en réalité, elles ne sont ni bonnes ni mauvaises, elles ont simplement des objectifs différents.

Les personnes dotées d'une intelligence émotionnelle élevée sont douées pour planifier l'avenir (même celui des autres) et le prévoir, car elles savent, contrairement aux autres, que les émotions influencent les décisions et également le comportement. Elles sont mieux à même de contrôler les premières et de comprendre leurs causes, qui sont de deux types : aléatoires et intégrales.

Une *émotion aléatoire* est générée dans une situation et transférée à une autre afin d'obtenir un effet particulier : Il s'agit d'un processus normal qui se produit en dehors de votre conscience.

Une *émotion intégrale* est déclenchée par une circonstance, et la personne qui l'éprouve reconnaît qu'elle est spécifiquement liée à cette circonstance et non aux autres.

Si vous connaissez la caractéristique d'une émotion, vous pouvez par la suite optimiser votre comportement en conséquence.

Il est facile de déprimer lorsqu'on entend et qu'on lit quotidiennement les mauvaises nouvelles dans les médias, mais l'intelligence émotionnelle nous fait prendre conscience que l'on ne peut pas tout contrôler. Il faut donc se concentrer sur ce que l'on peut gérer. Il est légitime de s'inquiéter et de s'indigner, mais il faut accepter que l'on ne puisse rien y faire et comprendre que l'on a des limites. Cette attitude vous permettra d'être plus optimiste et en meilleure santé mentale.

Les personnes ayant un QE élevé utilisent un meilleur vocabulaire émotionnel, elles choisissent des mots significatifs et définissent les émotions de manière plus spécifique.

Elles transforment les tâches monotones en jeux amusants qui les rendent plus faciles et stimulent la productivité.

Elles savent également qu'un certain niveau de divertissement dans la vie aide à lutter contre le stress et à éviter qu'il ne s'accumule et ne nuise à la santé. Elles savent aussi qu'elles doivent s'accorder des moments de détente pour pratiquer les activités qu'elles aiment.

De plus, elles font un effort supplémentaire pour s'occuper des gens et les rendre heureux, elles sont résistantes et dégagent une énergie positive contagieuse.

De plus, elles ont une idée claire de qui elles sont vraiment, de sorte qu'elles ne se sentent pas facilement offensées par les critiques. Enfin, elles sont ouvertes d'esprit, sûres d'elles et capables de se défendre contre les mauvaises influences.

Les personnes émotionnellement intelligentes sont conscientes que leur type d'intelligence peut être appris et entraîné et que la pratique conduit à de bonnes habitudes. Cela leur permet de réagir automatiquement à leur environnement, car leur cerveau fonctionne en pilote automatique.

Pour comprendre si vous avez inconsciemment un QE élevé, évaluez si les caractéristiques suivantes s'appliquent à vous en totalité ou en partie :

- Vous réfléchissez souvent à vos sentiments ou êtes généralement très pensif ;

- Vous êtes en mesure de reconnaître et d'interpréter vos propres réactions et émotions ainsi que celles des autres ;

- Vous demandez l'avis aux autres et comprenez qu'ils vous perçoivent peut-être différemment de la façon dont vous vous voyez vous-même ;

- Dans certaines situations, vous êtes très poli et vous remerciez, un geste qui se fait de plus en plus rare dans la société actuelle. Malgré l'impolitesse généralisée, vous comprenez le pouvoir des petits mots et le fait qu'ils peuvent changer la journée de quelqu'un pour le mieux ;

- Vous savez comment renforcer les relations. Vous prenez toujours quelques minutes de plus pour exprimer votre appréciation, et vous réfléchissez avant de parler. En effet, vous êtes conscient que cela peut vous éviter différents problèmes, par exemple une situation embarrassante ou le fait de blesser quelqu'un ;

- Vous êtes ouvert à la critique. Personne n'aime les commentaires négatifs, mais vous comprenez que ces commentaires contiennent au moins une part de vérité et peuvent être constructifs. Même s'il s'agit de critiques sévères, ils vous permettent de comprendre ce que les autres pensent, ce qui vous permet d'être en mesure de contenir vos émotions et d'apprendre le plus possible des paroles adressées. Vous savez qu'il est plus efficace de rester calme que de se laisser emporter par ses émotions ;

- Vous réfléchissez aux personnes et à ce qu'elles ont vécu. Au lieu de les mettre dans une case, vous reconnaissez qu'il y a des raisons à leur comportement. Une personne silencieuse et timide ne devrait pas être taxée de snob ou d'indifférente alors qu'en réalité, elle a simplement du mal à nouer des contacts. Si vous jugez trop vite, vous passez à côté de personnalités formidables ;

- Vous avez de la compassion et de l'empathie, vous vous efforcez de voir les situations avec les yeux des autres plutôt qu'avec les vôtres et vous savez aller vers les gens.

  De plus, vous faites attention à la manière dont les gens réagissent à votre égard et vous vous faites facilement des amis. Lorsque vous rencontrez quelqu'un, vous vous rendez compte que vous l'analysez déjà, car vous savez que ces observations vous seront utiles ;

- Tout comme vous savez remercier, vous savez aussi vous excuser. Car vous savez à quel point il est important de dire "je suis désolé". Vous êtes capable de reconnaître vos erreurs et d'admettre que vous avez fait quelque chose de mal. Vous êtes authentique et modeste. Vous êtes conscient que personne n'est parfait et vous avez appris que le refus de pardonner aux autres peut vous nuire, à vous et à votre esprit ;

- Vous recherchez ce qu'il y a de bon chez les autres et vous leur dites ce que vous appréciez ;

- Même si vous n'avez peut-être pas le contrôle total de vos pensées dans une situation négative, vous savez néanmoins ce que vous allez faire ensuite. Vous êtes capable d'analyser vos faiblesses, puis d'élaborer une stratégie qui tienne compte des moments où vous avez échoué et où vous vous améliorez ;

- Vous utilisez vos compétences de manière éthique, et en aucun cas pour manipuler les gens. Cet exercice vous aide à vous protéger, vous et vos proches, des actions des gens malintentionnés.

Vous reconnaissez-vous dans certains signes ou caractéristiques ? Si oui, vous avez peut-être déjà un niveau d'intelligence émotionnelle très élevé. Il ne vous reste plus qu'à l'augmenter par la pratique.

Conclusions

Ce livre est un outil utile pour vous enseigner un large éventail de sujets, mais les plus importants qui y sont abordés sont l'intelligence émotionnelle, la thérapie cognitivo-comportementale, l'autodiscipline et la manière dont vous pouvez appliquer ces informations dans la vie réelle.

L'intelligence émotionnelle peut être considérée comme un nouveau domaine d'étude et n'a pas encore été complètement explorée en tant que telle. Les études menées jusqu'à présent sont suffisantes pour démontrer son grand intérêt, tant dans la vie professionnelle que dans la vie privée.

Vous avez appris la différence entre le QI et le QE, la façon dont ils sont liés et pourquoi ils sont importants pour la réussite.

De nombreuses entreprises du monde entier recherchent des personnes qui savent utiliser leur intelligence émotionnelle, car les employés travaillent en équipe et non individuellement, il faut donc être capable de gérer de nombreuses personnes différentes dans des situations différentes.

Les personnes émotionnellement intelligentes font de bons leaders, elles sont capables de choisir une personne capable de travailler en équipe et de s'assurer que tous les membres de l'équipe réalisent effectivement leur plein potentiel.

Les personnes ayant un quotient émotionnel élevé sont également capables de bien se contrôler, car elles sont capables de percevoir les émotions des autres et de gérer les leurs, tout en servant de modèle aux autres.

Des comportementalistes renommés ont fait de grands progrès dans la recherche sur l'intelligence émotionnelle et sur son impact dans notre vie quotidienne. Contrairement au QI, il s'agit d'une capacité qui s'apprend et que vous pouvez augmenter jusqu'au niveau que vous souhaitez.

Comme nous l'avons déjà mentionné, il s'agit d'une compétence très demandée par les entreprises et utile pour progresser dans les affaires. Elle vous aidera à diriger vos employés et à les inspirer à faire de grandes choses, et vous motivera à vous améliorer.

L'intelligence émotionnelle se situe à plusieurs niveaux et se compose d'une multitude de facteurs différents : La conscience de soi et la résilience en font partie. Devenir plus conscient de soi et de ses talents, savoir qui l'on est vraiment et ce que l'on représente, est l'un des meilleurs cadeaux.

La thérapie cognitivo-comportementale (TCC) se compose également de différents éléments. Elle peut aider aussi bien dans le domaine des maladies psychiques que dans le domaine médical.

Si vous mettez en pratique tout ce que vous avez appris jusqu'à présent et que vous donnez le meilleur de vous-même, vous obtiendrez les meilleurs résultats possibles. Vous le verrez.

La thérapie cognitivo-comportementale (TCC)

"Le bonheur, c'est de se fixer certains objectifs, de prendre certaines résolutions, de les viser et de les atteindre sans se plaindre ou déprimer s'ils ne peuvent pas être atteints".

Albert Ellis

Introduction

La thérapie cognitivo-comportementale (TCC) est une forme de psychothérapie, mais c'est avant tout la méthode de traitement la plus courante, qui permet de s'attaquer à de nombreux problèmes, notamment l'anxiété, la dépression et les relations interpersonnelles problématiques, ainsi que l'addiction aux drogues et à l'alcool.

Elle propose une approche pratique de la manière dont nous percevons le monde qui nous entoure et dont nous interagissons avec lui : Son objectif principal est de nous aider à trouver des moyens de changer nos pensées, nos comportements et nos actions.

Nous parlons souvent de comportements négatifs sans lesquels nous serions bien mieux, comme les crises de boulimie et le manque d'exercice, ainsi que d'une multitude de troubles et de symptômes qui y sont liés. Il n'existe pas de pilule magique qui nous libère de ces difficultés, mais il est possible de les diviser en petits morceaux, puis de s'attaquer à chacun d'eux l'un après l'autre, pour progressivement éliminer complètement le problème. Cela vous semble-t-il tiré par les cheveux ? Eh bien, même une montagne se forme à partir d'un seul grain de sable.

Vous êtes prêt à commencer ? Alors, c'est parti !

Chapitre 1 - Qu'est-ce que la thérapie cognitivo-comportementale exactement ?

La thérapie cognitivo-comportementale (TCC) est une forme de psychothérapie axée sur des objectifs à court terme et destinée à aider les personnes qui souffrent d'émotions, de comportements et de pensées nocifs ou dysfonctionnels. Elle invite les patients à examiner et à aborder les croyances négatives ou inappropriées et à les éliminer de manière permanente.

Étant donné qu'il s'agit d'un traitement axé sur les solutions, il aide à gérer les problèmes de manière pratique et réalisable, en se basant sur ses propres schémas de pensée et attitudes. Ce qui est très important.

La thérapie comportementale rationnelle-émotive

La TCC trouve son fondement dans la thérapie comportementale émotionnelle rationnelle (Rational Emotional Behavioural Therapy REBT), développée par Albert Ellis dans les années 1950.

Celle-ci fonctionne également avec des schémas similaires. Albert Ellis a tenté de résoudre des problèmes émotionnels et comportementaux et se base sur l'idée que les gens tirent des conclusions erronées sur leur situation personnelle et leur vie. Avec le temps, de telles idées peuvent entraîner des perturbations dans le domaine émotionnel et dans les relations. C'est pourquoi l'objectif du traitement est de les remettre en question et de les modifier.

L'histoire de la TCC

La TCC est née dans les années 1960 d'une idée du psychiatre Aaron Beck en réaction aux incohérences et aux erreurs qu'il trouvait dans la psychanalyse freudienne. Il s'agit d'une méthode qui va au-delà de l'approche diagnostique métaphorique, raison pour laquelle elle semble si pratique et empirique.

Au cours du *therapy talk (thérapie par la parole),* Beck a observé que de nombreux patients présentaient des signes de ce que l'on pourrait appeler un "dialogue mental", qui finissait par avoir un impact considérable sur leur humeur. Il a reconnu que ces pensées chargées d'émotions occupaient constamment leur flux de conscience et les a qualifiées de *pensées automatiques.*

En effet, elles ont une influence sur notre comportement, mais la plupart des gens n'étaient pas conscients de les avoir et ne les partageaient donc pas avec le thérapeute. Beck s'est rendu compte que si l'on apprenait à isoler ces pensées, on pouvait les analyser et les modifier en conséquence.

Comment fonctionne la TCC ?

La TCC est basée sur le concept selon lequel les émotions et les pensées négatives peuvent nous emprisonner dans un cercle vicieux où les émotions, la pensée et l'action sont liées et interdépendantes. Elle est largement répandue et extrêmement utile.

C'est pourquoi ce traitement est combiné avec la psychothérapie : Cette dernière se concentre sur le sens personnel que nous donnons aux choses.

La TCC permet au patient de faire face à des problèmes qui lui semblent d'abord insurmontables, en les décomposant en parties plus petites et plus gérables. La personne traitée est amenée à analyser ses sentiments réactifs et les réactions qui s'ensuivent, afin de déterminer si ceux-ci sont justifiés. Si ce n'est pas le cas, elle est guidée vers une vision plus rationnelle.

Le thérapeute se demande dans quelle mesure la réaction du patient est basée sur la réalité, raison pour laquelle il s'intéresse souvent à ce que l'on appelle les *distorsions cognitives*, également appelées "croyances irrationnelles", "ruminations", "catastrophisme", etc. Si ces pensées négatives s'avèrent fantaisistes et exagérées, le traitement peut les transformer en quelque chose de positif. En résumé, si vous identifiez et comprenez les schémas de pensée néfastes pour le psychisme, vous pouvez changer la manière dont vous y réagissez.

La TCC se concentre sur les difficultés actuelles de l'individu, et non sur celles du passé. Le thérapeute peut ainsi faire des recommandations pratiques pour améliorer le mode de vie actuel, dont chacun peut bénéficier, quel que soit son âge.

Elle est souvent utilisée dans le cadre d'un plan de traitement pour différents types de problèmes physiques et psychologiques, notamment l'anxiété, la dépression, l'ESPT, les troubles alimentaires, la consommation de drogues et les troubles obsessionnels compulsifs.

Elle est extrêmement utile lorsque les mesures médicales seules sont inefficaces. De plus, les résultats peuvent être obtenus en peu de temps et grâce à de courtes séances, ce qui évite au patient de s'engager dans un long processus de guérison. Elle aide à corriger les attitudes irrationnelles.

Le caractère hautement structuré du programme permet d'utiliser d'autres outils en dehors des séances avec un spécialiste. Les enregistrements audios et les livres basés sur les principes de la TCC sont recommandés et peuvent avoir un impact significatif sur le comportement.

Informations sur les pensées automatiques

Les pensées automatiques peuvent être définies comme vos croyances de base.

Beaucoup d'entre elles sont positives et utiles, tandis que d'autres sont négatives. Ces dernières peuvent être divisées en deux sortes qui ne se ressemblent qu'en apparence :

- *les pensées automatiques négatives ;*

- *les distorsions cognitives.*

Ces deux éléments sont improductifs et ont un impact négatif, conscient ou inconscient, sur vos humeurs et vos sentiments. Ils vous remplissent de colère et de réactions impulsives qui peuvent vous blesser ou blesser les autres. Si vous êtes prêt à changer de perspective, vous êtes prêt à vous engager dans une TCC.

Les pensées négatives automatiques sont formées inconsciemment et, bien qu'elles soient parfois acceptées comme un fait, elles sont souvent ignorées. Elles influencent la manière dont nous voyons le monde ainsi que nous-mêmes, même si nous n'en sommes pas toujours conscients. Elles peuvent même sembler tout à fait normales. Souvent, elles sont aussi de nature irrationnelle.

Vous pensez peut-être, par exemple, que vous ne pouvez pas perdre de poids alors que vous savez que vous devez le faire. Mais cette pensée vous aide-t-elle ? Vous devriez peut-être demander de l'aide pour échapper à vos croyances erronées. Vous devriez trouver des moyens de restructurer les suppositions que vous faites sur vous-même, car celles que vous faites actuellement vous rendent malade et vous empêchent d'améliorer votre santé. Ce cycle de pensées répétitif est également appelé *cycle de pensées négatives*. S'en sortir peut être un défi.

La TCC pour interrompre les circuits de pensées négatives

Le *cycle des pensées négatives* est une spirale néfaste de pensées, de sentiments et de comportements qui peut nous maintenir dans un état émotionnel déprimant. C'est plus que de la tristesse, et ce n'est pas seulement une dépression.

Il peut se manifester sous forme de peur, de honte et de doute de soi qui sont tous des sentiments très négatifs qui doivent être dirigés dans une autre direction.

Certaines personnes pensent qu'il suffit de se dire des choses comme "tu dois réagir", mais ce n'est pas une situation que l'on choisit volontairement, car elle est déclenchée inconsciemment et devient facilement une mauvaise habitude.

Selon Beck, on distingue trois niveaux de cognition :

1) *Les croyances fondamentales* - ce sont des schémas mentaux (intégrés dans des modèles auxquels nous adhérons inconsciemment et que nous apprenons depuis notre plus jeune âge) qui se rapportent à différents sujets et sont généralement considérés comme difficiles à changer. Ils se concentrent sur trois dénominateurs communs : le soi, le monde ou les autres, et l'avenir. Ils peuvent être positifs ou négatifs ;

2) *Les hypothèses dysfonctionnelles* - ce sont des règles assez rigides que les gens adoptent pour vivre leur vie. Elles sont très probablement irréalistes et/ou négatives ;

3) *Les pensées négatives automatiques* - sont comparables à une réaction immédiate à certaines situations. Ce sont des pensées dans lesquelles apparaissent des facteurs émotionnels négatifs tels qu'une faible estime de soi et des sentiments d'inutilité. Lorsqu'une personne souffre d'anxiété, celle-ci peut également prendre la forme d'une "surestimation du risque" et d'une "sous-estimation de la capacité à faire face". Lorsque ce triptyque est activé, il en résulte inévitablement un cycle de pensées négatives qu'il est très difficile de briser.

Il peut par exemple se déclencher dans une situation telle que celle qui suit : Un étudiant universitaire commence à se préparer à un examen. Il redoute l'examen et est fatigué parce qu'il n'a pas assez dormi à cause de ses obligations d'étudiant. Comme il ne se sent pas très bien, il peut commencer à associer l'idée d'étudier à sa propre mauvaise santé, jusqu'à ce qu'il développe un sentiment de peur relative à ce sujet et craigne éventuellement de ne pas réussir l'examen. Il se souviendra peut-être aussi de situations antérieures où il n'était pas bon à l'école, de sorte que ses sensations physiques seront encore plus liées à ce sentiment d'échec. Il commencera alors à douter de ses propres capacités, tandis que les soucis et la négativité l'affaibliront physiquement et émotionnellement. En conséquence, la possibilité d'apprendre lui sera pratiquement impossible et il échouera à l'examen. Cet échec devient alors involontairement une prophétie auto-réalisatrice, même si les conclusions sur lesquelles il repose n'ont rien à voir avec la réalité : Les résultats ne sont même pas mauvais si on les compare à ceux de ses pairs. Mais comme il est pris dans ce cycle de pensées négatives, il se retrouvera probablement dans la même situation lors du prochain examen. Pour éviter cela, l'élève doit commencer à briser le cycle des pensées négatives et à intégrer de nouvelles convictions sur lui-même. Il doit également adopter des habitudes d'apprentissage plus productives et des comportements plus sains.

Lors d'une véritable séance de TCC, on essaie de démêler ces schémas de pensée malsains, qui se sont peut-être établis dans l'enfance. Le patient est "reprogrammé". Peut-être que l'enfant a développé lorsqu'il était plus jeune, l'idée qu'il fallait obtenir de bons résultats scolaires pour être aimé ou accepté. Ces considérations inadaptées sont un exemple des hypothèses dysfonctionnelles mentionnées dans les paragraphes précédents. Ce sont des règles très rigides que nous adoptons et respectons, même si elles ne sont pas du tout réalistes.

Les cycles de pensées négatives sont également faux : ils deviennent insignifiants lorsqu'on les examine objectivement. Les distorsions cognitives interfèrent généralement avec vos croyances fondamentales. La TCC part du principe que ce ne sont pas les événements de la vie quotidienne qui vous bouleversent vraiment, mais l'importance que vous leur accordez. Si vous vous concentrez trop sur les émotions négatives, vous ne pouvez pas trouver de solutions et vous ignorez les aspects de la vérité qui ne correspondent pas à votre interprétation du moment. Si vous persistez dans cette situation, vous n'apprenez rien de nouveau, mais au contraire, vous retombez dans les mêmes erreurs.

Les types de distorsions cognitives

Il existe différents types de distorsions cognitives, dont certaines sont énumérées ci-dessous.

La dramatisation

Elle consiste à toujours imaginer le pire. Peu importe si la situation imaginée est exagérée ou improbable, vous ferez toujours la même supposition. Par exemple, si votre fils vous appelle de l'université pour vous dire qu'il est enrhumé, vous paniquerez et vous craindrez qu'il soit en sérieux danger de mort. Vous resterez éveillée toute la nuit en pensant qu'il est peut-être trop malade pour appeler une ambulance, et même après qu'il vous ait rassurée, vous n'aurez pas l'esprit libre au travail parce que vous serez constamment inquiète.

L'argumentation émotionnelle

Ce type de pensée a un impact sur vos émotions, à tel point que ces dernières finissent par prendre le dessus sur votre jugement et que vous perdez votre capacité de raisonnement. Ce type de pensée émotionnelle peut se produire lorsque vous êtes nerveux avant une course à venir, par exemple. Vous serez tellement inquiet que votre performance sportive ne soit pas bonne que vous n'arriverez pas à dormir, ce qui causera l'incapacité à réaliser une bonne performance. Alors que vous en seriez tout à fait capable.

Se concentrer uniquement sur le négatif

Il s'agit d'un état dans lequel vous vous laissez aller à vos sentiments au point de jeter toute logique par-dessus bord.

Pour donner un exemple : vous avez un fils adolescent qui se dispute sans cesse avec vous. Vous pourriez vous convaincre que la relation est difficile et peu épanouissante, simplement parce que vous n'êtes pas toujours d'accord, alors que c'est tout à fait normal (surtout à cet âge).

Les étiquettes

C'est le fait de poser des étiquettes arbitraires qui sont en fait des insultes que vous adressez à vous-même ou aux autres. Elles peuvent être votre propre pire ennemi, et en cultivant des pensées automatiques à votre sujet, vous pouvez aussi finir par créer une prophétie auto-réalisatrice.

Il est possible que vous ne vous trouviez pas beau et que vous ne cessez de vous le dire jusqu'à ce que vous ayez construit dans votre tête une image peu aimable et peu attrayante de vous-même.

Lire dans les pensées d'autrui

Est-ce qu'il vous arrive de partir du principe que vous savez ce que pense une autre personne ? Est-ce que vous êtes parfois persuadé que tout ce que vous croyez "lire" chez cette personne sur vous est négatif ?

Pour donner un exemple, vous pourriez croire que votre meilleur ami parle de vous dans votre dos et cela peut vous amener à agir comme si c'était vrai, en interprétant mal tous ses gestes et ses paroles.

Prévoir l'avenir

Tout comme le catastrophisme, la prévision de l'avenir dans le cadre de ces distorsions cognitives, part du principe que seul le malheur peut arriver. Avec ce type de pensée, il est inévitable de reculer face à toute chose ou expérience nouvelle, car chacune d'elle est pour vous synonyme d'un échec potentiel. Et pour éviter une nouvelle confirmation de votre incapacité, vous n'essayez même pas.

Par exemple, vous aimeriez apprendre à conduire une moto, mais vous êtes convaincu que vous êtes un mauvais conducteur avant même de commencer à prendre des cours. Vous décidez donc de ne rien faire, réalisant ainsi votre prophétie d'échec avant même d'avoir commencé.

Prendre les choses personnellement

C'est le fait de prendre tout trop personnellement, et ce automatiquement. Votre professeur vous a regardé d'un mauvais œil, et vous voilà convaincu qu'il ne vous aime pas. Un de vos collègues ne répond pas à vos messages ? Vous vivez cela comme une manifestation de haine à votre égard ou comme un sabotage.

La réalité est que vous tirez des conclusions hâtives sur les autres et leurs raisonnements, et que les humeurs des autres n'ont souvent rien à voir avec vous. Pour éviter les sentiments désagréables, vous devez vous rappeler que vous n'êtes pas responsable de la mauvaise journée des autres et que vous n'êtes pas à l'origine de leurs problèmes. Sinon, vous continuerez à interagir avec les autres comme si vous étiez coupable de leurs problèmes, alors que ce n'est pas le cas.

Tout doit-il être noir ou blanc ?

Si vous considérez toutes les situations et toutes les personnes comme bonnes ou mauvaises, noires ou blanches, vous ne pouvez pas voir de voie médiane.

Il s'agit d'un vaste domaine de dissonance cognitive. Le monde est rempli de nombreuses nuances de gris, si vous ne pouvez pas les voir, vous commencerez à ne penser qu'avec des intentions extrêmes et à mesurer vos succès de la même manière, c'est-à-dire soit des victoires absolues, soit des échecs totaux. Dans ce cas, un échec sera à vos yeux la preuve évidente que vous êtes, vous aussi, un perdant.

Cette façon de penser est totalement incompatible avec le bonheur, car elle oblige à se mettre à l'épreuve et à prouver à chaque fois que l'on n'est pas un raté. Ce type de distorsion cognitive se reconnaît à certains signes d'alarme, comme la tendance à utiliser les mots "toujours", "jamais", "tout", "personne" ou d'autres mots qui font référence à une notion d'absolu. Si vous vous dites : "Je n'aurai jamais un nouveau travail", cela signifie que toute tentative qui n'aboutit pas à une offre vous fait croire que vous êtes un perdant. Cela a des conséquences négatives sur votre estime de soi.

Comment fonctionne la TCC : Les étapes

Dans la TCC pour le traitement des hypothèses dysfonctionnelles, la personne est invitée à ne pas affronter ces pensées dans un moment de stress et à reconnaître ainsi qu'elles sont erronées et limitantes. Tout en apprenant à adopter une perspective plus réaliste et à prendre de la distance par rapport à cette façon de penser perturbée, elle peut intégrer ces nouvelles connaissances dans sa vie réelle.

Pour revenir à l'exemple cité précédemment, l'étudiant qui se sentait en échec pourrait ainsi reconnaître ses nombreuses réussites, mettre en place un programme pour augmenter son endurance physique et apprendre des techniques d'apprentissage efficaces afin d'améliorer son estime de soi et réduire son stress.

La thérapie exige que le thérapeute et le patient développent un cadre cognitivo-comportemental, appelé *formulation*. Il s'agit d'émettre une hypothèse sur les causes du problème et la raison de sa persistance. Cela aide le patient à replacer ses difficultés dans un contexte compréhensible pour lui et pour le thérapeute.

La formulation repose sur l'hypothèse que les expériences précoces sont primordiales dans la formation des croyances fondamentales qui peuvent conduire à des troubles.

Avec le praticien, la personne peut analyser ces domaines et déterminer s'ils sont problématiques ou bénéfiques pour sa vie. Des stratégies sont ensuite définies pour permettre un changement et doivent être mises en pratique dans la vie réelle.

Si vous choisissez de travailler avec un thérapeute, vous le rencontrerez chaque semaine ou toutes les deux semaines pour des séances de 30 à 60 minutes. Pendant cette période, vous devrez faire preuve d'une certaine coopération et peut-être essuyer des revers.

Ensemble, vous pouvez trouver des comportements inadaptés et travailler à les modifier ou à les corriger. Vous êtes une équipe et la TCC s'appuie en grande partie sur les facteurs clés de la relation entre le patient et le thérapeute, à savoir, la capacité à établir une relation, la compréhension et l'empathie. Vous pouvez également choisir de travailler en groupe. Vous pouvez déterminer avec votre thérapeute quel type de thérapie vous convient le mieux.

Quel que soit le traitement que vous choisissez, vous avez la possibilité d'apprendre comment résoudre le problème et vous êtes encouragé à dissoudre les sensations physiques, les pensées et les actions en unités plus petites.

Le professionnel vous demandera également d'identifier quelques objectifs à fixer selon la méthode résumée dans l'acronyme *SMART*. Cela signifie que vous devez chercher des solutions "spécifiques, mesurables, accessibles, réalistes et temporaires" à vos problèmes. Par exemple, si un patient est seul, déprimé et trop replié sur lui-même, mais qu'il veut absolument sortir de sa coquille et se faire des amis, le thérapeute pourrait lui demander de procéder par petites étapes et de diviser le processus de recherche d'amitié en plusieurs phases. Dans un premier temps, il pourrait simplement se concentrer sur le fait de dire "bonjour" aux autres, puis continuer à s'améliorer jusqu'à ce qu'il soit capable d'interagir calmement avec d'autres personnes. Le patient doit, en quelque sorte, faire de petits exercices quotidiens.

L'objectif de la TCC est de vous apprendre à mettre en œuvre rapidement ces nouvelles stratégies dans votre vie quotidienne afin de réduire l'impact négatif de vos problèmes.

Elle se distingue des autres formes de psychothérapie par le fait qu'elle fixe un objectif précis qui détermine le déroulement du travail thérapeutique. C'est aussi la raison pour laquelle vous pouvez travailler sur des supports TCC en dehors du cabinet du thérapeute.

Les *devoirs* sont un autre point important. L'application des techniques dans le monde réel et la reconnaissance des progrès réalisés sont la clé d'un succès supplémentaire. Au fur et à mesure de l'évolution, le patient montre qu'il peut se détacher de ses pensées négatives avec une facilité croissante. Il prend également plus de responsabilités dans son propre développement et est prêt à assumer une partie du travail.

Les principes TCC encouragent l'auto-apprentissage. Toutefois, si vous constatez que vous envisagez un acte d'automutilation ou que vos difficultés s'aggravent, vous devez immédiatement consulter un médecin et ne pas tenter de vous soigner vous-même. Cela ne ferait qu'aggraver la situation.

Que se passe-t-il en cas de problèmes dans le processus de la TCC ?

Ne soyez pas surpris si vous constatez que vous avez du mal à communiquer avec votre thérapeute, cela arrive parfois. Il peut être utile de comprendre comment cette situation est perçue par lui et, la plupart du temps, c'est l'occasion de mettre en lumière le processus thérapeutique et les meilleures méthodes de traitement pour vous aider. Pendant les séances, il essaiera de créer un lien avec vous. Mais parfois, il n'est pas capable de créer une atmosphère de soutien et de comprendre réellement les difficultés de son patient, ce qui compromet le résultat du traitement.

Les périodes où les progrès semblent s'arrêter sont appelées *"impasses"*. Vous pouvez peut-être vous sentir frustré, mais vous devez comprendre qu'il s'agit d'une opportunité pour le thérapeute de mieux comprendre comment il peut vous aider et de se lancer des défis professionnels et permettre une évolution.

Si la relation est bloquée, voici ce à quoi vous pouvez vous attendre : le thérapeute essaiera d'entrer en contact avec vous de différentes manières, en recueillant vos impressions, en vous demandant de faire des commentaires, et en vérifiant le processus avec l'aide d'un collègue.

Si vous avez l'impression que le temps que vous passez avec votre thérapeute n'est pas productif, vous devriez lui faire part de cette opinion. Il vous écoute attentivement pendant les séances et est formé pour observer quand les objectifs convenus ensemble cèdent la place à des objectifs qu'il a fixés seul, et que vous ne semblez pas atteindre. Il observe également votre humeur et essaie de déterminer si le manque de progrès est dû à des difficultés extérieures.

Il est tout à fait compréhensible que vous ne vous fassiez pas à l'idée que des obstacles puissent survenir pendant le traitement : après tout, vous êtes là pour résoudre vos propres problèmes et non pour en prendre d'autres en charge. Toutefois, cela donne au spécialiste la possibilité de repenser son approche. En vous interrogeant pendant ou après la séance, il peut découvrir comment vous réagissez et vous amener à porter librement un jugement sur son travail. Il doit toujours se mettre à votre place et essayer de comprendre pourquoi vous n'êtes pas capable d'adopter une attitude plus constructive face à certaines situations.

Si vous n'obtenez pas de soulagement des symptômes, n'hésitez pas à le signaler, car cela signale que vous apprenez à faire la différence entre ce qui est utile et ce qui ne l'est pas. Reconnaître les difficultés et apprendre à les gérer ne peut qu'être utile.

Les différents types de TCC

"Thérapie cognitivo- comportementale" est un terme général qui désigne différentes formes de traitement basées sur les principes de l'apprentissage comportemental et des approches cognitives. Elles ont toutes certaines caractéristiques en commun, telles que la prise de conscience ou l'accent mis sur le présent, la fixation d'objectifs et l'apprentissage de la compréhension de l'interdépendance des pensées, des sentiments et des événements dans notre développement personnel.

Nous présentons ci-dessous quelques types de thérapies dont les interventions varient en fonction de la solution recherchée.

Thérapie du processus cognitif (CPT)

Cette méthode est souvent utilisée pour soutenir les personnes qui ont souffert d'un trouble de stress post-traumatique. Elle dure 12 séances et se concentre sur l'établissement d'une relation avec le patient afin de l'aider à comprendre les caractéristiques et les conséquences de son problème.

Thérapie cognitive (TC)

À l'origine, celle-ci a été développée pour traiter les troubles dépressifs graves, dont son inventeur, le Dr Aaron Beck, pensait qu'ils étaient dus à une inadaptation cognitive.

Ce traitement s'appuie fortement sur la définition d'horaires et d'activités, ainsi que sur les devoirs à domicile. Cela implique également la planification d'activités positives, puisque les patients dépressifs évitent souvent de faire des choses qu'ils aimaient faire auparavant.

Thérapie comportementale dialectique (TCD)

Il s'agit de l'un des types de thérapie cognitive.

Son objectif est de fournir des compétences pour gérer les émotions douloureuses afin de réduire les conflits dans les relations.

Il existe quatre approches par lesquelles la TCD entend contribuer au développement de ces capacités.

La première est "orientée vers le soutien" ou "la pleine conscience" (*mindfulness*). L'objectif est de développer un sentiment d'acceptation de soi et de la vie et d'acquérir la capacité d'être présent dans le moment actuel.

La deuxième et la troisième sont plus cognitives et se concentrent sur la "résistance au stress" et la "régulation des émotions". Elles visent à aider le patient à contrôler ses sentiments et à ne pas se laisser submerger par les émotions intenses qui le font souffrir. Elles l'aident également à identifier les hypothèses et les croyances qui lui rendent la vie si difficile.

La dernière approche est l'approche "collaborative", également connue sous le nom d'"efficacité interpersonnelle", qui utilise des techniques appropriées pour une communication plus efficace et plus assertive. L'objectif est d'entrer en relation avec les autres et de développer des capacités de *résolution de problèmes* sans se laisser submerger par les émotions. Cela permettra de renforcer l'estime de soi et les relations.

La TCD a été développée dans les années 1980 par la psychologue Marsha M. Linehan et était initialement destinée au traitement des personnes souffrant de troubles de la personnalité borderline (TPB). Cependant, elle est également très efficace pour traiter les dépressions, les troubles alimentaires, le SSPT et la toxicomanie.

Ce traitement par la *talk therapy* met l'accent sur les aspects psychosociaux. Elle se base sur la théorie selon laquelle certaines personnes ont tendance à agir de manière très intense dans certaines situations émotionnelles, surtout lorsqu'il s'agit de la sphère personnelle. D'un point de vue physiologique, ces réactions fortes peuvent être constatées chez les personnes présentant une forte excitation mentale, un état qui peut conduire à une forte stimulation émotionnelle et à un retour plus lent à la normale.

Le trouble de la personnalité borderline (TPB) se caractérise par des fluctuations émotionnelles extrêmement fortes. Cet état d'excitation peut être envahissant et conduire à des conflits dans les relations avec les autres. Les personnes concernées ont tendance à passer d'un conflit à l'autre en raison de leur vision singulière du monde. Elles peuvent avoir grandi sans être capables de gérer ces pics émotionnels soudains et ne pas avoir reçu d'autre réaction que le rejet de la part des adultes.

La thérapie comportementale dialectique est efficace pour ces personnes, car elle leur permet de contrôler leurs réactions face à ces émotions intenses, et leur apprend à réagir de manière plus équilibrée aux stimulations. Dans ce cas, l'objectif est l'équilibre.

Globalement, il s'agit d'une méthode thérapeutique efficace pour ceux qui souhaitent changer en améliorant leur capacité à contrôler leurs émotions. L'amélioration de la capacité à résister et à réagir aux émotions négatives, associée à la pleine conscience, entraîne une nette amélioration de la communication et des relations sociales.

Comme la thérapie cognitivo-comportementale, la TCD commence par les objectifs spécifiques que le patient et le thérapeute définissent pour le traitement.

Les séances sont généralement organisées pour une durée limitée, combinant des séances individuelles et de groupe, ou utilisant simplement l'un des deux types d'interaction thérapeutique.

Techniques cognitives

Pour comprendre le fonctionnement des TCC, il faut connaître certaines des techniques cognitives utilisées dans leur application thérapeutique.

L'une d'entre elles est la "découverte guidée". Elle consiste à essayer de comprendre le point de vue du patient, puis à l'aider à explorer et à apprendre les hypothèses sous-jacentes. En les explorant, les personnes concernées peuvent trouver des moyens plus appropriés pour se gérer et pour résoudre leurs problèmes.

Une autre technique est l'"'interrogatoire socratique", qui permet au patient de maîtriser ses émotions. Son nom vient du fait qu'elle utilise des méthodes similaires à celles que le philosophe grec Socrate utilisait pour enseigner à ses élèves : Il les interrogeait sur des sujets qui ne relevaient pas de leur compétence et les amenait, question après question, à formuler une réponse personnelle.

Une autre stratégie consiste à tenir un journal personnel dans lequel la personne note les éventuelles prises de conscience rendues possibles par le traitement thérapeutique. Le journal se compose de sept colonnes dans lesquelles les informations suivantes sont demandées : Situation, humeur, hypothèse négative, preuves en faveur de cette hypothèse, preuves contre cette hypothèse, réaction rationnelle alternative proposée et (à nouveau) humeur.

En notant par exemple des pensées telles que "Je suis inutile dans les situations de stress", les patients sont invités à chercher des preuves qui contredisent leur hypothèse dysfonctionnelle. L'hypothèse de base est que de telles preuves - ou l'absence de telles preuves - aident la personne concernée à modifier ces fausses hypothèses, de sorte qu'elles deviennent progressivement plus flexibles et plus conformes à la réalité.

Chapitre 2 - Soutenir la TCC

Lorsqu'un problème de santé mentale est diagnostiqué chez une personne, il est essentiel de connaître le diagnostic.

Cela implique de s'informer sur la maladie et ses traitements spécifiques, et d'apprendre qu'il ou elle n'est pas le ou la seul(e) à être confronté(e) à ce type de trouble. Les réseaux de soutien, en particulier, peuvent être très utiles. Si vous ou quelqu'un qui vous est cher souffrez de dépression, prenez le temps de vous informer pour en savoir plus sur cette maladie, les connaissances sont utiles pour apprendre à y faire face et peuvent rendre la maladie moins effrayante.

Les thérapeutes TCC sont en mesure d'aider leurs patients à identifier ces problèmes et à y faire face. Ci-dessous, on en présente certains :

Les troubles du sommeil

Environ 30 % de la population est concernée par les troubles du sommeil. Le manque de sommeil entraîne une insatisfaction, de la nervosité, de la tristesse et un manque de concentration.

La TCC peut être utile dans ces cas, notamment en cas d'insomnie. Cette branche particulière est appelée TCC-I, le "I" signifiant "insomnie".

Elle aide à résoudre le problème en établissant de meilleures habitudes de sommeil et en identifiant et en modifiant les comportements qui nuisent à la capacité de dormir.

Ce traitement se compose de deux étapes principales.

1- **Comprendre les véritables causes du problème.**
Cela peut se faire par un examen du rythme veille-sommeil, seul ou avec l'aide d'un expert. L'évaluation devrait prendre en compte les facteurs susceptibles d'influencer la capacité à dormir. Il convient de tenir un journal dans lequel des informations sur les habitudes de sommeil, la qualité du sommeil et autres particularités, seront consignées, afin de mieux identifier les sources de stress, les pensées et les comportements négatifs récurrents, ainsi que les domaines à améliorer.

2- **Essayez différentes méthodes pour obtenir un rythme de sommeil plus régulier.**
Il existe 5 méthodes fréquemment utilisées et indispensables à ce stade du traitement :

1. Le contrôle des stimuli
Il s'agit d'un système qui tente d'établir un lien entre le lit et le sommeil, et d'empêcher que d'autres stimuli soient associés à la zone de sommeil. Après avoir évalué la situation, le thérapeute propose au patient les instructions les plus judicieuses, par exemple en lui recommandant de ne se coucher que lorsqu'il se sent fatigué et prêt à dormir.

2. L'hygiène du sommeil
Cette méthode se concentre sur la création d'un environnement relaxant et sur l'identification des comportements appropriés avant d'aller se coucher. Elle repose sur l'idée que la qualité du repos n'est pas seulement influencée par le lieu, mais aussi par les actions et l'espace dans lesquels on se trouve avant de s'endormir. Vers le soir, il est important de limiter l'utilisation des aides techniques, d'éviter les occupations génératrices de stress ou la consommation de substances stimulantes (alcool, caféine, nicotine, etc.).

Il est recommandé de pratiquer des activités relaxantes comme prendre une douche, lire, peindre un tableau, etc. Une pièce fraîche et sombre est un endroit idéal pour dormir, n'oubliez pas de baisser le chauffage le soir.

Un expert pourrait également vous suggérer de couvrir les horloges et de les éloigner du lit afin de résister à la tentation de vérifier le temps restant avant de s'endormir - une habitude fréquente chez les personnes ayant des problèmes de sommeil. Cela vous mène à trouver le sommeil encore plus tard.

3.   La thérapie de réduction du sommeil
Il s'agit de la thérapie la plus exigeante, car elle implique une restriction des périodes de repos.

Cela s'explique par le fait que de nombreux patients associent des sentiments négatifs à leur lit, théâtre de nombreuses nuits agitées. Pour rétablir un lien positif entre ce lieu et le sommeil, ce traitement vous encourage d'abord à limiter les heures que vous y passez.

Cette méthode peut également entraîner des effets secondaires, tels que la fatigue, le manque d'endurance, les migraines, l'irritabilité ou la perte d'appétit - mais dans l'ensemble, le résultat est positif et permet à la personne concernée de finalement dormir longtemps et paisiblement, ce qui est l'objectif ici.

4.   La détente
Cette stratégie encourage l'utilisation de techniques de relaxation pendant la journée, comme la méditation. Dans les heures précédant le coucher, le patient peut effectuer un "body-scan", une technique méditative qui permet de relâcher les tensions.

5.   La thérapie cognitive
Cette phase du processus, à laquelle le thérapeute est nécessairement associé, consiste principalement à informer correctement le patient sur le sommeil afin de combattre certaines de ses idées fausses à ce sujet.

La TCC-I est recommandée si les quatre exigences suivantes sont remplies :

1) des difficultés à s'endormir ou à dormir pendant une durée insuffisante ;

2) l'insomnie n'est pas le résultat d'une perturbation du rythme circadien ;

3) il n'y a pas de maladies physiques ou mentales qui pourraient être affectées par l'utilisation de la TCC-I ;

4) la personne adopte des comportements ou des attitudes qui contribuent à perturber continuellement son sommeil.

La dernière étape de la thérapie est la *prévention des rechutes*, qui permet à l'individu de résoudre ses problèmes futurs en intervenant à un stade précoce afin d'éviter qu'ils ne s'aggravent ou ne s'accumulent.

En cas de rechute, il y a trois choses à faire :

1)   N'essayez pas de rattraper le sommeil perdu. Si vous vous accordez une sieste l'après-midi, vous dormirez moins bien la nuit, vous avez peut-être déjà fait cette expérience vous-même.
2)   Rappelez-vous les instructions pour la phase de contrôle des stimuli. Revenir à ces étapes devrait aider à rétablir une routine de sommeil saine.
3)   Si l'insomnie persiste au-delà de quelques jours, recommencez les étapes de réduction du sommeil.

L'activité physique
L'activité physique présente d'innombrables avantages, tant pour le corps que pour l'esprit, mais il peut être parfois difficile de la pratiquer dans la vie quotidienne : Souvent, on ne sait pas par où commencer, on est incapable de suivre un programme, on rencontre des obstacles physiques, mentaux et environnementaux qui semblent impossibles à surmonter.

La TCC peut aider les personnes à maintenir une bonne habitude d'activité physique et à établir une relation positive avec le sport, notamment dans le contexte de la perte de poids. C'est sur cet aspect particulier que se concentre l'application de la thérapie dans les pages suivantes.

Certains problèmes courants empêchent les gens d'avoir une routine quotidienne saine : faible motivation, mauvaises performances, expériences négatives en matière d'activité physique dans le passé et conditions peu pratiques (par exemple, manque de temps et d'argent pour s'engager dans une pratique sportive, manque d'accès à des salles de sport ou à d'autres environnements pour l'activité physique, etc.). Toutefois, il suffit de faire un peu de jogging, car il n'est pas toujours nécessaire de se rendre dans une salle de sport onéreuse, ce qui est souvent assimilé à une activité physique. Il est important de prendre note de ces difficultés, car elles peuvent fournir des informations sur les causes de certains comportements.

En ce qui concerne l'aspect cognitif de ce problème, il existe un certain nombre d'indicateurs psychologiques : le niveau de performance imaginé comme nécessaire, les attentes et les préjugés que l'on a, la santé mentale et le stade de changement (c'est-à-dire la série d'étapes de réflexion par laquelle une personne passe avant de parvenir à une conclusion ou à un plan d'action). Les aspects cognitifs et comportementaux doivent être pris en compte.

Afin d'augmenter le niveau d'activité physique et d'améliorer l'attitude envers l'activité physique, les spécialistes de TCC qui s'occupent de ce sujet appliquent 6 principes :

1) La motivation est considérée comme quelque chose qui évolue constamment et qui change de jour en jour ;

2) Une approche thérapeutique coopérative et non antagoniste est adoptée ;

3) La situation de l'individu est évaluée avec le plus grand respect et une critique constructive ;

4) Le problème est considéré du point de vue du patient, en tenant compte de l'évaluation des avantages et des inconvénients par le patient, car cela est très utile pour encourager le changement ;

5) Les efforts sont encore encouragés par des commentaires proactifs, en évitant ou en atténuant toujours les jugements négatifs ;

6) La thérapie vise à augmenter les attentes du patient quant au niveau qu'il peut atteindre dans l'exécution de différentes tâches.

Il est important que ces principes de base s'accompagnent également d'une éducation sur les avantages du sport et les inconvénients de l'inactivité.

Il y a trois étapes pour transmettre cette éducation :

- Informer le patient sur les avantages de l'activité physique, par exemple du rôle clé qu'elle joue dans une perte de poids constante ;
- Demander à la personne concernée de dresser un tableau des avantages et des inconvénients à l'introduction d'un programme d'activité physique. Cela l'aidera à prendre conscience des résultats positifs à long terme de l'activité physique ainsi que des avantages d'une meilleure santé ;
- Amener la personne concernée à admettre que le sport est une bonne distraction dans sa vie et surtout qu'il n'est pas si difficile d'atteindre cet objectif.

La *prise de conscience* de l'importance de l'activité physique est une chose indispensable, mais le plus important est, qu'il faut la pratiquer *de manière continue*.

La TCC a développé 7 stratégies pour aider les gens à s'engager dans une pratique à long terme :

1. L'évaluation du niveau d'activité physique - On demande au patient combien d'entraînements il fait, et s'il pense que ce niveau est suffisant pour décider et obtenir une perte/un gain de poids.

2. L'adaptation individuelle des objectifs - Le thérapeute prend en compte le type d'activité physique qui convient le mieux à l'individu, ainsi que les éventuels obstacles qu'il pourrait

rencontrer. il établit un plan visant à une perte de poids à long terme avec le patient, tout en essayant d'éviter les problèmes, ou du moins de proposer des solutions réalisables.

3. L'auto-évaluation - Il s'agit d'une étape très importante dans ce processus. Elle permet également au patient d'être plus conscient de l'impact de l'entraînement sur sa vie : Il peut alors évaluer les progrès réalisés, par exemple en mesurant les temps d'entraînement ou en surveillant les progrès pas à pas, sans être trop exigeant avec lui-même.

4. Le contrôle des stimuli - Il s'agit ici de contrôler les facteurs externes de manière à encourager les décisions positives en matière d'activité physique. Cela implique d'éviter les stimuli contrôlables qui conduisent à une attitude inactive, mais aussi de mettre en œuvre des suggestions positives qui conduisent à un comportement plus actif et plus sain.

5. Impliquer les autres - La recherche a montré qu'il est utile de s'entraîner en compagnie d'autres personnes, ou d'avoir le soutien des autres pour continuer l'activité physique et surmonter les périodes difficiles. Cela aide également à contrôler les progrès ou les rechutes dans les mauvaises habitudes.

6. Adoptez une attitude positive à l'égard de l'activité physique régulière - Cette étape fait référence à l'aspect cognitif de la TCC, car elle conduit au développement de nouvelles attitudes qui permettront au patient de maintenir un mode de vie sain pour les bonnes raisons et avec la bonne motivation. L'adoption de ces comportements peut être facilitée par une série de mesures, telles que l'établissement d'une liste de raisons d'adopter un nouveau mode de vie sain et la discussion avec le thérapeute des attentes pour la période suivant la perte de poids.

7. Réagir aux problèmes lorsqu'ils surviennent - Il peut être très difficile de suivre une routine saine, surtout au début. C'est pourquoi il est important de s'efforcer à surmonter les problèmes lorsqu'ils surviennent, car ils reviennent d'autant plus fort si on les met de côté. Les personnes qui remettent régulièrement les problèmes à plus tard ne le savent que trop bien.
C'est le rôle du thérapeute de célébrer les succès et de réagir positivement aux échecs. Rendre une personne responsable de ses échecs conduit à une perception négative d'elle-même, ce qui peut définitivement limiter sa capacité à suivre un programme d'entraînement sain. Un bon thérapeute ne fera pas cela.

Il n'est jamais facile de s'adapter à un nouveau mode de vie. Et si vous avez déjà essayé, il peut être encore plus difficile d'essayer à nouveau, car les sentiments déprimants du passé peuvent vous amener à croire que vous êtes inévitablement condamné à l'échec. La TCC peut vous aider à développer un style de vie sain et une attitude positive, ce qui sera inestimable pour les années à venir.

La résolution des problèmes

Lorsqu'une personne est confrontée à un problème apparemment insurmontable, il peut être difficile de trouver une solution. L'idée qu'il n'y a pas de solution peut rendre quelqu'un anxieux, en colère, frustré ou triste. N'oubliez pas qu'il n'y a quasiment rien qui ne soit insoluble.

Il peut être parfois difficile de s'en sortir seul, c'est pourquoi une TCC peut être utile. Elle ne peut néanmoins pas aider dans les cas particulièrement graves ou chez les personnes psychiquement instables.

Grâce à ce traitement, les personnes peuvent apprendre que même les situations les plus compliquées, ne durent pas éternellement, et peuvent être modifiées par une pensée rationnelle.

La TCC utilise 7 étapes :

1. Trouver et expliquer le problème.
   Réfléchissez à ce dont il s'agit et aux détails qui y sont liés (posez-vous les questions "qui, quoi, où, quand, pourquoi et comment ?"). Envisagez également la possibilité que votre vision déformée vous fasse croire que vous êtes face à un obstacle qui n'existe peut-être pas.

Il est important que vous vous concentriez sur une difficulté, pour laquelle il existe très une solution possible. Si vous choisissez un problème insoluble, ce processus sera beaucoup plus difficile.

2. Réfléchir aux solutions possibles au problème et préparer une liste pour soi-même.

Réfléchissez à ce que vous diriez à quelqu'un qui se trouve dans une situation similaire. Vous pouvez également essayer de demander conseil à des personnes qui vous sont proches, comme votre famille ou vos amis.

3. Évaluer les réactions possibles.
    Choisissez quelques-unes des solutions que vous avez trouvées (de préférence les plus simples et les plus réalistes) et préparez une liste des avantages et des inconvénients pour chacune d'entre elles. Demandez toujours conseil à des professionnels.

4. Déterminer la meilleure solution et aussi les solutions de remplacement.
    Examinez le tableau des avantages et des inconvénients que vous avez notés et, sur cette base, choisissez ce que vous pensez être la meilleure solution au problème. Décidez également de 2 ou 3 solutions de remplacement au cas où quelque chose ne se passerait pas comme prévu.

    Vous pouvez également établir un classement en classant vos options de la meilleure à la moins bonne. Cela vous permettra d'avoir une bonne vue d'ensemble et de ne pas avoir peur de ne pas avoir de réponse.

5. Réfléchir à un plan.
    Notez toutes les étapes que vous devez entreprendre et divisez-les en sous-étapes afin de pouvoir gérer la situation plus facilement.

6. Exécuter le plan.
    Mettez en œuvre ce que vous avez prévu. Si, pour une raison ou une autre, la première solution ne fonctionne pas, essayez l'une des alternatives. N'abandonnez pas.

7. Réévaluer le plan et le modifier si nécessaire.
    Si le problème est résolu, félicitations ! Si ce n'est pas le cas, refaites les étapes à partir de la première et essayez de trouver d'autres solutions possibles. Il y a certainement une solution.

En suivant les étapes sous la direction d'un spécialiste des TCC, vous pourrez apprendre à gérer vos difficultés de manière rationnelle et en gardant la tête froide, en évitant ainsi qu'elles ne s'accumulent et ne deviennent plus difficiles à surmonter.

La méditation au moyen de mantras

La méditation est toujours utile lorsque vous vous trouvez dans une situation anxiogène ou même lorsque vous êtes confronté à une difficulté et que vous vous sentez stressé.

Il existe de nombreux types de méditation qui servent à se détendre, l'une d'entre elles est la méditation à partir d'un *mantra*. Elle est très facile à pratiquer : Choisissez quelques mots ou sons et répétez-les aussi souvent que vous le souhaitez lorsque vous êtes dans une humeur négative et que vous avez besoin d'aide ou de soulagement. Vous pouvez répéter une phrase que vous aimez bien, ou même un mot en langue étrangère qui évoque la bonté et le calme. Vous pouvez également créer des mantras qui ont une signification positive uniquement pour vous, ou vous pouvez utiliser des mantras plus traditionnels connus de longue date.

Il existe de nombreuses possibilités pour mettre cette stratégie en pratique et peu de restrictions. Essayez-la.

Une fois que vous avez choisi votre mantra, il est temps de commencer à méditer. Vous vous sentirez peut-être intimidé au début si vous n'avez jamais pratiqué cette activité, mais la TCC vous offre un guide pour vous aider à démarrer.

Commencez par trouver un endroit confortable, sans distractions. Veillez à ce que votre dos soit soutenu, vous n'êtes cependant pas obligé de vous asseoir, vous pouvez aussi vous allonger. Vous pouvez, si vous le souhaitez, vous entourer d'oreillers et de couvertures ou d'autres éléments qui sont confortables, et vous pouvez également fermer les yeux. Veillez à respirer profondément et naturellement, sans trop vous concentrer, ni faire d'efforts.

Demandez-vous quel est le but de cette séance, puis commencez à réciter le mantra aussi souvent que vous le jugez nécessaire. Portez votre attention sur la manière dont les mots sortent de votre bouche, sur les vibrations que vous ressentez dans votre gorge et sur les sensations dans votre corps.

Si vous êtes distrait et que vous pensez à autre chose, il n'y a pas lieu de paniquer, c'est normal. Essayez simplement de vous recentrer sur la session en cours pendant que vous essayez de vous vider la tête. Cela deviendra de plus en plus facile avec le temps.

Lorsque vous vous sentez prêt, ouvrez à nouveau les yeux et asseyez-vous un moment dans le silence de vos pensées. Puis relevez-vous et retournez à votre travail, vous vous sentirez revigoré par la pratique que vous venez de faire.

Lorsque vous commencez à méditer, il est important d'établir un calendrier pour pratiquer régulièrement : vous pourriez décider de méditer 10 minutes chaque matin, dès le réveil. Si cela est plus pratique, vous pouvez également enregistrer un rappel dans votre téléphone.

Si vous manquez quelques jours ou si vous ne pouvez pas vous engager, ne vous inquiétez pas, faites simplement ce que vous pouvez et ce qui vous plaît. La méditation ne devrait pas être une activité stressante ! Il est néanmoins nécessaire de pratiquer cette activité de manière cohérente si vous voulez en tirer tous les bénéfices.

La thérapie naturelle

Rester enfermé entre quatre murs toute la journée est une source de stress et d'inquiétude. En revanche, le contact avec la *nature* peut vous aider à oublier votre emploi du temps chargé et votre vie trépidante, et à vous permettre de remettre les choses en perspective. Essayez donc de profiter de chaque occasion qui se présente à vous pour passer du temps au vert.

Si vous faites votre promenade quotidienne, choisissez un parcours à travers des champs ouverts et panoramiques plutôt que de traverser votre quartier au milieu de la circulation. Si vous faites une excursion, n'oubliez pas de prévoir une randonnée dans les forêts locales. Si vous n'avez pas envie d'aller quelque part, vous pouvez aussi regarder des documentaires sur la nature qui offrent des vues panoramiques de lieux lointains et d'environnements exotiques. Cela vaut mieux que de ne pas voir la nature du tout.

L'art et la musique

De tout temps, les hommes ont été inspirés par la beauté de l'art et de la musique. Écouter la voix harmonieuse d'un chanteur ou admirer l'œuvre d'un grand peintre peut souvent avoir un effet thérapeutique et susciter des sentiments de paix et de tranquillité.

La TCC vous propose d'apprécier la musique d'un groupe ou d'un artiste solo de votre enfance (par exemple les Beatles, Queen, Coldplay, Paul McCartney, Elton John, etc.) ou de regarder un tableau que vous avez vu une fois et dont vous vous souvenez (de nombreuses personnes aiment par exemple les tableaux de Van Gogh, Monet, Picasso, Rembrandt, Pollock, etc.) Ouvrez un livre que vous n'avez pas lu depuis plusieurs années, mais que vous avez toujours aimé, ou feuilletez un recueil de poèmes qu'un être cher vous a recommandé ou offert. Si vous ne trouvez pas de chanson, d'œuvre ou de livre que vous aimez, vous pouvez aussi demander des suggestions à vos amis ou à votre famille. L'essentiel est que l'art et la musique soient une source de sérénité et non de stress.

Chapitre 3 - L'aspect comportemental des TCC

Les techniques de thérapie comportementale aident le patient à rassembler des preuves que ses prédictions sont fausses et que son comportement excessif peut être évité.

Au cours du traitement, à mesure qu'il rassemble de plus en plus de preuves pour réfuter ses prédictions, le sujet réévalue ses pensées catastrophistes.

Avec le thérapeute, il établit une hiérarchie des tâches, de celles qui génèrent le plus d'anxiété à celles qui en génèrent le moins.

Activation de comportements

Le patient et le thérapeute planifient ensemble les activités quotidiennes et s'efforcent de réduire le nombre de ces dernières afin de pouvoir mieux gérer la situation. L'objectif est que le patient n'ait plus à prendre constamment des décisions, mais qu'il puisse à un moment donné agir intuitivement. C'est pourquoi les situations quotidiennes sont exercées afin que le patient les intériorise.

Exposition graduée

Des tâches sont proposées étape par étape afin d'éviter les comportements de procrastination et les situations angoissantes. La décomposition des tâches stressantes en étapes gérables aide à faire des expériences positives qui éliminent progressivement les associations et les pensées négatives.

Parallèlement, la thérapie comportementale permet à la personne concernée de développer une résistance à l'anxiété. Cet effet est important.

Avant de réaliser une activité, on demande à la personne traitée de faire une prédiction, puis d'écrire dans le journal si elle s'est réalisée. Cette technique permet de se défaire des "comportements de sécurité", c'est-à-dire des mécanismes de *gestion qui permettent d'*échapper à la peur en imaginant des scénarios. En réalité, ces attitudes ne protègent pas la personne concernée, mais renforcent plutôt automatiquement les peurs et les croyances négatives. Un exemple serait le patient qui refuse d'aller chez le médecin alors qu'il a besoin d'un traitement parce qu'il pense qu'il découvrira qu'il est gravement malade s'il se rend au cabinet.

D'autres thérapies, comme l'entraînement à la "relaxation" et les exercices de respiration, peuvent réduire les symptômes physiques d'agitation autonome qui accompagnent l'anxiété. Elles sont également utilisées pour le traitement des attaques de panique.

Gestion des mécanismes d'adaptation inappropriés

Les TCC sont fortement axées sur le fait de rendre la vie plus paisible et plus agréable. L'idée directrice est que l'interprétation des événements joue un rôle important dans la réaction émotionnelle et comportementale à ces événements.

Par exemple, si quelque chose vous arrive et que vous ne voyez que le côté négatif, vous éprouverez des sentiments similaires. Ce traitement vise à vous aider à changer la manière dont vous interprétez les informations et à vous rendre plus sûr et plus heureux dans vos réactions.

Ce type de thérapie présente de nombreux avantages.

1. une meilleure estime de soi et une plus grande confiance en soi.

La TCC vise à augmenter la confiance du patient en ses propres capacités et l'aide à trouver des solutions à ses difficultés, souvent causées par un manque de confiance en soi.

Un manque n'est pas synonyme de trouble mental : il peut simplement être dû à des sentiments négatifs que vous éprouvez par rapport à votre vie ou à vos croyances fondamentales. Les outils proposés par les TCC peuvent y remédier. En peu de temps, vous retrouverez peut-être la motivation d'essayer de nouvelles choses et ne resterez plus entre quatre murs, déprimé et anxieux. Avec le temps, vous devriez constater une amélioration de vos relations, grâce à votre capacité désormais acquise à établir des relations saines et satisfaisantes avec les personnes qui vous entourent. Si vous êtes confronté à des obstacles, vous constaterez que davantage de solutions positives s'offrent à vous que vous ne l'auriez pensé auparavant.

Ce n'est pas un processus rapide, mais il promet des progrès constants, tant sur le plan émotionnel que physique.

2. construction de pensées positives.

La thérapie TCC montre au patient différentes techniques qui l'aident à penser de manière plus optimiste. Elle aide à trouver des moyens plus sains de faire face à la charge émotionnelle générée par les pensées négatives. Elle montre également comment identifier et éliminer ces dernières.

Deux autres composantes de cette forme de thérapie sont la restructuration cognitive et l'affirmation de soi, qui vous aideront à éviter d'autres pensées négatives. L'assertivité est importante : la capacité à communiquer clairement et à adopter une attitude en accord avec vos principes vous permettra de prendre des décisions plus rapides et mieux fondées, même dans les moments difficiles, sans vous laisser guider par vos peurs et vos émotions.

3. une meilleure gestion de la colère

La colère est une émotion dangereuse : si elle n'est pas exprimée et équilibrée, elle peut s'accumuler et provoquer des problèmes de santé, du stress et de la violence. Même sous des formes moins violentes, cette émotion peut avoir un impact très négatif sur les relations et la vie d'une personne.

En TCC, il existe différentes manières de gérer la colère, en fonction de sa cause, qui peut parfois être obscure pour les patients. Dans ces cas, l'appropriation de nos croyances de base s'avère très utile pour le thérapeute.

4. une résistance accrue aux traumatismes, au deuil et au SSPT.

Les personnes ayant vécu des expériences douloureuses ne sont souvent pas en mesure de s'ouvrir et d'exprimer leurs sentiments. Grâce aux TCC, elles peuvent apprendre à les reconnaître et à les exprimer.

Les personnes concernées ont également tendance à utiliser des stratégies inappropriées pour *faire face*, comme la consommation d'alcool ou de drogues. Avec le thérapeute, elles apprennent à reconnaître les situations qui déclenchent un tel comportement et à les aborder.

5. réduction ou arrêt de la consommation de drogues et de la dépendance.

La TCC est très efficace pour traiter les problèmes de dépendance, car elle aide l'individu à comprendre ses sentiments et à examiner comment ils influencent ses actions. Elle aide également à identifier les *déclencheurs* et à appliquer les techniques les plus efficaces pour ne pas tomber dans un comportement addictif. La première étape consiste toutefois à comprendre la raison de la consommation de drogue.

6. améliorer les compétences en communication.

Les troubles émotionnels et comportementaux ne sont pas rares chez les enfants et se manifestent également par des difficultés de communication. Si ces derniers ne sont pas diagnostiqués, ils peuvent se manifester à l'école en même temps que d'autres troubles tels que le trouble du déficit de l'attention avec hyperactivité (TDAH). La TCC est un traitement utile car elle apprend aux enfants et aux adultes à mieux communiquer.

7. prévention des rechutes dans la consommation de drogues.

Dans de nombreux cas, la TCC permet aux patients d'éviter une rechute dans la toxicomanie, souvent causée par des pressions sociales, des conflits interpersonnels et un état d'esprit négatif. Les stratégies d'*adaptation* de la TCC permettent à la personne concernée de se détacher de son comportement addictif et d'identifier et d'appliquer des schémas plus sains. Elle favorise le sentiment de conscience, d'acceptation et de validation.

Pour se rétablir, les pensées négatives doivent être éliminées. Cela peut être un processus long et difficile, car la dépendance est un problème qui dure toute la vie.

8. atténuation des troubles alimentaires.

La TCC est extrêmement efficace dans le traitement de l'anorexie mentale et de la boulimie, ainsi que d'autres types de troubles alimentaires. Les traitements consistent en une série de séances au cours desquelles non seulement l'éducation psychologique est abordée, mais les conséquences médicales de tels problèmes sont également mises en évidence. En outre, un rythme alimentaire approprié est prescrit, ce qui permet de prendre des habitudes régulières à l'aide de programme de repas. Les patients sont confrontés aux aliments qu'ils redoutent afin qu'ils puissent se réhabituer peu à peu à un mode de vie normal. Des stratégies de prévention des rechutes sont également nécessaires.

Les techniques utilisées dans ces domaines reflètent l'aspect comportemental des TCC, qui visent à encourager les individus à modifier leurs actions et leurs comportements. Une *planification des activités* et l'*attribution progressive des tâches* servent à augmenter le bien-être mental d'une personne et à favoriser des expériences agréables et productives.

Il existe d'autres techniques de la TCC qui contribuent à un sentiment de paix et qui sont particulièrement adaptées à la lutte contre l'anxiété : l'écriture dans un journal, la restructuration cognitive, l'exposition et l'évitement des réactions, la réécriture, la relaxation musculaire progressive, la respiration détendue, les conversations avec une personne aimée et l'activité physique. Ainsi, une automatisation des stratégies exercées peut se produire lentement, le patient ne doit plus faire d'efforts, mais fait automatiquement ce qu'il a exercé, sans avoir à faire d'efforts.

Le journal thérapeutique

Ce type d'activité peut être utilisé de deux manières.

La première consiste à utiliser le journal comme un "aide-mémoire". Notez simplement tout ce qui vous passe par la tête et ce que vous ressentez afin d'éliminer les mauvaises pensées de votre esprit. Vous vous sentirez soulagé et plus serein. C'est très utile en cas d'anxiété.

La deuxième méthode est appelée "journal des pensées dysfonctionnelles", également connu sous le nom de "journal des pensées dysfonctionnelles".

Dans ce cas, l'enregistrement de vos pensées se fait dans un tableau de 7 colonnes contenant les informations suivantes :

- Colonne 1 : le processus de pensée dysfonctionnel que vous avez eu ;

- colonne 2 : la situation qui s'est effectivement produite

- colonne 3 : la pensée automatique qui surgit immédiatement après

- Colonne 4 : les émotions et pensées que vous auriez pu avoir

- Colonne 5 : la pensée dysfonctionnelle elle-même

- Colonne 6 : les idées alternatives qui auraient pu vous venir à l'esprit

- Colonne 7 : comment l'exercice s'est terminé, comment vous vous sentez et si vous vous sentez mieux maintenant que vos émotions se sont apaisées.

Les distorsions cognitives et la restructuration

L'anxiété est généralement causée par une distorsion cognitive qui engendre des pensées trompeuses et erronées, apprendre à reconnaître cette distorsion est la première étape pour entamer ce que l'on appelle la "restructuration cognitive".

Elle consiste à changer la manière dont nous traitons généralement les pensées et les sentiments.

Commencez par écrire de manière très détaillée les raisonnements qui vous inquiètent. Ensuite, réfléchissez et listez tous les faits qui pourraient contredire ces idées. De cette manière, vous commencez à donner corps à l'hypothèse selon laquelle ce que vous croyez ne correspond pas toujours à la réalité.

Décidez laquelle des pensées que vous avez est réelle. Vous devriez croire celle qui se base sur des preuves et pas nécessairement celle qui se base sur votre opinion. Si vos pensées se basent uniquement sur vos jugements, vous pouvez les modifier.

La prévention par l'exposition et la réaction

Il s'agit d'une partie de la thérapie TCC qui vous aidera à gérer les *déclencheurs* afin que vous ne soyez pas submergé et ne ressentiez pas d'anxiété. L'objectif est d'augmenter progressivement le contact avec eux jusqu'à ce que vous n'ayez plus peur d'entrer en contact avec eux.

Cette stratégie n'est efficace que lorsqu'il est possible de s'exposer à des quantités minimales et contrôlées de déclencheurs et est généralement utilisée lorsque le patient se sent obligé de s'engager mais ne le souhaite pas.

La réécriture et la récitation du scénario jusqu'à la fin

Les techniques décrites dans cette section vous permettent de surmonter l'anxiété en prenant le contrôle des pensées qui la provoquent. Les personnes anxieuses ne sont souvent pas capables de traiter et de refouler de telles pensées, mais préfèrent les éviter. Tôt ou tard, l'énergie utilisée pour se défendre est épuisée. En permettant à vos pensées de circuler et de prendre une nouvelle direction naturelle, vous pouvez créer une nouvelle base de contrôle.

La réécriture nécessite que vous preniez un moment pour réfléchir à ce qui se passe dans votre tête : Demandez-vous quelles sont vos idées et pourquoi elles ne vous aident pas. Essayez ensuite de parler différemment de votre histoire personnelle, vous devez changer la manière dont votre cerveau vit et perçoit vos émotions, afin qu'elles vous paraissent gérables et compréhensibles plutôt qu'effrayantes.

Lorsque vous terminez le scénario, vous êtes en même temps en pleine réécriture. Avant tout, vous essayez d'apprendre et de comprendre à quel point vos pensées peuvent être effrayantes et vous les laissez arriver à leur fin naturelle. Si vous êtes prêt à reconnaître que vous vous sabotez vous-même en vous fixant sur les aspects effrayants de vos pensées, vous pouvez dès lors trouver la force de vous battre jusqu'au bout. Et finalement, réaliser que la pensée en elle-même n'est pas si effrayante. Le message est simplement de se demander ce qui se passe, de jouer entièrement le scénario, puis d'attendre la fin pour redimensionner l'ensemble.

Que se passerait-il, par exemple, si on vous demandait de prendre la parole lors d'une conférence? Vous auriez peur de faire des erreurs ou d'oublier ce que vous vouliez dire. Il se peut même que vous vous rejouiez ces scénarios dans votre esprit jusqu'à ce que vous ressentiez une très forte anxiété. À ce stade, vous devez toutefois vous assurer que vous jouez le scénario jusqu'à la fin : Pensez à ce qui va se passer. Mais lorsque vous arrivez à la partie où vous vous sentez généralement le plus anxieux, essayez de vous dire : "Qu'est-ce qui vient ensuite ?" pour surmonter votre nervosité. Vous constaterez que vous ferez peut-être des erreurs, dans certaines circonstances, les gens vous regarderont d'un air amusé. Mais ensuite, vous continuerez et terminerez votre exposé. Même s'il semble que le "film" ne se déroule que dans votre tête, vous remarquerez que votre anxiété diminue dès que vous arrivez à la fin.

La relaxation musculaire progressive

La relaxation musculaire progressive (RMP) est une forme de thérapie qui combine méditation et relaxation. Une excellente chose pour les personnes nerveuses.

Elle favorise la réduction des tensions et vous aide à être en paix avec vous-même. Elle peut être considérée comme une sorte de bio relaxation, car le corps apprend à reconnaître que tout va bien : cette sensation de soulagement physique peut réduire considérablement l'anxiété.

Vous pouvez essayer la PMR vous-même en vous concentrant sur une zone de votre corps à la fois et en lui demandant de se détendre. Entre-temps, vous remarquerez que vous perdez progressivement le sentiment d'oppression que vous portez en vous et que vous vous sentez mieux physiquement. Vous pouvez faire cet exercice régulièrement ou dans des situations particulières où vous sentez que vous devez lâcher prise. Vous pouvez le faire seul ou chercher sur Internet des applications de méditation spéciales qui peuvent vous guider dans ce processus.

Respiration détendue

Lorsque vous ressentez de l'anxiété, votre corps et vos muscles se contractent, votre respiration devient plus rapide et plus superficielle, ce qui entraîne une hypertension artérielle et d'autres effets physiques.

Si vous reprenez le contrôle de votre respiration, vous vous sentirez plus calme. Une respiration détendue peut vous y aider. Vous pouvez la pratiquer vous-même ou à l'aide d'applications de méditation guidée disponibles sur Internet.

Essayez simplement de vous concentrer sur la respiration rythmée pendant une minute ou jusqu'à ce que vous soyez calmé. Une méthode consiste à inspirer pendant cinq secondes, à retenir sa respiration pendant six secondes, puis à expirer pendant sept secondes. Répétez cela trois fois.

Parler aux gens qu'on aime

Si vous souffrez d'une anxiété envahissante, le soutien de vos proches vous aidera énormément : Vous vous sentirez mieux et vous récupérerez plus rapidement.

Les sentiments d'anxiété peuvent être stigmatisants, c'est pourquoi vous avez parfois tendance à cacher le problème ou à vous sentir coupable, car vous vous retrouvez dans un état émotionnel où vous êtes perçu comme faible (alors que vous ne l'êtes pas). Cela ne fait que renforcer vos craintes, car vous refoulez vos sentiments.

Souffrir seul n'est jamais une bonne idée. La solitude peut conduire à des idées noires et aggraver les choses. En revanche, si vous trouvez une personne de confiance à qui parler, faites le sans hésitation, vous aurez le réconfort d'être soutenu.

L'activité physique

Lorsque nous avons peur, notre corps produit de grandes quantités de cortisol et d'adrénaline. Cela fait partie du *mécanisme "fight or flight" (résister ou s'enfuir)*, qui nous permet de nous sortir rapidement de situations incertaines. Néanmoins, lorsqu'on ne fuit pas vraiment une situation dangereuse, mais qu'on ressent néanmoins une forme de peur, on peut se sentir mal à l'aise. Ce sentiment de panique, qui se manifeste normalement par la fuite, fait battre le cœur, transpirer le front et accélère la respiration.

Si vous êtes capable de mettre en place un programme d'entraînement régulier, vous constaterez que cela fait des miracles : en aidant à dépenser l'énergie excédentaire qui s'accumule dans le corps, l'impression de malaise disparaît, vous vous calmerez et vous retrouverez votre santé.

Chapitre 4 - Identifier les obstacles

Des pensées négatives et une anxiété persistante peuvent amener une personne à consulter en soins palliatifs, et si les symptômes ne sont pas traités, ils peuvent s'aggraver. L'anxiété peut mettre la santé en danger, car elle est souvent associée à la dépression : La combinaison des deux peut entraîner une très faible capacité de prise de décision et un niveau de stress élevé, qui peut provoquer de l'hypertension et des maux de tête. Dans ce cas, on assiste à une *gestion* centrée sur l'évitement, les patients essayant de faire face à une charge émotionnelle et mentale apparemment très lourde.

Certaines personnes se tournent vers l'alcool ou la drogue : dès que l'on commence à devenir dépendant de quelque chose, il faut immédiatement chercher de l'aide. C'est pourquoi la thérapie TCC est utile.
Il faut savoir que la peur est avant tout associée à des sentiments négatifs. Notamment, le sentiment d'une catastrophe imminente qui rend la concentration difficile, car on a toujours l'impression que quelque chose va mal se passer. Les émotions qui y sont associées, telles que la peur et le stress, peuvent rendre difficile le rétablissement d'une base de normalité.

Dans certains cas extrêmes, les personnes concernées peuvent souffrir de problèmes respiratoires, comme une respiration superficielle qui ne permet pas au corps de recevoir suffisamment d'oxygène pour retrouver le calme. Le stress permanent peut entraîner des maux d'estomac et des ulcères gastro-intestinaux. Une alimentation équilibrée permet de soulager certains de ces symptômes.

Pour d'autres, l'interaction sociale peut diminuer, ce qui peut être très contre-productif pour la guérison. Il peut alors devenir difficile de nouer des relations avec autrui.

Dans ce cas, les personnes peuvent sembler calmes ou à l'inverse, facilement irritables. Leur réactivité ou leur colère peut augmenter s'ils se sentent mal à l'aise ou s'ils ont des maux de tête.

L'anxiété sociale est très répandue et est associée aux personnes qui ont des difficultés ou qui deviennent nerveuses à l'idée de rencontrer d'autres personnes et se faire des amis, car elles souffrent d'une faible estime d'elles-mêmes et s'inquiètent de l'opinion des autres. Il ne s'agit pas simplement de timidité, mais d'un niveau de malaise considérable qui peut déclencher cet *instinct de "fight or flight"* lorsqu'elles sont confrontées à quelqu'un qui leur donne l'impression d'être en danger. Ces personnes ont un rythme cardiaque soutenu, une respiration rapide et superficielle. Dans les cas les plus extrêmes, elles se retirent complètement de la société.

Les symptômes du trouble d'anxiété sociale sont similaires à ceux mentionnés pour le TCC et les pensées négatives : Les patients se basent sur des interprétations négatives des situations, s'inquiètent de l'interaction avec les autres et ont l'habitude de prédire un avenir catastrophique. Ils peuvent également adopter des comportements physiques qui expriment leur anxiété, comme par exemple tourner leurs doigts dans des mouvements répétitifs.

L'anxiété a également un impact particulier sur le niveau d'énergie des personnes qui souffrent de crises de panique. Elle peut affaiblir le système immunitaire, les muscles et même les organes, provoquer des insomnies et réduire le désir sexuel.

Les attaques de panique peuvent causer un certain nombre de dommages, notamment une perte de revenus (si la personne est trop angoissée pour aller travailler), une faible activité physique et une interaction sociale limitée. Le patient peut en arriver au point d'avoir des pensées ou des tendances suicidaires. Dans de tels cas, il est important de consulter immédiatement un médecin ou un thérapeute.

Parfois, les personnes souffrant d'anxiété adoptent une approche autodestructrice : elles s'automutilent parce qu'elles ressentent un sentiment de soulagement à travers leurs pensées et tentent de s'automutiler pour maîtriser leur souffrance. Celle-ci est causée par deux types d'anxiété : l'anxiété généralisée et l'anxiété sociale. Les personnes souffrant d'anxiété généralisée sont habituellement plus enclines à s'automutiler afin de réduire leur stress.

Les personnes qui souffrent d'anxiété sociale peuvent s'automutiler pour ressentir le sentiment d'avoir été punies d'une manière ou d'une autre. Le rejet le plus destructeur se trouve chez les personnes qui ont recours à cette pratique par colère. Elles sont en colère contre elles-mêmes parce qu'elles ont le sentiment de ne pas avoir fait assez pour éviter de se retrouver dans cette situation. Il est possible qu'elles ressentent également le besoin d'être punies ce qui fait référence à des problèmes émotionnels antérieurs encore plus graves.

Chapitre 5 - Définir les objectifs

Les objectifs sont une représentation de ce que vous voulez atteindre. Vivre sans eux peut vous donner l'impression de n'avoir rien construit, car ils sont un moyen de mesurer votre réussite. Et quelque chose vers quoi travailler.

Lorsque vous vous fixez des objectifs, vous devez définir un délai et avoir une idée de la manière dont vous allez les atteindre. S'il s'agit de quelque chose de difficile, vous devez vous fixer des objectifs plus petits afin de mieux gérer la situation, d'évaluer les progrès et d'éviter la procrastination.

Comment atteindre le succès et suivre le chemin que l'on souhaite pour sa vie ?

Trouvez votre vision

L'objectif d'avoir une vision est de vous motiver, de vous inspirer et vous remplir d'énergie et de vie. Une vision doit vous guider et être en rapport avec vos valeurs fondamentales. Elle vous aide à focaliser votre attention et à éliminer tout ce qui est superflu ou sans importance.

Pendant que vous faites votre quête de vision, asseyez-vous dans un endroit calme et considérez toutes vos options pour déterminer vos objectifs. Vous vous surprendrez alors à penser à des choses qui vous rendront heureux. Une fois que vous avez fixé ces objectifs, vous devez vous assurer que votre vision possède les caractéristiques suivantes :

- Unique : Est-ce qu'elle correspond à vos passions ? Vous imaginez-vous jouer ce rôle ?

- Simple : Elle doit être claire et facile à expliquer. Ainsi, elle peut être comprise et suivie par les personnes dont vous avez besoin pour l'atteindre.

- Bien ciblée : Elle doit être spécifique et ciblée. Jamais formulée de manière trop vague.

- Audacieuse : Il est conseillé qu'elle soit suffisamment audacieuse et large pour exprimer vos qualités et vos capacités.

- Utile : Assurez-vous qu'elle a un but et qu'elle profite à d'autres, pas seulement à vous.

- Orientée vers le but : Elle doit correspondre à vos objectifs et vous devez être en mesure de comprendre comment les atteindre et d'expliquer le processus aux autres.

- Inspire les gens : Exprimez votre vision d'une manière qui inspire et essayez d'attirer un groupe de personnes prêt à vous suivre.

- Stimulante : votre vision doit susciter la curiosité et l'intérêt de votre équipe.

- Réalisable : si vous voulez réaliser quelque chose dans un certain délai, il est important que vos objectifs soient réalisables.

Les personnes qui n'ont pas d'objectifs ont tendance à ne pas diriger leur vie et à la laisser se dérouler, sans contrôle. Si vous prenez les devants, vous pouvez d'une part en profiter et d'autre part savoir dans quelle direction vous allez.

Comment définir vos objectifs

Leurs objectifs et finalités doivent être cohérents

Parfois, vous avez des objectifs, mais vous ne vous sentez pas motivé pour les atteindre : Dans ce cas, cela signifie que le problème réside en ce que ces objectifs-là ne correspondent pas aux objectifs plus profonds que vous désirez.

Vous avez simplement déterminé des objectifs en fonction de ce que vous pensez que vous devriez faire ou de ce que vous pensez que les autres pensent que vous devriez faire. Ceux-ci sont peut-être réalisables, mais vous ne les poursuivrez pas à long terme, car ils ne correspondent pas à vos véritables désirs. Si vous les atteignez, vous n'aurez peut-être pas le sentiment de réussir.

Lorsque vous vous fixez des objectifs, il est important de les choisir en fonction de vos véritables désirs, de vos passions ou de vos rêves. C'est la priorité, avant même de savoir s'ils sont réalisables ou non.

Ils doivent être planifiés

Il ne suffit pas de savoir ce que vous voulez : vous devez également mettre cela sur papier et planifier la manière dont vous allez l'atteindre. Vous devrez revoir ce document régulièrement, mesurer vos progrès et l'utiliser pour rester concentré sur votre objectif. C'est un bon moyen d'atteindre un objectif.

Choisissez un partenaire qui vous rappellera votre responsabilité face à la concrétisation de votre ou vos objectifs.

Si vous partagez vos objectifs avec une autre personne, vous constaterez que cela vous aide à rester concentré.

Identifier des objectifs utiles. Cela signifie que vous devez vous assurer que ce que vous avez décidé de faire vaut la peine d'être fait. Si l'objectif ne vaut pas la peine d'être poursuivi, vous perdrez votre motivation.

N'ayez pas peur des obstacles. Vous devez vous attendre à rencontrer des obstacles sur votre chemin, que vous ne prévoyez pas et que vous devrez néanmoins surmonter. Ne vous découragez pas, soyez simplement préparé.

Ne reportez pas.

Il existe de nombreuses raisons pour lesquelles vous pouvez procrastiner :

- Vous pourriez vous rendre compte que la tâche ne vous convient pas et que vous voulez faire autre chose. Très peu de personnes dans le monde souhaitent changer leur approche des tâches difficiles et préfèrent s'en tenir à ce qu'elles connaissent. Ayez une vision différente ;
- Il se peut que vous vous sentiez incompétent(e) dans une tâche et que vous l'évitiez pour éviter l'embarras d'avouer votre ignorance ;
- Vous êtes trop perfectionniste, mais cela ne fait que vous ralentir.

Apprendre de nouvelles méthodes et de nouveaux comportements n'est pas toujours agréable, mais si vous remettez vos tâches à plus tard, vous n'atteindrez pas votre objectif.

Mettez en place un système de récompense. Assurez-vous d'avoir quelque chose pour vous récompenser lorsque vous atteignez certains de vos objectifs plus modestes. Vous constaterez qu'il est plus facile d'accomplir des tâches exténuantes s'il y a une récompense à la fin.

Décomposez-les et abordez-les de manière cohérente. N'ayez pas peur si une tâche vous semble difficile : divisez-la en portions plus petites afin qu'elle soit plus facile à accomplir. Prenez chaque jour ou aussi souvent que possible les parties les plus ingrates de la tâche : Vous vous familiariserez avec elles et pourrez les mener à bien.

Prenez des notes et tenez un registre. Prendre des notes est important pour vous assurer que vous savez ce que vous devez faire. Vérifiez-les chaque jour, restez toujours concentré.

Soyez responsable aux yeux des autres. Si vous vous forcez à tout faire vous-même, vous risquez d'avoir du mal à aller de l'avant. Trouvez une personne ou plusieurs pour vous rappeler votre responsabilité par rapport à ce qui doit être fait : Vous vous sentirez motivé pour ne pas échouer à ses yeux.

Posez-vous des questions. Que se passerait-il si vous remettiez cette tâche à plus tard ? La réponse à cette question pourrait vous convaincre de le faire plus rapidement.

Rêver en grand

N'oubliez pas d'imaginer ce qui se passera lorsque vous aurez atteint vos objectifs. Imaginez ce sentiment de satisfaction. Une fois que vous avez commencé, les choses deviennent de plus en plus faciles.

Cessez de vous battre contre vous-même et imaginez la déception que vous ressentiriez si vous n'atteigniez pas votre objectif, et laissez cette peur vous motiver. Si vous voulez améliorer votre vie, ne remettez pas à plus tard !

Il peut être difficile de se défaire de mauvaises habitudes, qu'il s'agisse de procrastination ou d'autre chose. Vous devez faire preuve d'une certaine discipline. Voici quelques stratégies qui vous aideront à atteindre cette constance.

Imposez-vous des sanctions : Chaque fois que vous répétez une mauvaise habitude, mettez n'importe quelle somme dans un récipient. Vous pouvez décider que ces économies seront reversées à une œuvre caritative ou à une fondation qui vous tient à cœur : L'argent est une excellente source de motivation, car personne ne veut le gaspiller !

Faites le point sur ce qui déclenche votre habitude : Si vous savez ce qui vous pousse à fumer, par exemple, faites en sorte de ne pas céder à cette envie.

Changez lentement : trop de changements sont excessifs et conduisent à l'échec. Mais si vous changez les choses progressivement et systématiquement, vous constaterez que votre taux de réussite augmente.

Imaginez votre ancienne habitude, puis la nouvelle que vous souhaitez adopter : Réfléchissez, élaborez des scénarios et développez une stratégie. La visualisation positive est un outil formidable pour créer de nouveaux schémas dans notre vie.

Rappelez-vous constamment à quel point vous vous sentirez bien lorsque vous aurez enfin abandonné cette mauvaise habitude : par exemple, combien vous vous sentirez mieux lorsque vous cesserez de fumer ou de boire trop.

Changez d'environnement : si le lieu et l'atmosphère dans lesquels vous vivez contribuent à vous faire céder à vos mauvaises habitudes, déménagez.

Prenez la mauvaise habitude : chaque fois que vous cédez à la mauvaise habitude, notez-la et rappelez-vous d'arrêter. Ce rappel constant vous permettra de prendre conscience de vos faiblesses et de votre comportement.

Si vous retombez dans l'habitude, ne soyez pas trop dur envers vous-même : essayez de comprendre les raisons et réfléchissez à la manière dont vous pouvez faire mieux. Se pardonner est une façon de montrer que l'on fait attention.

Changez votre façon de penser à propos de vos mauvaises habitudes et réfléchissez à ce qui vous a nui lorsque vous avez essayé d'arrêter.

Sur la ligne de départ

Si vous êtes prêt à changer, c'est le bon moment pour commencer. Mais si vous voulez devenir une personne différente avec des habitudes, des visions et des objectifs différents, vous devez d'abord changer d'attitude. Commencez dès maintenant.

Vous devez vous concentrer soigneusement sur la création de la personne que vous voulez devenir et qui est déjà en vous. Pour cela, vous devez regarder en vous-même, comprendre vos pensées et évaluer vos objectifs de manière critique. Il est temps d'élaborer votre vision et de suivre toutes les suggestions dont nous avons parlé jusqu'à présent.

Lorsque les gens n'ont pas d'objectifs, ils avancent dans la vie sans but et se sentent frustrés, en colère et seuls.

Ils peuvent grandir avec des peurs, des dépressions et de la colère parce que le monde leur semble injuste. C'est là que les schémas de pensée négatifs trouvent leur origine. Oubliez cette hypothèse selon laquelle tout le monde vous veut du mal.

Si vous avez une attitude positive, vous pouvez changer et poser les jalons d'un avenir meilleur.

Chapitre 6 - Lutter contre les pensées automatiques et intrusives

Autres schémas de pensée néfastes

Il existe plus d'un type de schémas de pensée nuisibles dont vous devez être conscient.

Les pensées intrusives sont celles qui vous viennent à l'esprit soudainement et sans raison. Elles peuvent être dérangeantes voire même inquiétantes, mais tout le monde en a de temps en temps. La plupart d'entre nous les laissent simplement partir, mais certains ne parviennent pas à les chasser de leur esprit lorsqu'elles sont effrayantes, et on peut tout à fait comprendre qu'on puisse avoir peur de les affronter. Le résultat en vaut cependant la peine !

Personne ne sait exactement d'où viennent ces pensées, mais pour certains, elles représentent une manifestation assez régulière. D'aucuns pensent qu'elles sont la manifestation de problèmes latents que vous ne percevez pas comme tels ou que vous pensez déjà avoir résolus.

Cela peut-être lié, par exemple, à une relation difficile avec vos parents, sans pour autant signifier qu'ils ont été violents, mais une relation dont vous essayez de renégocier les termes. Au cours de ce processus, vous aurez peut-être des pensées intrusives qui vous feront penser à des choses inquiétantes ou étranges, voire douloureuses, et il se peut que vous n'arriviez pas à vous en débarrasser ou à comprendre ce qui les provoque.

Bien que ce qu'on expérimente de pire dans notre vie a tendance à passer, ces pensées peuvent quant à elles devenir de plus en plus envahissantes et leur élimination peut s'avérer compliquée, mais il est pourtant important de travailler sur elles.

Pendant le processus thérapeutique, vous devriez avoir identifié vos croyances fondamentales - cela peut se faire en les comparant à des listes et à d'autres critères professionnels afin de déterminer s'il s'agit de pensées automatiques négatives ou de distorsions cognitives. Il est important que vous puissiez séparer ces pensées de vos schémas habituels.

Gérer les pensées automatiques fréquentes

Les pensées automatiques négatives sont celles que vous acceptez comme des faits bien qu'elles ne le soient pas.

Elles se produisent de manière inconsciente, mais peuvent avoir un impact considérable sur votre estime de soi, vos actions et la manière dont vous interagissez avec les autres.

Vous avez peut-être du mal à déterminer lesquelles de ces pensées sont négatives et lesquelles ne le sont pas. Essayez de comprendre cela.

Ressentez-vous des peurs ou avez-vous des craintes concernant certains sujets ou objectifs ? Ce sont les résultats de pensées automatiques négatives. Si par exemple, vous aimeriez perdre un peu de poids, mais vous avez peur qu'on se moque de vous si vous échouez, et cela finit par vous amener à ne rien faire. Quelque chose vous retient. Vous ne faites pas de sport et n'essayez pas de changer de style de vie, et ensuite, peut-être par culpabilité, vous prenez des habitudes alimentaires encore plus malsaines. La TCC peut vous aider à changer tout cela.

Les types courants de pensées envahissantes

Lorsque vous avez affaire à des *pensées intrusives*, vous devez déterminer si elles sont négatives ou non. En les observant, vous vous rendrez compte qu'il existe des distorsions cognitives par lesquelles vous invalidez et contredisez d'autres croyances fondamentales, tout en vous accrochant à ces idées et en agissant pour les imposer. Tout comme un programme antivirus sur un ordinateur, vous devez apprendre à distinguer ces pensées de votre système de croyances de base normal afin d'être capable de contrer leur influence.

En voici quelques exemples :

La culpabilité et la honte

La culpabilité est généralement considérée comme une émotion négative, en particulier lorsque nous l'utilisons comme une arme contre les autres.

Elle est enveloppée dans une multitude de mots au conditionnel qui indiquent un sentiment d'échec : faire ou ne pas faire, devoir ou ne pas devoir. Ces termes impliquent que vous avez échoué et que vous sentez probablement coupable ou même incapable. Cela peut parfois déclencher une spirale de la honte qui se traduit par des sentiments et des comportements négatifs. Sans la touche salvatrice de la réalisation de soi, vous revivrez sans cesse les mêmes attitudes.

Disons que par exemple, vous avez accepté de participer à un événement social, mais avec le temps, votre réticence à y aller est devenue de plus en plus grande, et vous finissez par décider de ne pas y aller, mais vous vous sentez coupable, et vos amis vous font culpabiliser. En conséquence, vous vous sentez d'autant plus mal, car non seulement vous vous êtes privé de l'expérience, mais vous avez également blessé leurs sentiments. À ce stade, vous vous demandez peut-être : mais si finalement, vous avez fait ce que vous pensiez vouloir, pourquoi est-ce que vous ne vous sentez pas plus heureux ?

Le pire finira toujours par se produire

Est-ce que vous avez tendance à toujours vous attendre au pire ? Alors vous êtes catastrophiste. Ainsi, ne tenez pas compte de la réalité, car vous envisagez toujours le pire des scénarios possibles.

Par exemple, votre enfant n'est pas encore rentré et vous pensez immédiatement à appeler la police, alors qu'il est peut-être tout simplement sorti pour acheter du lait et qu'il est en retard parce qu'il y a la queue à la caisse. Il est clair que dans ce cas, vous exagérez : Ne serait-il pas plus judicieux d'envisager d'abord des possibilités plus réalistes ?

L'argumentation émotionnelle

En opposition à la pensée rationnelle, la pensée émotionnelle s'appuie fortement sur vos sentiments et influence votre jugement bien plus qu'il ne le devrait. Vous ne pouvez pas mélanger à parts égales émotions et rationalité, si vous laissez les premières prendre le dessus sur les secondes, vos émotions deviennent la cause de vos actions, et vous vous dirigez vers un déséquilibre dangereux et un état d'esprit instable.

Imaginez que vous ayez un entretien d'embauche : vous savez que vous devez vous préparer en vous informant et en prenant des notes, mais au lieu de cela, vous perdez du temps à vous inquiéter et à imaginer les pires scénarios dans lesquels vous n'êtes pas en mesure de répondre aux questions. Au lieu de suivre un plan logique pour votre réussite, vous vous exposez à l'échec.

Se focaliser uniquement sur le négatif

Au lieu de voir une perspective équilibrée ou même positive, vous vous laissez uniquement guider par des interprétations négatives dans votre expérience ou votre perception de l'événement.

Imaginez par exemple que vous partez en vacances. Pendant votre séjour à l'hôtel, vous avez quelques plaintes concernant le service, mais vous avez l'impression qu'elles ne sont pas entendues, et vous créez un gros problème pour quelque chose qui n'était pas vraiment important. Vous vous en plaignez et en parlez constamment à votre conjoint ou à toute personne qui vous écoute. Tout autre épisode de votre voyage sera perçu comme mauvais, même s'il est positif. Lorsque vous rentrerez chez vous, vous repenserez à vos vacances et vous vous plaindrez de tout.

La focalisation sur les sentiments de remords

Si vous regardez votre passé et interprétez les choses que vous avez vécues dans une perspective d'amertume (comme si vous vouliez dire : "Je le savais"), vous adoptez une attitude de regret. Au lieu de percevoir vos expériences comme une série de leçons ou d'apprentissages, vous vous concentrez uniquement sur ce qui a mal tourné ou sur la façon dont vous auriez pu être bien mieux aujourd'hui, "si seulement"... Vous avez abandonné la position de quelqu'un qui veut grandir à travers ses expériences et vous vous vautrez dans une attitude misérable.

Il en résulte de la culpabilité et de la honte.

Si vous êtes resté avec une personne pendant plusieurs années et que vous vous êtes séparés paisiblement au fil du temps parce que votre partenaire n'était plus attiré par vous, vous devriez l'accepter. Néanmoins, vous vous sentez aveuglé et en colère par son désir de mettre fin à la relation. Au lieu d'examiner la contribution que vous avez apportée à la relation et de trouver comment devenir un meilleur partenaire, vous passez votre temps à devenir amer. Vous vous replongez dans vos souvenirs et vous vous déchargez de toute responsabilité. Vous adoptez une distorsion cognitive dans laquelle vous vous considérez comme la partie lésée, pris entre le désir de revoir votre partenaire (après tout, "je n'ai rien fait de mal, n'est-ce pas ?") et le désir de le faire souffrir comme vous avez souffert. Il s'agit d'un mécanisme très malsain par lequel vous vous laissez figer émotionnellement et vous enveloppez dans l'apitoiement.

Croire lire les pensées des autres

Très souvent, nous pensons savoir ce que pense quelqu'un d'autre. Cela repose généralement sur une hypothèse négative, qui est une sorte de rancœur dirigée d'abord contre soi-même.

Par exemple, vous pouvez avoir l'impression qu'une personne dont vous avez besoin d'aide, comme une bibliothécaire ou un mécanicien, est lente à accomplir sa tâche. Dans cet état d'esprit, vous interprétez chaque soupir ou chaque toux comme un signe qu'elle vous trouve désagréable ou une insulte. Vous ne pensez peut-être même pas au fait qu'elle peut être malade ou qu'elle a passé une mauvaise journée. Au lieu de cela, vous partez du principe qu'il ou elle vous insulte et vous vous comportez en conséquence.

Ces hypothèses, qui reposent sur des connaissances que vous ne pouvez pas posséder, sont fausses. Le fait est que vous ne pouvez pas lire dans les pensées, vous êtes simplement guidé par votre propre incertitude.

Considérez plutôt les gens à leur juste valeur - ils se déplacent peut-être lentement, ils s'amusent peut-être de votre réaction - peut-être qu'ils vous voient mieux que vous ne le pensez.

De toute façon, rien de bon n'arriverait

Comme pour le catastrophisme, d'autres pensées intrusives se concentrent sur l'idée que des mauvaises choses vont se produire. Vous remarquerez que vous prévoyez que de mauvaises choses sont sur le point de se produire, et vous commencerez à éviter les situations desquelles vous vous attendez à de mauvais résultats.

Par exemple, vous pourriez décider de ne pas participer à une équipe sportive parce que vous imaginez que tout le monde est meilleur que vous.

Le problème, c'est moi

Si vous prenez les choses trop personnellement, vous penserez que tout ce qui est mauvais autour de vous a forcément un rapport avec vous. C'est une attitude épuisante.

Imaginez, par exemple, que votre père soit peu enthousiaste lorsque vous lui parlez d'une réalisation que vous avez accomplie. Vous penserez probablement que sa réaction appropriée est due à quelque chose que vous avez fait et vous commencerez à élaborer des scénarios dans lesquels vous imaginez qu'il est en colère contre vous. Vous lui donnez donc ce que vous appelez le "rendre la pareille, rendre la monnaie de sa pièce ". Cela influence votre comportement et vos interactions avec lui, alors que vous auriez pu simplement lui demander ce qui le dérangeait.

Il n'y a pas de voie du milieu

Certaines personnes tombent dans l'idée qu'il n'existe pas de voie intermédiaire. Cette façon de penser comporte un risque d'erreur majeur, car elle suppose une grande distance par rapport à la réalité, dans laquelle une chose ou une personne est rarement totalement positive ou totalement négative. Même les actions que vous entreprenez sont vécues comme de grandes victoires ou d'énormes échecs et vous mettent sous une grande pression et de grandes attentes.

Comment se libérer des pensées envahissantes

Lorsque vous vous engagez dans un processus de TCC, on vous demande d'abord d'identifier et d'approfondir vos croyances et vos valeurs fondamentales. En commençant par identifier ces types de pensées, vous pouvez commencer à les distinguer des pensées problématiques qui vous influencent négativement.

Pour mener cette enquête, vous devez regarder profondément en vous, dans vos pensées et vos sentiments inconscients, dans votre recherche d'intuition. Nos certitudes et nos idéaux fondamentaux ne sont pas quelque chose que nous avons présent tous les jours, jusqu'à ce que nous nous mettions enfin activement en route pour les découvrir. Les découvrir est en soi un art qui exige patience et persévérance, mais cela en vaut la peine.

Lorsque vous commencerez à identifier vos croyances, vous découvrirez également vos motivations et les impulsions qui vous poussent à agir d'une certaine manière. Il s'agit d'une partie fondamentale du processus d'apprentissage : apprendre à comprendre non seulement les pensées et les sentiments existants, mais aussi la manière dont ils interagissent. Comment ces motivateurs inconscients fondamentaux guident vos sentiments et vos actions ?

Que sont les croyances fondamentales ?

Les croyances fondamentales sont les pensées automatiques sur vous-même que vous tenez pour vraies. Elles représentent le concept du "moi" au niveau le plus fondamental et impliquent la manière dont vous pensez à vous-même.

Elles ont une influence énorme sur votre vie, elles déterminent la manière dont vous vous comportez, la manière dont vous attendez que les autres se comportent et également ce que vous attendez des relations avec les personnes qui vous entourent (partenaire, parents, enfants, amis, etc.). Elles vous guident dans la vie et influencent la manière dont vous acceptez les mauvais traitements de la part des autres ou la violence dont vous pouvez faire preuve. Elles sont la cause principale de vos décisions et de vos actions, sans que vous en soyez pleinement conscient.

Elles sont profondément ancrées au fond de vous, en étant présentes dans votre subconscient à contrôler votre état émotionnel et vos réactions instinctives - ce sont vos paramètres par défaut. Il est possible de les rejeter en se regardant attentivement, mais cela peut tout de même représenter un combat difficile, car il est dur d'admettre qu'on a pu agir trop émotionnellement et qu'on a eu tort pendant longtemps.

Vous n'avez peut-être jamais été conscient de l'existence de vos croyances, mais pour combattre le poison des pensées négatives, mettez-vous en route pour les mettre en lumière.

De quelle manière la TCC peut-elle aider ?

Il est assez normal de se sentir anxieux lorsqu'on découvre des vérités fondamentales sur soi-même, car en même temps que les confirmations, les pensées négatives se révèlent et arrive à vous convaincre que vous êtes un incapable, une personne indigne et un raté.

Il n'est pas difficile de déterminer ses croyances fondamentales, mais l'idée de devoir le faire et le processus lui-même peuvent poser quelques problèmes. Il s'agit d'une phase sujette à interprétation, votre thérapeute devrait être en mesure de vous aider à surmonter ces embûches.

Commencez par reconnaître que vous ressentez quelque chose. Mais avant de vous engager pleinement dans l'expérience, déterminez et analysez les pensées qui se cachent derrière cet état émotionnel. Par exemple, si vous êtes amer parce que quelqu'un vous a déçu, examinez ce sentiment, peut-être vous vous réjouirez de voir quelqu'un se soucier de votre bonheur au point de vous faire des promesses, et peut-être que cette déception vient du fait que vous vous sentez responsable que l'autre personne ne l'ait pas fait.

Vous pouvez aller au-delà de vos sentiments immédiats. Vous pouvez vous remémorer une période où vous vous sentiez en colère, anxieux ou triste et vous demander ce qui avait déclenché votre humeur.

Si vous pouvez identifier le sentiment et comprendre comment il a évolué de la tristesse à la peur, puis à la colère, retenez cette prise de conscience et reconnaissez ce qu'elle révèle de vous. Vous constaterez peut-être que vous vous êtes senti démoralisé parce que vous n'étiez pas sûr de savoir où vous en étiez avec une personne.

L'étape suivante consiste à réfléchir aux conséquences de cette conclusion : est-ce que vous vous sentez en insécurité parce que vous manquez d'estime de soi ou que vous vous sentez indigne ? Vous en arriverez peut-être à la conclusion que vous avez une conviction fondamentale : Les gens ne considèrent pas vos sentiments comme importants.

Une fois que vous réalisez cela, vous pouvez passer à la phase suivante du CBT.

Il existe plusieurs façons de comprendre ses propres processus mentaux : En voici quelques-unes.

Tenir un journal

Tenir un journal est une méthode courante et peu stressante pour aider les gens à comprendre leurs pensées.

Il est également utile parce qu'il vous aide à suivre ce processus continu, auquel vous pouvez vous référer pour des raisons thérapeutiques ou simplement pour comprendre comment votre façon de penser a évolué au fil du temps. En outre, il peut vous aider à long terme à comprendre d'autres schémas de pensée automatiques négatifs ou des pensées.

La première étape consiste à acheter un journal intime. Il devrait s'agir d'une décision très personnelle, qu'il s'agisse d'un carnet dans lequel vous écrivez physiquement ou d'un fichier. Dans les deux cas, le plus important est que vous puissiez préserver votre vie privée en toute sécurité.

Veillez à noter vos pensées à un moment calme : Essayez de ne pas écrire lorsque vous êtes occupé ou distrait. Il devrait s'agir d'un moment de réflexion crucial, au cours duquel vous pouvez vous libérer du stress et vous assurer que vous n'êtes pas interrompu. Le processus peut être encore plus efficace si vous y consacrez un peu de temps chaque jour.

Lorsque vous vous asseyez pour commencer, prenez un moment pour vous concentrer sur les pensées qui vous traversent l'esprit à ce moment-là. Choisissez-en une et suivez-la - faites attention à elle. Découvrez ce qu'elle signifie pour vous, pourquoi elle est importante, et essayez de la suivre jusqu'au cœur de la conviction qui la sous-tend.

Si vous répétez l'exercice encore et encore, il vous sera de plus en plus facile d'identifier les croyances clés qui sous-tendent votre état émotionnel. Il ne s'agit pas d'un schéma, mais essayez de définir chaque entrée du journal afin de vous en faire une idée beaucoup plus simple et compréhensible.

La page de votre journal pourrait ressembler à ceci :

"J'aurais aimé que Mary suive mon ordre aujourd'hui. Je lui ai demandé de vider le lave-vaisselle, mais elle ne l'a pas fait. Je me suis mis en colère contre elle, sans doute trop. Ce n'est qu'un lave-vaisselle. Pourquoi réagir comme cela ? C'est tellement frustrant quand les enfants ne m'écoutent pas. J'ai l'impression de porter un énorme fardeau de responsabilités, mais j'ai simplement besoin d'aide. Je le demande, mais personne ne m'écoute, ou alors on ne fait que me rappeler à quel point je suis incompétente. J'ai l'impression de me noyer. Peut-être que je ne suis assez importante pour personne".

Apprendre à réfléchir sur soi-même

Vous ne réfléchissez pas seulement sur vous-même à ce moment-là, en fait vous êtes en train de suivre vos propres schémas de pensée qui vous conduiront à la découverte de vos croyances fondamentales.

Dans ce processus, rien n'est écrit, il s'agit d'une activité en soi, dans laquelle vous laissez libre cours à vos pensées et les suivez simplement. Cela peut être un moyen idéal pour ceux qui ont du mal à écrire, mais aussi pour ceux qui tiennent un journal.

L'essentiel est de construire un sentiment d'accord et de compréhension qui mène à une véritable prise de conscience de qui vous êtes et de ce que vous pensez vraiment de vous-même. L'honnêteté est la clé, être à l'écoute de soi-même et de ses pensées est le plus important. Une fois que vous commencez à établir des liens avec ces sentiments, vous pouvez les transformer en émotions ou en comportements plus sains. Quel que soit le résultat de chaque séance, l'essentiel est de renforcer votre résistance et de trouver des moyens d'approfondir votre psychisme.

Quelle que soit la méthode que vous utilisez, l'objectif est d'apprendre à vous connaître, et ce processus peut être perturbant pour certaines personnes. Lorsque vous vous souvenez des émotions, elles peuvent sembler particulièrement vivantes, mais c'est normal. Votre corps et votre psychisme ont tendance à s'accrocher à ces sentiments, alors que vous ne faites que suivre un processus dans lequel vous acceptez pleinement le sentiment et ses conséquences. Vous faites face au chagrin et à la douleur pour en apprendre davantage sur vous-même - vous vous mettez au défi de grandir. Ne vous étonnez pas si vous avez l'impression que votre opinion sur vous-même est totalement négative sur certains sujets : ce n'est pas une vérité, mais simplement une opinion qui s'est formée dans l'obscurité d'un cerveau troublé et qui peut être changée. Il se peut que vous finissiez par pleurer ou par vous sentir physiquement épuisé et stressé, mais n'oubliez pas que votre corps et votre esprit essaient toujours de gérer l'intensité du traumatisme contre lequel vous luttez. La guérison peut prendre du temps et faire mal, mais à la fin, vous serez plus fort - c'est sans aucun doute un succès souhaitable.

Séparez vos croyances fondamentales positives et négatives

L'étape suivante consiste à déterminer quelles sont les croyances fondamentales que vous avez identifiées et qui sont réellement négatives. Vous devez vous mettre au défi et vous battre pour les corriger.

N'oubliez pas que ces pensées négatives sont le résultat de distorsions cognitives, c'est-à-dire de considérations si éloignées de la réalité qu'elles ne devraient même pas vous venir à l'esprit.

Comment définir une pensée négative ?

Les pensées négatives peuvent être attribuées à tout type de schéma de pensée qui pose problème. Certaines peuvent être le résultat de distorsions cognitives, ce qui signifie qu'elles ne sont pas réelles, d'autres ne sont que des idées qui vous mettent en colère. Essayez de les distinguer.

Par exemple, si vous faites quelque chose dont vous avez honte, comme voler une barre de chocolat dans un magasin, il se peut que vous ayez un problème de pensées négatives qui n'ont aucun rapport avec le vol. Vous avez peut-être l'impression d'être une personne horrible, coupable de quelque chose de bien pire que ce que vous avez commis.

Ce type de distorsion cognitive ne devrait pas être entendu, mais rejeté. Soyez attentif à ces signaux.

Les pensées négatives peuvent vraiment transformer vos croyances fondamentales en quelque chose qui vous affecte négativement. À ce stade, vous pouvez être pris dans des pensées malsaines que vous ne pouvez pas surmonter et qui influencent vos sentiments et votre comportement. Si vous passez trop de temps à faire une fixation sur elles, cela a un effet destructeur sur votre vie et vos relations interpersonnelles. C'est aussi une voie qui mène directement à l'anxiété. Les troubles anxieux ne sont alors pas rares.

Problèmes causés par des pensées négatives

Lorsque des pensées négatives dominent votre vie, vous ne faites qu'inonder votre esprit, votre attitude et vos relations de négativité. Cela peut saper votre estime de soi, provoquer différents types de problèmes psychologiques et ruiner vos relations. Malgré cela, de nombreuses personnes préfèrent croire qu'elles n'ont pas de telles difficultés. Ce n'est pas la bonne façon de se voir, lorsque vous êtes pris dans des pensées négatives, il devient difficile de contrôler vos actions, car vous ne pouvez tout simplement pas en voir les conséquences.

Laisseriez-vous un criminel en liberté si vous pensiez pouvoir empêcher ce fait ? Non. Alors, pourquoi laisser une pensée négative sans contestation ? Vous ne devez pas répéter sans cesse les mêmes routines et les mêmes sentiments négatifs, vous devez trouver un mode de vie plus sain et des convictions fondamentales plus fortes et plus positives. Cela changera vraiment votre vie en profondeur, vous serez plus heureux et vous aurez plus de succès dans différents domaines.

Les schémas de pensée négatifs

Vous ne reconnaîtrez probablement pas toujours les schémas de pensée négatifs au moment où vous en expérimentez un. Cependant, comprendre et connaître certains d'entre eux est un bon exercice : c'est l'occasion d'être attentif à certains symptômes chez vous.

1. Filtrer - signifie que vous ne pouvez voir que les aspects négatifs et que vous les laissez déterminer entièrement la manière dont vous voyez le monde. Par exemple, si vous empruntez un vélo à quelqu'un et que vous le cassez accidentellement, vous vous considérez comme une personne méprisable, gaspilleuse et ingrate, même si vous vous excusez et payez les dégâts. Ce faisant, vous n'avez fait que filtrer les aspects négatifs de la situation.

2. La pensée polarisée - se produit lorsque vous ne trouvez pas de juste milieu : Tout est bon ou mauvais, juste ou faux, noir ou blanc. S'il vous arrive d'échouer à un examen de mathématiques, vous vous considèrerez comme un échec dans cette matière, et vous vous direz alors que vous êtes un mauvais élève. Alors qu'un examen ne représente toujours qu'un instantané de la situation.

3. Les surgénéralisations – qui sont faites lorsque vous avez tendance à tirer des conclusions générales. Vous avez tendance à penser que vous pouvez faire des déclarations sur l'ensemble de l'humanité ou sur l'ensemble des expériences simplement parce que vous en avez fait une (limitée). Vous affirmez peut-être que tous les restaurants McDonald's sont mauvais, simplement parce que vous y avez mangé une fois en vitesse et que vous avez ensuite mal digéré.

4. Supposer le pire - ce type de raisonnement soutient l'idée que le pire se produit toujours, même s'il n'y a aucune raison de le croire. Par exemple, si votre fille vous appelle pour vous dire qu'elle a eu un accident de voiture, il se peut que vous soyez immédiatement convaincu qu'elle a détruit la voiture et que vous vous mettiez à crier avant de savoir ce qui s'est réellement passé. Écoutez avant de penser au pire !

5. Tirer des conclusions hâtives - vous pensez savoir ce qui va se passer alors qu'il n'y a aucune preuve de ce que vous avancez. Vous êtes peut-être convaincu que vous serez licencié si vous faites une erreur lors de votre premier jour de travail. Oubliez cette façon de penser, vous n'êtes pas médium !

6. Prendre les choses personnellement - dans ce cas, vous partez inconsciemment du principe que vous êtes responsable de toute la négativité autour de vous. Si vous voyez quelqu'un qui semble en colère, vous supposez que c'est vous qui l'avez mis en colère. Ou si votre amie semble distante et froide, vous supposez qu'elle ne vous aime pas, même si ce n'est pas le cas. Souvent, vous n'avez rien à voir avec le comportement ou les sentiments des autres.

7) L'erreur de contrôle - signifie que vous prenez la responsabilité de tout ce qui va mal autour de vous, ou que vous rejetez la responsabilité de tout ce qui va mal. Par exemple, si vous emmenez un groupe de scouts en randonnée dans la forêt et que vous les faites passer par un endroit où il y a du sumac vénéneux, vous commettriez une erreur de contrôle si vous disiez que ce n'était pas votre négligence s'ils ont maintenant une éruption cutanée.

8) L'erreur d'équité - vous pensez que tout doit être équitable dans la vie, même si c'est un souhait impossible et que vous ne le méritez peut-être pas. L'équité est considérée comme une priorité : Elle ne s'impose pas et ne se mérite pas. Parfois, elle est là, parfois non.

9. Blâmer - si vous tombez dans ce travers, vous chercherez la cause de tous vos problèmes chez les autres et serez incapable de reconnaître votre propre responsabilité. Ce type de réflexion ne mène à rien.

10. Cela devrait être comme ci ou comme ça - vous ne pouvez pas voir comment est réellement le monde qui vous entoure parce que vous êtes complètement obnubilé par ce qui devrait être ou ne pas être.

11. La pensée émotionnelle - c'est la conviction que quelque chose doit être vrai simplement parce qu'on le ressent ainsi, même si la réalité est différente.

Vous pourriez par exemple croire que les vaccins ne sont pas utiles et les refuser à vos enfants alors que la science a prouvé le contraire.

12. L'erreur concernant le changement - ici, vous pensez que ce sont les autres qui devraient changer pour répondre à vos besoins ou à vos désirs. Si ce n'est pas le cas, vous vous sentez confus, énervé et avez du mal à vous en sortir.

Chapitre 7 – La perception émotionnelle de soi

Ce livre s'est penché sur les déclencheurs, les pensées négatives, les distorsions cognitives et toutes les choses qui peuvent causer de l'anxiété, du chagrin et de la peur. Il est maintenant temps de vous reconstruire, vous voilà prêt pour une restructuration cognitive.

Nous avons parlé des circuits de pensées négatives et de la manière dont les pensées, les sentiments et les comportements peuvent à leur tour créer un cercle vicieux de nervosité, de peur et d'agressivité. Imaginez maintenant la possibilité de prendre ces éléments et de les assembler en quelque chose de nouveau et de positif.

Maintenant que vous êtes capable d'identifier vos pensées négatives et positives, vous pouvez expérimenter la restructuration cognitive.

Cela demande des efforts considérables de votre part, il vous faut beaucoup de temps et encore plus de patience.

Si vous adoptez un état d'esprit positif, vous avez devant vous une multitude de possibilités : Comment y arriver ? Qu'allez-vous faire ? Vous pouvez toujours remettre en question vos pensées, vous pouvez rester conscient de vos hypothèses, vous pouvez adopter la pratique des affirmations positives, plus vous apprendrez à remettre en question les croyances centrales des pensées négatives, plus vous vous ouvrirez à de nouvelles pensées positives. Vous verrez que cela fonctionne.

Faire de nouvelles déclarations affirmatives

Pendant le processus de restructuration cognitive, il est très utile de définir des affirmations, mais il est encore plus important de les utiliser régulièrement. En faisant cela, gardez les pieds sur terre lorsque vous sentez que la peur frappe à votre porte.

Ce sont des phrases, même très courtes, que vous pouvez utiliser pour vous rappeler de penser à vous. Elles peuvent vous soutenir ou vous aider dans les moments de faiblesse ou de peur.

La création d'une affirmation est assez simple, mais elle doit suivre quelques critères spécifiques.

Il doit s'agir de vous
La raison pour laquelle l'affirmation ne devrait concerner que vous-même est qu'il s'agit de la seule chose sur laquelle vous avez un contrôle total. Vous seul pouvez contrôler vos réactions et connaître vos propres pensées. Si vous vous rappelez que vous êtes bon et fort et que vous pouvez vous contrôler, cela augmente la véracité de l'affirmation et vous donne la possibilité de l'étayer et de la rendre vraie.

Vous devez vous concentrer sur le présent
La deuxième caractéristique que doit avoir une déclaration affirmative est d'être écrite au présent. Si elle se réfère au passé, vous pouvez penser qu'elle n'est plus vraie aujourd'hui ; si elle se réfère au futur et dit que vous allez faire quelque chose, vous aurez la possibilité de reporter ou d'éviter une situation. En revanche, si vous vous concentrez sur l'ici et maintenant, vous constaterez que les affirmations deviennent beaucoup plus puissantes, car vous avez alors un contrôle réel.

Rester positif
Le troisième élément important est de veiller à ce que la phrase soit formulée de manière positive : vous devez garder votre pensée et votre perception éloignées de toute connotation négative.

Quelles sont les différences entre "Je ne pleure pas quand je suis en colère" et "Je reste calme quand je suis en colère" ? La deuxième affirmation est plus motivée et laisse le sentiment que la personne qui la prononce sait ce qu'elle veut et comment l'obtenir.

Vous trouverez ci-dessous quelques modèles d'affirmation que vous pouvez utiliser.

o   Je suis capable de faire les tâches dont j'ai besoin pour passer la journée.
o   Je ne succombe pas à la peur : je respire profondément et je la laisse passer.

- o Je dois et je vais faire preuve de la même empathie et du même amour envers moi-même que ceux que je porte aux autres.
- o Je suis digne d'amour et je suis bon. Je m'aime tel que je suis.
- o J'ai la capacité de surmonter les moments durs et difficiles.
- o Je suis assez fort pour gérer mes sentiments de peur.
- o J'ai le contrôle de moi-même et de mes pensées.
- o Je suis en sécurité et je ne suis pas en danger.
- o Je garde les idées claires et je me souviens de mes pensées positives, même si mon anxiété augmente.
- o Je suis important.
- o Je suis capable d'exécuter mes tâches.

Comment utiliser les affirmations

Après avoir sélectionné les confirmations, vous pouvez les utiliser selon vos besoins. L'idée est de les avoir toujours à disposition et de prendre le temps de les prononcer régulièrement à voix haute au cours de la journée. Avec le temps, cela deviendra automatique : Plus vous les direz, plus vous serez convaincu de leur qualité et plus elles feront partie de ce que vous êtes.

Essayez de les répéter à différents moments de votre vie : en allant au travail, en rentrant chez vous dans les transports en commun, pendant la pause déjeuner ou en attendant que votre ordinateur s'allume. Essayez d'en lire au moins deux, une dizaine de fois par jour.

Avec le temps, vous constaterez que vous pouvez réciter la liste des affirmations par cœur. Cela signifie que vous vous êtes efforcé de transformer ces phrases en pensées automatiques et vous devriez en être fier.

La sensibilisation

En utilisant vos affirmations, vous pratiquez également la pleine conscience. Vous pouvez utiliser ces deux éléments lorsque vous en êtes arrivé à un point où vous sentez que votre anxiété augmente et que vous avez l'impression de perdre le contrôle de vos émotions : Vous serez en mesure de retrouver un sens du présent, de la clarté et donc de la sérénité.

En créant des affirmations liées à l'idée de contrôle et à des pensées claires, vous pouvez vous détacher des émotions qui bouillonnent en vous et considérer les choses de manière logique. En adoptant la logique, vous étouffez l'inquiétude dans l'œuf : vous serez bientôt capable de la remettre en question et de déterminer si elle vaut la peine d'influencer vos émotions. Une fois que vous avez atteint la stabilité à cet égard, examinez et analysez vos réponses. Vous constaterez que cela vous aidera énormément.

Vous devriez vous observer et vous demander pourquoi vous avez cette réaction afin de déterminer si elle est appropriée. Si ce n'est pas le cas, vous devriez arrêter et adopter une attitude positive.

Ce ne sera pas facile, mais plus vous le ferez et plus vous empêcherez vos émotions de prendre le contrôle, plus vous améliorerez vos habitudes, votre force et vos soins personnels. Si vous parvenez à combiner ces deux aspects de la restructuration cognitive, vous connaîtrez des changements profonds et efficaces. En intégrant les idées et les techniques dans votre vie quotidienne, vous soulagerez votre anxiété et ses symptômes.

La combinaison globale de ces techniques conduit à une restructuration cognitive et à un mode de pensée plus positif. Leur application quotidienne, notamment en cas d'anxiété, pourrait s'avérer très utile. Alors que vous combattez vos symptômes sur deux fronts différents, vos efforts de contrôle et de positivité seront, espérons-le, couronnés de succès. Vous remarquerez bientôt que l'anxiété diminue et que vous vous sentez capable de gérer de petites choses qui, auparavant, auraient provoqué de l'agitation en vous.

Il existe également des exercices physiques qui vous procurent un sentiment de calme, car ils vous aident à faire coïncider vos pensées apaisantes avec un corps détendu. Pour atteindre un niveau de calme maximal, apprenez les étapes suivantes.

Étape 1 : Choisissez une situation génératrice de stress. Rappelez-vous que vous prenez le contrôle de la situation et que vous ne la renforcez pas en y réagissant. Connectez-vous simplement à vos pensées, ne faites pas de suppositions et rappelez-vous vos affirmations.

Étape 2 : Restez en contact avec le présent et respirez lentement et profondément. Concentrez-vous sur les battements de votre cœur, votre respiration et sur ce que vous ressentez lorsque votre corps est détendu. Sentez-vous que vos pieds sont fermement ancrés dans le sol ?

Étape 3 : Reconnaissez vos sentiments, mais ne réagissez pas à eux. Vous pouvez ressentir leur existence, mais vous ne leur donnerez pas de pouvoir. Vous devez être conscient de vos croyances fondamentales et de ce que vous avez déjà appris sur les distorsions cognitives. À savoir qu'elles ne sont pas réelles.

Étape 4 : Observez le lieu où se trouvent vos émotions dans votre corps - comment votre corps se sent-il en réaction à ces émotions ? Est-ce qu'elles se localisent quelque part ou se trouvent-elles partout ? Ressentez-vous une sensation de tension partout ?

Étape 5 : Acceptez vos sentiments et soyez confiant dans votre capacité à les gérer. Ne vous laissez pas aller à des réactions, mais visualisez les sentiments qui chassent la peur et respirez profondément, puis expirez à nouveau.

Étape 6 : Trouvez ce que vous vous dites qui déclenche la douleur. Observez-la et laissez-la se dissiper. Éloignez-vous du besoin de la ressentir immédiatement, laissez-la s'évaporer.

Étape 7 : Établissez un lien empathique afin de comprendre et de confirmer vos expériences. Faites une vérification de la réalité de vos hypothèses et de vos pensées. Êtes-vous sûr de ce qui est réel et de ce qui n'est qu'une opinion ?

Étape 8 : Restez dans cette position et respirez jusqu'à ce que vous ayez l'impression de pouvoir à nouveau bouger sans déclencher d'impulsions liées à la peur.

Les compétences sociales

Bien que les TCC et d'autres thérapies peuvent vous aider à développer votre intelligence émotionnelle, il est toujours incroyablement important de se souvenir de ses propres compétences sociales de base. Celles-ci sommeillent en chaque être humain.

Votre capacité à entrer en contact avec les autres augmentera si vous êtes capable de vous refléter dans les autres, d'avoir de l'empathie pour eux, d'écouter activement et d'apprendre à analyser les autres. Imaginez à quel point la communication avec les gens devient plus facile lorsque vous pouvez facilement lire leurs sentiments.

Le mirroring

Le mirroring a été la première technique dérivée de la neurolinguistique et est devenu très populaire.

C'est comme regarder dans un miroir : vous adoptez le même langage corporel que votre interlocuteur et ouvrez ainsi les lignes de communication avec lui/elle.

Il s'agit d'une compétence qui sert à être plus reconnaissable ou plus convaincant, et qui vous permet d'établir plus facilement une relation.

Lorsque les gens sont proches les uns des autres, ils sont aussi mieux coordonnés, et leurs actions se reflètent donc mutuellement, même s'ils n'y pensent pas : si l'un des deux se gratte la tête, l'autre le fera aussi.

Vous pouvez également considérer ce comportement comme une manière de communiquer. Il peut vous aider à convaincre les autres de vos qualités de leader et à les persuader de vous suivre parce que vous êtes digne de confiance.

Pour refléter le langage de l'autre personne, vous devez suivre trois étapes : Vous devez vous assurer que vous vous sentez connecté à l'autre personne, adapter votre rythme à celui de l'autre personne et observer la "ponctuation".

Pour établir ce *lien*, vous devez vous présenter de la meilleure manière possible : en tant qu'auditeur actif. Pour ce faire, vous devez regarder votre interlocuteur en face, établir un bon contact visuel et hocher la tête pendant que vous l'écoutez, afin de signaler votre compréhension.

Ensuite, vous devez commencer à saisir son *tempo*, son rythme de parole et son modèle de langage. L'autre personne parle-t-elle plutôt rapidement ? Si oui, vous devriez en faire autant. Si vous parvenez à l'imiter pendant un certain temps, vous constaterez très probablement qu'elle aussi réagit à vos efforts de communication et adopte votre rythme de conversation.

Enfin, vous devez être en mesure de reconnaître la *ponctuation* de votre interlocuteur, c'est-à-dire les gestes qu'il utilise lorsqu'il essaie d'accentuer ce qu'il dit : Vous l'observez simplement, et la prochaine fois qu'il voudra le répéter, vous devrez l'anticiper. De cette manière, vous lui imposez un mouvement réflexe, il vous reflète maintenant. Il ne vous reste plus qu'à attendre et à voir si vous réussissez, c'est le cas lorsque vous remarquez qu'il imite à son tour vos mouvements.

Si elle est bien menée, la stratégie du mirroring peut vraiment sceller une affaire.

Si vous réalisez bien ces trois actions, vous pourrez convaincre les étrangers que vous les connaissez effectivement bien et ils se sentiront à l'aise en votre présence. Vous serez également en mesure de faciliter les relations.

L'empathie n'est pas une compétence facile à acquérir : pour certaines personnes, elle va de soi, mais si vous ne faites pas partie de ces personnes, il vous faudra vous entraîner.

C'est un sujet sensible qui influence votre capacité à entrer en relation avec les autres. Vous devez savoir comment communiquer afin de mieux connaître les autres et vous rapprocher également de leurs standards.

Pour développer l'empathie, vous devez d'abord vous mettre à la place de quelqu'un d'autre. Ce processus peut sembler artificiel, mais il est d'une importance capitale. En apprenant à connaître le point de vue des autres, vous devriez devenir plus conscient de leurs sentiments. En développant ce type de compréhension, vous commencerez à éprouver de l'empathie pour eux : un signe d'intelligence émotionnelle croissante.

Le contact avec les yeux

Établir un contact visuel avec les autres est une compétence fondamentale. Si vous le faites de manière saine et détendue, c'est comme si vous reconnaissiez réellement l'existence de l'autre personne et lui faisiez savoir à quel point vous êtes important pour elle.

Il existe un pourcentage minimum d'interactions durant lesquelles vous devriez établir un contact visuel : 40 % lorsque vous parlez et 70 % du temps lorsque vous écoutez.

Si vous avez du mal à regarder votre interlocuteur dans les yeux, vous pouvez essayer de regarder l'arête de son nez.

L'écoute active

Trop de personnes ne prennent pas la peine d'écouter ou le font avec la simple intention de répondre.

Si vous voulez être considéré comme émotionnellement intelligent, vous devez posséder une autre compétence sociale importante : être un auditeur actif. Cela signifie que vous devez effectivement faire en sorte que votre interlocuteur se sente reconnu, car votre objectif est de le comprendre.

Tout ce que vous avez à faire est d'établir un contact visuel avec l'autre personne et de lui accorder toute votre attention. Pour le démontrer, vous devriez également hocher la tête.

Lors de la réponse, il est toujours utile de résumer ce qui a été dit, puis d'exprimer sa propre opinion.

Le langage corporel

Une autre compétence qui ne peut pas être enseignée est le langage corporel. Si vous êtes capable de le lire chez les autres, cela vous ouvrira des voies pour mieux les comprendre.

Ce n'est pas une science exacte, mais vous pouvez interpréter les signaux non verbaux des autres et déterminer s'ils se sentent à l'aise, ouverts ou calmes. Vous devriez alors faire le lien entre votre humeur et celle de l'autre : Ce type d'échange est une aide importante pour établir une bonne communication.

Conclusions

Merci d'avoir pris le temps de lire ce document - j'espère qu'il vous a été utile.

Il est très important de se rappeler que ce type de traitement ne fonctionne que s'il y a une alliance entre le thérapeute et le patient. Le patient doit également être prudent dans la gestion de ses obligations et de ses tâches. Si rien n'est fait entre les séances, il n'y aura pas d'amélioration.

Les outils de cette forme de thérapie peuvent être d'une grande aide pour modifier les schémas de pensée et de comportement négatifs et offrent la possibilité de développer une meilleure façon de penser et d'obtenir de meilleurs résultats.

Si vous souhaitez vous adresser à un thérapeute TCC qualifié, commencez par lire autant de matériel que possible sur le sujet. Il existe de nombreux articles et d'informations sur Internet ou en librairie. Vous pouvez également utiliser certaines stratégies seul(e). Toutefois, si vous avez de graves problèmes et que vous ne parvenez pas à les résoudre, n'hésitez pas à vous adresser à un spécialiste de la santé mentale.

La psychologie noire et la manipulation

"Dans presque tous les domaines de notre vie quotidienne, que ce soit en politique ou en économie, dans notre comportement social ou dans notre pensée éthique, nous sommes dominés par un nombre relativement restreint de personnes qui comprennent les processus mentaux et les modèles sociaux des masses... Ce sont eux qui tirent les ficelles, qui contrôlent l'opinion publique".

- Edward Bernays -

PROPAGANDA

Introduction

Les chapitres suivants expliquent comment et où vous êtes amené à rencontrer la psychologie noire dans votre vie quotidienne, et quelles sont les personnes qui utilisent ces techniques à leur avantage. Vous comprendrez que cela se manifeste de manière spectrale et que tous les êtres humains portent en eux une certaine dose de mal, certains étant simplement génétiquement prédisposés à le manifester davantage. La signification et l'application de la perpétuelle théorie darwinienne de la "survie du plus apte" seront également abordées.

Vous ferez un voyage dans le passé pour observer les effets des plus grands événements qui ont largement contribué à l'émergence de la psychologie noire, tout en étudiant les modèles de comportement humain et la manière dont ils s'y adaptent, afin de pouvoir décoder plus facilement ses signaux.

Dans le chapitre "La triade noire", vous vous plongerez dans les traits caractéristiques de la triade profane du narcissisme, du machiavélisme et de la psychopathie. Vous apprendrez quand et comment l'amour de soi devient un trouble. Vous retournerez virtuellement dans l'Italie des années 1500 pour rencontrer Nicolas Machiavel, dont les conseils pour devenir un leader puissant ont donné naissance à des dictateurs comme Adolf Hitler et Joseph Staline, et découvrirez le résultat du test de psychopathie de l'un des tueurs en série les plus célèbres de l'histoire : Ted Bundy.

Vous apprendrez des choses étonnantes sur la programmation neurolinguistique et sur la manière dont quelqu'un peut vous programmer pour que vous pensiez et agissiez en fonction de certains indices. Vous apprendrez également comment les gens peuvent créer des "ancres" dans votre esprit qui influencent vos pensées et votre comportement. Le pouvoir de la communication non verbale et du langage corporel est exploré en profondeur dans le chapitre "PNL".

Dans la section "Contrôle mental", vous découvrirez comment les prédateurs exercent leur pouvoir sur les pensées et les attitudes des autres à l'aide de la psychologie noire. Vous comprendrez comment un grand nombre de jeunes vulnérables et à risque deviennent des extrémistes religieux grâce à un lavage de cerveau facilité par l'avènement de la technologie.

Vous pouvez changer votre perception de la persuasion et prendre conscience de certaines de ses tactiques afin de les utiliser à votre avantage dans vos entreprises morales. Cela peut être un choc pour vous de découvrir que vous avez été manipulé pour prendre une certaine décision, même contre vos propres intérêts. La description et l'analyse des arts obscurs de la manipulation vous ouvriront les yeux sur les ténèbres qui envahissent le monde, mais ne vous inquiétez pas, le livre offre de nombreux conseils sur la manière de démasquer un manipulateur et de s'en protéger. De plus, les pages sont émaillées de conseils et de techniques d'autodéfense avec quelques exemples.

Il existe de nombreux volumes sur ce sujet, c'est pourquoi nous vous remercions encore une fois d'avoir choisi ce livre ! De gros efforts ont en effet été mis pour fournir des informations complètes et utiles. Bonne lecture !

Chapitre 1 : Les fondements de la psychologie noire

Vous êtes-vous déjà retrouvé dans la situation où quelqu'un s'est emparé de la meilleure part du marché sans que vous puissiez faire quoi que ce soit ? Vous a-t-on déjà persuadé de faire quelque chose que vous n'auriez jamais fait après coup parce que cela ne vous convenait pas ? Avez-vous déjà eu une relation avec une personne qui, même si elle n'était pas la bonne, exerçait un tel pouvoir sur vous qu'elle vous attirait comme un aimant ?

Si vous avez répondu oui à une ou plusieurs de ces questions, cela signifie que vous avez été, au moins une fois dans votre vie, le témoin direct de la science et des arts de la psychologie noire. Poursuivez votre lecture car vous êtes sur le point de découvrir une toute nouvelle dimension de la psychologie humaine, que vous rencontrez tous les jours et dont vous devez vous protéger !

Beaucoup d'entre nous ont une connaissance générale de la psychologie (comprise comme l'étude du comportement, de la pensée, des actions et des interactions humaines), mais le concept de psychologie noire peut sembler nouveau. En termes simples, il sonne comme une sorte de "magie noire" pratiquée par des personnes qui exercent une forte influence sur nous pour nous amener à atteindre leur objectif par la manipulation, la coercition et des tactiques de persuasion.

La psychologie noire s'intéresse à l'étude des schémas comportementaux innés de l'être humain qui poussent certaines personnes à persécuter les autres. Tout le monde peut commettre des crimes et des actes odieux, mais si la plupart d'entre nous parviennent à réprimer ces pulsions, d'autres se laissent aller à ces tendances et commettent des actes affreux. Dans la plupart des cas, le comportement prédateur est motivé par un objectif, alors que dans d'autres cas, une personne est attaquée par pur instinct, sans aucune raison de la part de l'agresseur.

La psychologie noire part du principe que chacun d'entre nous a un soupçon de mauvaise intention envers les autres : Il peut même s'agir d'une pensée fugace qui perd de son hostilité avant de se transformer en un comportement violent non motivé. Ce concept est souvent appelé *le continuum sombre* : Il s'agit d'un spectre qui englobe tous les comportements criminels, sadiques et agressifs dans la psyché humaine, y compris les pensées, les sentiments et les actions dirigés contre les autres et/ou vécus par certaines personnes. Elle peut varier entre des niveaux graves et modérés, qu'il y ait ou non une raison à cela. Le degré de gravité est déterminé sur la base de la victimisation, en tenant compte des pensées et des actes commis.

Outre le continuum sombre, il y a la *singularité sombre*. Elle est comparable à une zone où l'espace et le temps sont déformés par les forces gravitationnelles, comme au centre d'un trou noir, si dense que même la lumière ne peut s'en échapper. De même, elle est considérée comme le centre absolu de la psychologie obscure, faite de mal pur et de méchanceté illimitée. Elle n'est abordée que par une personne souffrant de graves troubles psychologiques à un stade avancé, qui harcèle les autres par des actions illogiques. Le comportement humain est toujours guidé par un objectif cohérent, de sorte que la singularité obscure est un objectif théorique inaccessible à l'humanité.

Alfred Adler était un éminent psychologue, médecin et philosophe, contemporain de Sigmund Freud et de Carl Jung. Il a postulé que tout comportement humain est orienté vers un but, du moment de notre naissance à celui de notre mort, tout ce que nous pensons, ressentons ou faisons a un but. Il estimait toutefois que même un comportement malveillant avait un but pour celui qui le commettait, tout comme les actes de bienveillance servent à l'utilité d'une personne d'être accueillie par la société.

Un comportement humain fonctionnellement sain est déclenché par un fort besoin d'être accepté par les autres et par un sentiment d'appartenance à une cause. L'homme est un être social, mais lorsqu'il perd le sens de la communauté, il a tendance à s'éloigner de son objectif d'appartenance.

Soyons clairs, personne ne naît criminel, mais chaque être humain porte en lui une certaine dose de malveillance. Elle peut se manifester à la suite de circonstances terribles où l'on doit lutter pour sa survie, comme le manque de nourriture et de logement ou d'autres traumatismes. Le problème est qu'il arrive que certaines personnes succombent totalement à leur côté obscur et commettent des crimes odieux sans aucune raison : Ils n'agissent pas pour des motifs économiques, sociaux ou de pouvoir, mais ces personnes sont les éléments les plus sadiques de la société, s'appuyant sur leur propre comportement de prédateur ou blessant impitoyablement les autres.

Comme les personnes ont tendance à s'isoler lorsqu'elles sont découragées, leur tendance à commettre des actes de violence contre la communauté devient de plus en plus forte. Le narcissique pathologique en est un exemple : extrêmement égoïste, il prend plaisir à la victimisation et est déterminé à exploiter sa proie sans éprouver de remords ou de culpabilité.

Adler a qualifié la trinité de l'expérience humaine (composée de pensées, de sensations et de comportements) de "constellation" et a ajouté à ce système le traitement subjectif pour fonder son deuxième principe théorique de la psychologie noire.

Imaginez par exemple que vos yeux sont la réalité et que vos lunettes de soleil sont votre mécanisme de filtrage qui déforme ce que vous voyez : Vos "lunettes de perception" modifient la manière dont vous interprétez les informations afin de réagir de manière appropriée.

"Plus le sentiment d'infériorité vécu par une personne est grand, plus la violence de la conquête est grande et plus l'agitation émotionnelle est violente".

- Alfred Adler -

La psychologie noire tente de déterminer la responsabilité de la conscience humaine dans l'apparition de comportements véritablement prédateurs. Certaines des caractéristiques de ces tendances comportementales sont l'absence de raison et de motivation, l'universalité et l'imprévisibilité. L'homme a évolué par rapport aux autres animaux, mais nous n'avons pas complètement abandonné nos instincts les plus primaires, comme notre nature de prédateur. Les trois instincts primaires connus de l'homme sont : l'instinct sexuel, l'agressivité et la tendance à préserver la race humaine.

La théorie de Charles Darwin sur la "loi du plus apte " est la règle qui régit la planète entière, y compris la reproduction et l'entretien de la descendance. Toutes les formes de vie s'efforcent d'atteindre cet objectif primaire. Que l'on soit un lion luttant pour son droit à l'accouplement ou un simple humain souhaitant agrandir sa famille, la survie de la progéniture nécessite un territoire marqué et protégé. Vous avez peut-être vu un ou plusieurs documentaires dans lesquels une gazelle innocente et sans défense est attaquée par des prédateurs plus grands et plus forts, et vous avez peut-être croisé les doigts pour elle. Cet épisode violent suit harmonieusement notre modèle évolutif : le prédateur tue pour se nourrir, et ce sont souvent les mâles qui se battent entre eux pour le pouvoir et le marquage de leur territoire. Ce sont tous des actes de violence expliqués et prédits par le modèle de l'évolution, et non par la psychologie noire.

Notre capacité à traiter des informations complexes et à en obtenir une perspective nous a conduits à utiliser des formes de vie et le degré de leur brutalité comme point de comparaison. Mais avec un grand pouvoir viennent de grandes responsabilités, et sur cette planète, les seules applications de la psychologie noire connues à ce jour sont le comportement humain : Nous seuls exploitons nos semblables non pas à des fins de reproduction, mais à d'autres fins. Tout le monde connaît la brutalité avec laquelle certaines personnes agissent contre d'autres par besoin de procréer, de survivre et de s'enrichir, mais nous savons aussi que des crimes sont parfois commis sans aucune raison, en raison de tendances psychopathiques à un comportement de prédateur.

La psychologie noire affirme qu'il y a quelque chose dans la psyché humaine qui dicte nos actions et va parfois à l'encontre du modèle de l'évolution : Il s'agit d'un phénomène planétaire, car tous les êtres humains ont un côté maléfique. C'est une partie incompréhensible de ce qu'ils sont, et il n'y a pas de justification essentielle. Certaines personnes commettent des actes horribles comme le viol ou le meurtre plutôt que d'autres sans déclencheur, mais on ne sait pas qui. La psychologie noire tente de comprendre et d'étudier les éléments dangereux qui poussent certaines personnes à agir comme des prédateurs sans motif.

Nous avons tous été victimes d'un prédateur au moins une fois dans notre vie, alors ne vous sentez pas humiliés. Cependant, nous possédons également une méchanceté latente qui n'est pas bien comprise, et la psychologie sombre nous entoure et attend l'occasion de nous atteindre dans un moment de faiblesse. Pensez à la chasse : certaines personnes prennent plaisir à abattre des animaux sans défense comme un sport, bien qu'il s'agisse d'un acte cruel, insensé et psychopathe, mais cela est considéré comme normal par la société.

Des études récentes ont montré que les personnes qui ont abusé d'animaux sont plus susceptibles de commettre des actes de violence envers les humains. Chasser pour le plaisir provoque une euphorie chez les personnes concernées, et le hobby se transforme souvent en addiction.

Les prédateurs ne tuent que pour se nourrir ou se défendre, comme le veut le modèle de l'évolution. L'homme, en revanche, en raison de sa "miette" de malignité, n'est jamais qu'à un pas d'être emporté par les forces de la psychologie obscure et de commettre des actes de violence gratuite.

Le côté le plus doux du continuum obscur se manifeste dans la violence croissante des jeux vidéo, qui ont désormais remplacé les jeux traditionnels en plein air. Un autre exemple est la destruction intentionnelle de la propriété d'autrui sans but précis. La propension des enfants à jouer à des jeux vidéo violents et à dégrader des biens est plutôt moyenne par rapport aux actes de violence réels, mais elle illustre clairement l'universalité du côté obscur.

L'humanité fait d'énormes efforts pour confirmer l'existence de la psychologie noire, bien que ses forces agissent de manière inaperçue sous forme humaine.

Certaines religions les considèrent même comme une manifestation de Satan. Dans certaines cultures, l'existence des démons est rendue responsable d'actes violents et malveillants ; dans d'autres, ce sombre penchant est considéré comme le produit de caractéristiques génétiques transmises d'une génération à l'autre.

Notre tendance à rejeter l'idée de forces violentes en nous provient de l'objectif de survivre dans les limites des normes sociales. Dans certaines religions, en revanche, la violence envers les autres est considérée comme une obéissance au commandement de Dieu d'identifier et de punir les pécheurs.

La psychologie noire est comme une toile d'araignée qui tente de recenser toutes les théories existantes sur la victimisation humaine et de les partager avec d'autres afin d'éveiller les consciences. Plus vous en savez sur le sujet, mieux vous êtes préparé à réduire vos chances d'être victime de prédateurs.

Ses principes clés sont présentés ci-dessous.

- Il s'agit d'une recherche sur les modèles de comportement humain innés, car elle porte sur la nature psychologique de certaines personnes qui persécutent d'autres personnes et êtres vivants. L'idée de base est que plus une personne se rapproche du mal pur, plus la probabilité qu'elle accomplisse des actions motivées et logiques diminue.

- L'ensemble de la race humaine, indépendamment du sexe, de la classe ou de la culture, dispose d'une réserve d'intentions malveillantes envers les autres. Il peut même s'agir d'une pensée fugace qui perd du terrain avant de se transformer en un comportement psychopathique intense. Même la personne la plus bienveillante possède ce côté sombre, mais ne l'a jamais exprimé.

- Cette malveillance peut être sous-estimée sous sa forme latente, car elle peut être confondue avec une anomalie psychique. L'histoire regorge d'exemples montrant comment cette tendance cachée se transforme en comportement destructeur après avoir été activée. Il existe un continuum de degrés de gravité, allant de la simple pensée d'un acte de violence à la victimisation sérieuse d'autrui sans aucun but ni motivation.

- Tous les êtres humains ont le potentiel d'exercer la violence. Divers facteurs externes et internes influencent la probabilité qu'ils se manifestent par des comportements dangereux et infondés propres à la race humaine.

- Celui qui connaît les concepts de la psychologie noire est capable d'identifier et de réduire les dangers que représentent pour la société les tendances malveillantes latentes. La compréhension de ces concepts fait partie du modèle évolutif de la survie du plus fort.

Grâce à ces connaissances, vous êtes désormais mieux à même de vous protéger et de protéger votre entourage. Poursuivez votre lecture, car le sujet sera analysé plus en détail et vous découvrirez des armes utiles contre les prédateurs potentiels. Vous vous sentirez plus conscient et plus inspiré, ce qui vous permettra d'enseigner aux autres comment se défendre.

Chapitre 2 : Contexte historique de la psychologie noire

Depuis le début de l'histoire enregistrée, les monstruosités que les hommes ont infligées à d'autres de leur espèce ont été nombreuses.

Les preuves historiques d'actes cruels contre l'humanité, qui sont encore commis aujourd'hui, ont durablement marqué notre société.

L'Holocauste, au cours duquel des millions de Juifs ont été victimes d'un génocide systématique, en est un exemple. Les nazis les décrivaient comme *des sous-hommes* et les excluaient par conséquent du système de droits et de devoirs moraux de la société civile.

Plus de soixante-dix millions de civils ont perdu la vie pendant la Seconde Guerre mondiale, et des millions d'autres sont morts au combat. Beaucoup ont été brûlés vifs par les bombes avant que les armes nucléaires ne causent des dommages irréparables à la planète.

C'est la manifestation de la psychologie noire de certaines personnes en position de pouvoir qui a permis ce massacre. L'ascension d'Hitler au pouvoir dans l'Allemagne nazie peut être attribuée en partie à sa capacité à normaliser la psychologie noire aux yeux de la communauté en diabolisant ses ennemis et en les faisant apparaître comme une race inférieure : il est moralement mauvais de tuer d'autres personnes, mais peut-on en dire autant lorsque les victimes sont considérées comme des bêtes ?

Pendant l'Holocauste et le Troisième Reich, Hitler a ordonné une série d'expériences sur des Juifs, des Russes, des Tziganes et d'autres groupes persécutés. Celles-ci ont eu lieu dans des camps de concentration et ont entraîné des déformations, des handicaps permanents et la mort. Dans le cadre du programme d'euthanasie d'Hitler, plus de 200 000 personnes souffrant de handicaps mentaux ou physiques ont été gazées, simplement parce qu'elles étaient considérées comme inaptes au travail.

Des expériences troublantes ont été menées, telles que des essais de manipulation génétique sur des jumeaux, des stérilisations, des expositions délibérées à des gaz nocifs, des greffes de nerfs, de muscles et d'os et d'autres crimes contre l'humanité.

Après la fin de la Seconde Guerre mondiale et la défaite de l'Allemagne, ces actes cruels ont été condamnés lors du procès de Nuremberg en 1946 : Vingt médecins ont été condamnés. Le code de Nuremberg, qui se concentrait sur l'éthique médicale, vit également le jour. Le procès a révélé des détails encore plus horribles sur les actes des médecins, certaines victimes ont été privées d'oxygène pour simuler un sauvetage en haute altitude, d'autres ont été exposées à des gaz qui ont provoqué de graves brûlures internes et externes, et d'autres encore ont été laissées à mourir de froid. Plusieurs personnes ont été piquées par des moustiques infectés par le paludisme et certaines ont été transpercées par des éclats de verre ou de bois et leurs vaisseaux sanguins ont été sommairement recousus.

La psychologie noire qui se cache derrière les auteurs de ce massacre est tout à fait effrayante, pour les nazis, les Juifs n'étaient rien d'autre que des rats de laboratoire, des proies faciles à capturer et à traiter de manière inhumaine, souvent comparés à des parasites.

En 1943, Hitler annonçait : *"Le judaïsme international est aujourd'hui le ferment de la décomposition des peuples et des États, comme il l'était dans l'Antiquité. Il en sera ainsi jusqu'à ce que les hommes trouvent la force de se libérer de ce virus"*.

La déshumanisation de l'ennemi a permis aux soldats et officiers allemands d'agir selon une vision inhumaine, mais ils n'ont pas été les seuls dans l'histoire.

Dans l'Égypte et la Chine anciennes, les ennemis étaient souvent décrits dans la littérature comme des créatures inhumaines.

L'Armée rouge de Staline qualifiait les Allemands de "substituts humains", c'est-à-dire d'animaux bipèdes qui ont appris les techniques de la guerre". Le poète juif russe Ilya Ehrenbourg a apporté une contribution importante en alimentant le battage médiatique de cette propagande en écrivant : "Si tu tues un Allemand, tues-en un autre - il n'y a rien de plus drôle qu'un tas de cadavres allemands". Après la défaite de l'Allemagne pendant la Seconde Guerre mondiale, l'Armée rouge a envahi le territoire allemand par l'Est et y a causé de gros dégâts. En une nuit, 72 femmes ont été tuées, dont beaucoup avaient été violées auparavant. Certaines des victimes ont été crucifiées et un homme a été jeté aux cochons.

Un exemple récent de la manifestation de la psychologie noire dans notre société est le génocide au Rwanda, où 800 000 personnes ont été tuées par des extrémistes hutus en un peu plus de 100 jours. La plupart des Rwandais sont des Hutus, mais la minorité tutsie a toujours contrôlé le territoire et a persécuté ses opposants politiques en 1994. Une liste de personnes à tuer a été présentée aux miliciens et la population a été invitée à inscrire son appartenance ethnique sur ses papiers d'identité afin de faciliter le massacre. Des milliers de femmes tutsies ont été réduites à l'état d'esclaves sexuelles.

Les Hutus déniaient tout trait humain à leurs victimes, les comparaient à des cafards et annonçaient la mort de personnalités importantes à la radio. Le conflit s'est étendu aux frontières de plusieurs régions africaines et a fait environ cinq millions de morts jusqu'en 2003.

L'Holocauste et le génocide rwandais donnent un aperçu bouleversant du monde de la psychologie noire, centré sur la figure d'un ou de plusieurs individus ayant un penchant pour le sadisme. Leurs actes ont eu une telle portée que le monde entier en a été témoin.

Un autre événement qui a fait la une des journaux a été le cas de Ted Bundy, un tueur en série impitoyable et tristement célèbre. La couverture médiatique de sa personne et de ses crimes était tout à fait fascinante et reposait en grande partie sur la volonté de Bundy d'accorder des interviews et de donner des détails sur ses actes. Il a été associé à une centaine de meurtres, mais n'a été inculpé que pour 30 d'entre eux. Après sa condamnation, il a passé un certain temps dans le couloir de la mort.

Une analyse psychologique détaillée a été menée pour comprendre les motivations possibles des actes atroces du tueur en série le plus dangereux jamais incarcéré.

Un aspect remarquable de sa longue carrière meurtrière est qu'il a évolué au fil du temps : Bundy a admis qu'au début, ses crimes étaient exécutés de manière opportuniste et maladroite. Ses méthodes ont toutefois évolué et sont devenues plus organisées, plus sophistiquées et plus minutieuses. Il a même été qualifié de "métamorphe", car il était capable de modifier son apparence physique par des tromperies subtiles mais approfondies. Il était également capable de dissimuler ses intentions et de tromper ses victimes par sa douceur et sa bonne apparence.

Une autre caractéristique importante de la psychologie noire est la tromperie : des recherches approfondies sur les schémas de mensonge de Bundy ont permis de se faire une idée précise des caractéristiques psychologiques des tueurs en série. Il est bien connu que la plupart de ses victimes le trouvaient très attirant : Bundy était conscient du pouvoir de la perception publique et de l'image, raison pour laquelle il se construisait une façade de charisme et de fausse attractivité. Il savait mettre ses victimes à l'aise et les charmer avant de les attaquer et de les tuer de sang-froid. Les psychopathes de ce type ont naturellement tendance à se détacher de la réalité et donc de leurs actes. La manière dont il torturait ses proies était très sadique et narcissique, il photographiait leurs corps et parlait souvent de lui à la troisième personne.

"Un 'meurtre en série' est défini comme une série de trois meurtres ou plus, dont l'un au moins a été commis sur le territoire des États-Unis et qui présentent des caractéristiques communes telles qu'il existe une possibilité raisonnable que les crimes aient été commis par le ou les mêmes auteurs".

Le Bureau fédéral d'investigation (FBI) des États-Unis

Un autre narcissique qui a marqué l'histoire de son empreinte était le guérisseur autoproclamé de la Russie : Grigori Raspoutine. Le tristement célèbre "moine fou" s'est écarté des croyances des khlysts (les flagellants) et a affirmé que l'immoralité excessive, qui conduit à l'épuisement sexuel, était le meilleur moyen de se sentir proche de Dieu.

Après sa tentative infructueuse de devenir moine et son mariage avec Proskovya Fyodorovna Dubrovina à l'âge de 19 ans, il a quitté son village et sa famille pour entreprendre un long pèlerinage au Mont Athos et à Jérusalem. Il vivait alors des dons des citoyens qui le vénéraient pour ses prétendus pouvoirs mystiques, qui lui permettaient de prédire l'avenir et de guérir les malades.

Raspoutine se rendit ensuite à Saint-Pétersbourg, où le mysticisme était considéré comme une forme de divertissement, et fut accueilli à bras ouverts. La famille royale russe, en particulier Nicolas II et son épouse Aleksandra, s'est tournée vers lui pour utiliser ses pouvoirs de guérison sur leur fils, qui souffrait de nombreuses hémorragies. Raspoutine parvint à soulager la maladie du garçon et avertit les tsars que leur destin était inextricablement lié au sien, ce qui fit de lui un allié fidèle des tsars et un personnage très influent dans les affaires de l'État.

En dehors du palais royal, il cultivait ses habitudes lascives et prêchait que le contact physique avait un effet purificateur et guérisseur. Son inexplicable capacité à être à la fois ange et démon ne faisait qu'effleurer la surface de son impressionnante influence, il pouvait plonger les gens dans un état de transe tel qu'ils devenaient influençables - la première anecdote jamais enregistrée sur l'utilisation de l'hypnose. On pensait que cette technique lui permettait d'induire des sentiments profonds de calme et de sérénité chez ses victimes, devenant ainsi le précurseur des guérisseurs modernes. Raspoutine maîtrisait l'art de l'intelligence émotionnelle, si bien que ses proies n'étaient pas conscientes du pouvoir et du contrôle qu'il exerçait sur elles. Il semblait posséder une aura mystique à laquelle les gens ne pouvaient pas résister.

La psychologie noire de l'influence charismatique est également très répandue dans le monde actuel. Ces prédateurs attirent les masses en leur faisant croire qu'ils possèdent une sorte de sagesse secrète, en se servant d'une spiritualité purement fictive.

L'étude de Milgram sur l'obéissance, menée en 1960, a montré que des personnes normales, encouragées par une figure d'autorité, étaient capables de torturer d'autres personnes en leur faisant subir une expérience avec des intensités de courant potentiellement mortelles. Les sujets se sont révélés plus obéissants que prévu.

Cette expérience a pour but de nous rappeler qu'il existe en chacun de nous un réservoir de malignité et que des traits sombres peuvent dominer notre personnalité.

Les résultats de Milgram ont également été renforcés par l'expérience de la prison de Stanford de 1971, l'une des plus controversées de l'histoire.

Un certain nombre d'étudiants universitaires de la classe moyenne se sont portés volontaires pour cette étude et ont été sélectionnés en fonction de leur situation familiale, de leur état de santé et de leur état psychologique. Ils ont ensuite été répartis au hasard entre gardiens et prisonniers, mais les « gardiens » n'ont reçu aucune instruction sur la façon de procéder, si bien qu'ils ont instinctivement commencé à humilier et à maltraiter psychologiquement les « prisonniers » moins de 24 heures après le début de l'expérience. Les prisonniers se sont d'abord rebellés, puis ils ont commencé à se montrer dociles, voire passifs. Les comportements humains dont les deux groupes ont fait preuve était si extrême que l'expérience a pris fin au bout de six jours seulement, au lieu des deux semaines initialement prévues. Le résultat a montré à quel point il est facile pour des personnes normales, dans un rôle d'autorité, de se transformer en quelques heures en oppresseurs impitoyables.

Il est donc facile d'en déduire que les êtres humains peuvent facilement être amenés à déshumaniser les autres, ce qui est une astuce de la psyché humaine pour justifier son comportement prédateur. Le meurtre et la torture sont des tabous universels, mais tuer des "animaux" pour la consommation ou même pour le sport, est accepté par de nombreuses cultures.

Des recherches en neurosciences menées par l'université de Princeton ont montré que la déshumanisation désactive les régions du cerveau qui correspondent à l'empathie et active celles qui sont associées au dégoût. Lorsqu'une personne passe d'une extrémité à l'autre du continuum obscur et perd son sens de soi, elle n'a plus peur de la mort et est plus susceptible de commettre des crimes contre l'humanité.

L'exemple le plus récent de ces tendances qui peuvent être observées est la violence contre les immigrés mexicains aux États-Unis d'Amérique ou l'utilisation de rationalisations radicales par des groupes terroristes comme ISIS.

Les organisations terroristes utilisent le lavage de cerveau pour recruter et garder des adeptes, qui sont ensuite nourris de rhétorique politique et religieuse extrémiste. La disponibilité et l'utilisation des technologies modernes ont accéléré et diffusé les programmes délirants de ces terroristes.

Dans le passé, le lavage de cerveau n'était efficace que s'il pouvait être effectué à proximité ou dans des réunions. Cependant, avec l'avènement d'Internet, un public disproportionné peut être atteint en quelques clics. Les vidéos de propagande, souvent qualifiées de virales, sont diffusées par ces marchands de terreur comme une sorte de version moderne des méthodes d'endoctrinement déjà éprouvées il y a des siècles.

Ces méthodes technologiquement innovantes parviennent à amener des adeptes à commettre aveuglément et volontairement des actes de violence, allant jusqu'à risquer leur propre vie. De plus en plus d'attaques sont signalées dans des lieux publics très fréquentés comme les bars, les clubs ou les supermarchés. Il serait insensé de sous-estimer l'ampleur du problème : Les jeunes vivent leur vie sur Internet et sont très vulnérables à ce type de lavage de cerveau. Certains laissent derrière eux leur pays, leur famille et leur vie confortable, pour aller mourir dans une guerre qui n'est pas la leur. La propagande extrémiste a incité des personnes souffrant de troubles mentaux à commettre des crimes contre leur propre communauté ou même leur propre nation, ce qui a conduit à des attentats isolés.

Internet joue un rôle clé et il est de notre responsabilité de veiller à sa bonne utilisation. Les organisations terroristes ont réussi à actualiser l'application du lavage de cerveau afin qu'elle fonctionne avec succès sur les réseaux. Les personnes les plus vulnérables sont facilement repérées et "intoxiquées" par des opinions extrémistes. Elles sont ensuite attribuées à certains membres du groupe afin de les faire adhérer à la propagande politique/religieuse de manière lente et méthodique. Les actes et les pensées répréhensibles sont dissimulés jusqu'à ce que la victime soit prête à les accepter.

Les méthodes sont éprouvées et consistent à présenter leur rhétorique folle comme une solution utopique à la douleur personnelle de la victime, comme un antidote à tout ce qui ne va pas dans le monde. Des vidéos et des images trompeuses sont exploitées pour donner une image d'injustice sociale et une version très déformée de la vie.

Cela conduit souvent la recrue à se sentir heureuse et reconnaissante d'avoir été accueillie par l'organisation terroriste. Il s'agit souvent de personnes qui ont été isolées de la société dans leur jeunesse, avec une mentalité très vulnérable, des jeunes aigris qui traversent une crise d'identité et chez qui, il est plus facile de stimuler leurs facteurs obscurs latents et de les utiliser pour attiser la haine et les conflits au sein de la communauté, pour les utiliser comme armes de destruction massive.

De manière générale, l'antidote pour sauver la jeunesse est entre les mains de nos dirigeants et de nos autorités, c'est pourquoi nous devons nous efforcer de préserver les valeurs d'intégration, de respect et de pluralisme. Nous devons nous détacher d'un discours provocateur, truffé de représentations belliqueuses, et lutter contre la ségrégation.

Chapitre 3 : Psychologie noire et comportement humain

Les sciences sociales, dont la psychologie, la sociologie, l'anthropologie et l'économie, étudient le comportement humain afin de définir les détails de l'histoire antique et le cours des générations futures.

Une compréhension plus profonde de la manière dont les gens agissent, planifient, se souviennent et prennent des décisions est fondamentale pour l'étude de la psychologie noire.

Le changement est la loi permanente de la nature, et c'est ainsi que le comportement et la pensée ont évolué au fil du temps.

Néanmoins, chaque individu est défini par ses expériences de vie et l'environnement dans lequel il grandit. Ce dernier est le critère le plus influent qui détermine la manière dont nous nous développons, non seulement physiquement, mais aussi mentalement. Cela comprend les relations quotidiennes avec les autres, le style de vie, le voisinage, le pays et les valeurs sociales, politiques, culturelles et religieuses dans lesquelles nous grandissons.

Ainsi, les parents sont la première interaction humaine dès la naissance et leurs habitudes et leur comportement nous influencent. Les personnes qui grandissent en étroite relation avec leur famille sont plus susceptibles de contribuer au succès de la communauté en raison de leur sens aigu de la camaraderie. Ceux qui ont connu une enfance difficile et/ou qui sont issus d'un environnement familial tendu sont plus enclins à agir de manière agressive ou à commettre des délits contre la société.

Selon les connaissances de la psychologie noire, le mal qui se trouve en chacun de nous peut être exprimé en actes violents. Notre environnement social est le stimulus le plus puissant, les personnes qui ont passé leur enfance à lutter pour satisfaire leurs besoins fondamentaux, comme la nourriture et le logement, grandissent souvent avec un sentiment de dégoût pour la société. Ils pensent que la communauté est responsable de leur manque d'opportunités et de leur misère.

L'inégalité économique est un facteur moteur et elle ne cesse de s'aggraver : les pauvres sont pris au piège de leur propre misère. Aux États-Unis, l'écart de revenus s'est accru de manière exponentielle au cours des 30 dernières années : 10 % de la population a un revenu moyen plus de neuf fois supérieur à celui des 90 % restants, tandis que 1 % possède un revenu moyen 39 fois supérieur à celui des 99 % restants. Cette disparité flagrante décourage les personnes issues de la classe ouvrière, qui doivent parfois prendre deux emplois pour payer leur loyer et mettre de la nourriture sur la table. Cette oppression persistante des minorités s'accompagne d'un faible niveau de santé et d'un taux de criminalité élevé.

La santé physique et la santé mentale sont directement liées. Dans les sociétés caractérisées par l'inégalité économique, le développement est réprimé. Les membres les plus défavorisés sur le plan économique sont plus enclins au ressentiment et à l'hostilité, et ces sentiments se traduisent par une forte propension à adopter des comportements criminels. Même si les conséquences de tels actes sont connues, on est conscient que les possibilités légales d'améliorer la situation misérable sont très limitées par rapport aux possibilités illégales.

La criminalité augmente également en raison de la réduction des effectifs de police dans les zones les plus pauvres. Les quartiers et les villages pauvres, contrairement à leurs voisins plus aisés, n'ont pas assez d'argent pour financer le fonctionnement des forces de l'ordre. Cela se traduit par un travail de police moins efficace ou par un nombre élevé d'agents de police mal payés, qui sont ainsi plus susceptibles de tomber dans la corruption.

Dans les couches les plus pauvres de la population, l'incidence de certaines maladies est également élevée, en raison d'un accès limité à des aliments sains et de l'absence de soins de santé de qualité.

Au début des années 1990, l'expression "désert alimentaire" est née dans le contexte d'un rapport sur les logements sociaux en Écosse. Il caractérise principalement les sociétés où règne l'inégalité économique : il y a un manque d'aliments sains à un prix abordable. De nombreux pays occidentaux industrialisés, dont le Canada, l'Australie, la Nouvelle-Zélande et le Royaume-Uni, ont signalé des cas de déserts alimentaires. En Amérique, l'accès limité à des aliments frais entraîne une obésité galopante et des taux élevés de maladies d'origine alimentaire comme le diabète : le nombre de décès dus à ces problèmes est deux fois plus élevé chez les Américains pauvres que la moyenne nationale.

De plus, les coûts élevés des soins sanitaires, auxquels il faut faire face avec une main-d'œuvre moins efficace, renforcent encore les inégalités au niveau médical.

La psychologie noire postule que l'instinct de prédation qui est en chacun de nous n'a souvent aucune raison d'être.

Un groupe d'excellents scientifiques de la Northeastern University a récemment découvert que la plupart des comportements humains sont prévisibles. L'expérience menée par le physicien Albert-László Barabási et son équipe s'est concentrée sur l'étude des mouvements d'utilisateurs anonymes de téléphones portables et a conclu que la mobilité humaine suit des schémas réguliers. En fait, la position d'une personne pourrait être prédite sur la base de son itinéraire précédent. De cette manière, l'équipe a pu constater une prédictibilité de 93%, aussi bien pour les personnes qui se trouvent plutôt à proximité de leur domicile que pour celles qui parcourent régulièrement de longues distances. La prédictibilité et la méthodologie des déplacements individuels ne sont pas affectées par les différences démographiques (âge, sexe, langue), ni par la densité de population.

La mobilité humaine a une influence directe sur la planification urbaine et la construction de routes dans les villes. Cette recherche pourrait soutenir le développement futur des villes et des soins de santé en prédisant scientifiquement les mouvements des personnes.

Les chercheurs ont aujourd'hui accès à des méthodes multimodales de collecte et d'analyse des données qui rendent leurs études plus rapides et plus précises.

L'observation et l'interprétation systématiques du fonctionnement du cerveau sont des tâches difficiles. Les structures du cerveau humain ont évolué pour soutenir des processus cognitifs complexes visant à optimiser les résultats de toutes nos actions.

Les trois éléments principaux du comportement humain sont :

- *L'action,* la manifestation qui se produit dans la vie réelle, peut être observée avec nos yeux et mesurée avec des capteurs psychologiques. Elle entraîne le passage d'un état à un autre ;

- *La cognition* est notre capacité à traiter les informations verbales et non verbales ;

- *L'émotion* caractérisée par une activité mentale intense qui n'est pas directement observable et dont le résultat est par conséquent une sensation basée sur un raisonnement ou une conscience et qui provoque une expérience consciente.

Ces trois éléments de la psyché fonctionnent comme une machine qui amène l'individu à percevoir le monde et à trouver la bonne réaction à l'environnement dans lequel il se trouve. Déterminer la cause et l'effet de ce changement est un défi : Une action peut entraîner une certaine émotion, accompagnée d'une connaissance interne (cognition) qui, à son tour, déclenche une autre émotion et conduit à une nouvelle action.

Les actions observables sont certainement guidées par les émotions et la cognition. L'être humain se déplace activement pour réaliser ses objectifs et ses désirs cognitifs ou pour atteindre un certain état mental.

La cognition est en constante évolution et le mode de pensée correspondant combine et intègre les nouvelles informations recueillies au cours de la vie afin de prédire comment les actions peuvent affecter l'environnement. La première contribue également à orienter les actions de manière opportune et appropriée en fonction des conditions environnementales.

Sur la base de nos intentions, l'esprit humain peut répondre à un stimulus de différentes manières et apprend à faire de même dans des situations similaires afin de maintenir une relation stimulus-réponse durable. Par exemple, lorsque notre esprit perçoit une personne comme un ami ou un ennemi, il fait appel à la réaction stimulus-réponse préexistante pour décider de la manière d'interagir avec cette personne.

Vous avez peut-être entendu dire que certaines personnes s'entraînent pour un entretien d'embauche en se regardant dans le miroir ou en répétant des déclarations positives afin de renforcer leur confiance en elles. Ces actions nous aident à activer les mêmes zones cérébrales que celles impliquées dans la production et la perception d'une langue.

Nos instincts, réflexes et mouvements aléatoires sont les éléments fondamentaux de notre comportement. Ils sont dits "aléatoires" lorsqu'ils ne semblent pas être orientés vers un but précis.

Notre structure physique préétablie et nos connexions neuronales dictent et limitent l'ampleur de nos mouvements, tels que la rotation de la tête, le mouvement des bras et des doigts, et même les actions vocales comme les pleurs ou les cris. Ces types de comportements ne sont pas vraiment adaptatifs, car ils sont limités par des caractéristiques structurelles et ne peuvent pas être considérés comme totalement aléatoires. Les comportements accidentels ne sont pas intentionnels et sont une particularité de la petite enfance : un comportement similaire observé chez des enfants plus âgés ou des adultes est souvent dû à une nervosité passagère ou à des troubles neuronaux chroniques. Toutefois, chez les personnes situées aux extrêmes du continuum sombre, de telles situations entraînent des tendances violentes et psychopathiques.

Les humains et les animaux qui disposent d'un système nerveux sont dotés d'une unité comportementale unique : les réflexes.

Ce qui les rend uniques, c'est que leurs réactions sont communes à toutes les espèces vivantes. Par exemple, lorsque nous sommes piqués par une épingle, notre réaction immédiate est de retirer notre main, un geste standard pour les hommes et les femmes, les enfants et les adultes, les pauvres et les riches.

Le réflexe n'est jamais volontaire, mais inconscient. Dans une situation environnementale standardisée, il conduit à une réaction cohérente qui confère une stabilité au comportement de l'organisme. Les personnes qui ne sont pas capables de réagir de manière cohérente à un même stimulus souffrent d'un trouble. Nos réflexes nous fournissent des mécanismes économiques et inconscients pour accomplir nos tâches quotidiennes les plus simples, notamment les tâches psychologiques.

Maintenant, vous vous demandez peut-être quel est le lien entre les réflexes et les comportements aléatoires : Les différences sont difficiles à comprendre, mais en général, les premiers sont plus spécifiques et adaptables et influencent les seconds.

Contrairement aux réflexes, nos instincts sont adaptables, intentionnels et beaucoup plus complexes. En même temps, comme les réflexes, ils sont héréditaires, définis et entraînent une réponse spécifique à un stimulus donné.

Les instincts fonctionnent indépendamment de la conscience, mais une corrélation entre les deux peut se produire si le modèle de comportement initial est modifié ou s'il y a des interférences entre lui et la situation donnée.

Le monde social complexe de l'homme, caractérisé par des changements environnementaux très rapides, augmente la probabilité que les bases rigides des impulsions naturelles soient modifiées. Celles-ci sont souvent considérées comme une combinaison de réflexes prédéfinis par la sélection biologique en tant que fonction directe du processus d'adaptation.

La plupart des instincts complexes des animaux ne survivent pas chez l'homme : seuls ceux qui servent à satisfaire les besoins physiologiques (par exemple, se nourrir, respirer et s'accoupler) restent intacts. Grâce à eux, nous pouvons fuir lorsque nous sentons un danger imminent. Cependant, les traits psychologiques sombres d'une personne peuvent réduire cet instinct de conservation et l'amener à commettre des crimes odieux, même si elle est pleinement consciente des conséquences.

La théorie de la prospective (Prospect Theory)

Les comportements humains s'acquièrent par l'apprentissage, de sorte que notre décision d'entreprendre ou d'éviter une action dépend des avantages et des inconvénients liés à cette dernière.

La théorie du prospect, publiée en 1979 par Daniel Kahneman et Amos Tversky, est considérée comme la théorie psychologique la plus influente en matière de prise de décision. Il s'agit d'un modèle de comportement qui montre que les gens sont prêts à prendre un risque supplémentaire pour éviter une perte, car nous n'aimons pas perdre plus que gagner. Cependant, il est également arrivé à la conclusion que l'individu prend ses décisions en fonction du gain potentiel et non de la perte. Si un choix donné a le même résultat qu'un autre, mais qu'il est présenté différemment, l'individu choisira certainement l'option qui rapporte le plus. La joie que vous ressentez lorsque quelqu'un vous donne 50 € devrait être la même que celle que vous ressentez lorsque vous gagnez 100 € et perdez 50 €, car les deux situations donnent le même gain. Cependant, beaucoup préfèrent le premier scénario, car dans le second, ils ne voient que la perte. Cela s'explique par le fait que perdre a un impact émotionnel bien plus important que gagner.

En 1995, une autre étude a été menée : Les sportifs qui avaient remporté le bronze aux Jeux olympiques semblaient en moyenne plus heureux que les médaillés d'argent. Les médaillés de bronze se concentraient sur le fait que leur résultat était meilleur que pas de médaille du tout, tandis que les médaillés d'argent considéraient leur compétition comme une défaite par rapport à l'or.

La théorie Prospect, également appelée "l'aversion à la perte", a ainsi démontré que l'être humain traite les informations de manière illogique et évalue différemment les gains et les pertes.

Elle a servi de base à d'autres études de Daniel Kahneman, publiées dans son livre "Slow and Fast Thinking". Dans ce contexte, l'auteur a proposé que les gens disposent de deux systèmes de prise de décision : Le premier est rapide, mais relativement imprécis, tandis que le second est lent, mais beaucoup plus précis. Des décisions telles que l'achat de produits alimentaires ou le choix d'une profession peuvent être confiées à l'un de ces deux systèmes.

La psychanalyse de Sigmund Freud

Le célèbre neurologue autrichien Sigmund Freud (1856-1939) a été le fondateur de la psychanalyse, qui se concentre sur l'explication du comportement humain et est utilisée comme méthode de traitement des maladies mentales. Elle est souvent considérée comme une théorie de la psyché humaine, un outil visuel pour les interprétations socioculturelles.

Freud accomplit ses études à la faculté de médecine de l'université de Vienne et il travaille ensuite à l'hôpital de cette ville. Il collabore avec le médecin Josef Breuer, qui étudie les symptômes hystériques d'une patiente nommée Bertha Pappenheim - ou "Anna O.". Breuer la place dans un état proche de l'autohypnose afin de pouvoir questionner les premiers symptômes. L'acte de verbalisation, connu sous le nom de "thérapie par la parole", a été extrêmement cathartique pour Anne, car il lui a permis de se débarrasser de ses émotions refoulées qui étaient à l'origine de son comportement pathologique.

En 1885, Freud épouse Martha Bernays, ils auront six enfants. Freud est devenu l'élève du neurologue Jean Charcot à Paris. Grâce aux travaux de Charcot sur l'hystérie, Freud prend conscience que l'origine des troubles psychiques pourrait se trouver dans la pensée et non dans le cerveau. Il ne comprend pleinement les effets de l'expérience de Breuer que dix ans plus tard, et fut reconnaissant à Charcot pour ses méthodes hypnotiques.

Une décennie plus tard, Freud met au point la technique de "l'association libre" en encourageant les patients à exprimer leurs pensées et leurs sentiments à voix haute, sans s'autocensurer, et à libérer ainsi le matériel non exprimé dans la zone de la psyché appelée "inconscient". Le neurologue constate que la résistance ou la réticence des personnes à exprimer des pensées ou des conflits conscients et inconscients rend difficile la libre association par des silences soudains, des bégaiements et d'autres symptômes d'hystérie. Sur la base de son expérience clinique, Freud conclut que bon nombre des symptômes de l'hystérie féminine et des pensées retenues peuvent conférer un aspect sexuel à l'ensemble de la maladie. Il lie l'étiologie des symptômes névrotiques à la lutte entre les besoins sexuels et la défense psychique contre ceux-ci, qui conduit souvent à un compromis inconscient entre le désir et la défense.

L'interprétation des rêves

Dans ses tentatives d'établir la psychanalyse comme théorie universelle, Freud aurait également dû étudier le psychisme masculin dans des conditions normales, mais il s'est limité à s'appuyer sur sa propre expérience.

La mort de son père a été un tournant qui l'a obligé à se défaire de ses sentiments longtemps refoulés envers sa famille.

En 1897, il a utilisé la technique de décryptage des rêves pour révéler la signification de sa décharge émotionnelle. Selon Freud, les rêves sont "la voie royale vers la connaissance de l'inconscient", et son analyse a fourni une compréhension profonde de la manière dont ils se forment et fonctionnent. En 1899, il a présenté ses conclusions dans un livre révolutionnaire intitulé "L'interprétation des rêves". Selon sa théorie, les rêves jouent un rôle crucial dans la psyché humaine. Il a qualifié la *libido* d'énergie spirituelle et l'a associée à l'instinct sexuel humain inconstant, capable d'une force excessive et presque inquiétante : il a expliqué qu'elle travaille pour obtenir du plaisir et éviter la douleur, en recherchant tout résultat possible, et un manque de satisfaction physique lui permet de se libérer par des canaux spirituels. Les rêves sont le résultat de compromis psychologiques entre les désirs et les conflits qui empêchent leur réalisation.

Les composantes de l'esprit

Il ressort donc clairement des paragraphes précédents que les émotions refoulées, suite à un traumatisme ou à des événements perturbateurs de la vie, peuvent facilement se manifester par un comportement prédateur apparemment déraisonnable.

Contrairement à ce qui se passe dans les rêves, des erreurs apparemment insignifiantes comme l'oubli d'un nom, la mauvaise lecture d'un mot ou un lapsus (également appelé lapsus freudien) peuvent être dues à des causes hostiles ou égoïstes et avoir une signification symptomatique et interprétable.

Les facteurs obscurs cachés dans notre psyché conduisent souvent à des rêves violents ou à des cauchemars et peuvent même se manifester sous la forme d'actes manqués sur le dark web. Au début des années 1900, Freud a élaboré un diagramme topographique de la psyché et l'a décrite en utilisant un iceberg comme terme de comparaison. Il affirmait que l'esprit avait trois niveaux :

- *La conscience,* représentée par la pointe ou la surface visible de l'iceberg. C'est la zone constituée de pensées, le centre de notre attention ;
- *Le préconscient,* qui correspond à la couche de glace que l'on peut voir juste sous l'eau, il est constitué de toutes les pensées qui peuvent être rappelées de la mémoire ;
- *L'inconscient*, qui représente la dernière couche, la plus critique et la plus profonde, et dont nous n'avons pas conscience de l'existence.
  C'est précisément l'inconscient qui maintient cette dose de malveillance en chacun de nous et qui est responsable de la plupart des comportements humains. C'est un "chaudron" de pulsions primitives potentiellement violentes, qui peuvent se transformer en actions imprévisibles lorsqu'elles sont guidées par certains facteurs externes ou internes.

Les structures de la pensée

L'objectif principal de la psychanalyse est de faire passer les pensées et les sentiments de l'inconscient à la conscience et de fournir aux personnes le soutien psychologique nécessaire pour empêcher la manifestation de facteurs obscurs.

En 1923, Freud a catégorisé les structures de la pensée comme suit :

- *Le Ça,* c'est-à-dire la partie de la psyché qui contient les besoins ou les instincts les plus primitifs en termes de satisfaction immédiate (y compris les besoins sexuels) ;
- *Le moi,* la partie rationnelle et pragmatique du mental, la partie qui aspire à l'autoconservation en différant la satisfaction. Il résout les conflits entre les désirs primitifs du ça et du surmoi ;
- *Le surmoi qui* s'occupe des règles et des normes socioculturelles et qui s'apparente à ce que nous appelons la "direction morale".

Freud estimait que le comportement et la personnalité humains étaient dus aux conflits permanents entre le Ça, le Moi et le Surmoi qui surviennent dans notre enfance. Les personnes ayant une psychologie sombre prononcée sont souvent aux prises avec un ego faible, ce qui peut entraîner des déséquilibres dans leur psyché et conduire à des névroses et à des comportements malsains. Lorsque notre Ça ou Surmoi domine le Moi, nous nous sentons souvent anxieux ou coupables, et notre bien-être est menacé.

L'esprit humain s'appuie sur le moi pour développer des mécanismes de défense contre les luttes intérieures et pour tenter de résoudre ces luttes par des compromis. Les mécanismes de défense du moi sont tout à fait naturels et fonctionnent de manière inconsciente afin de renforcer les bons sentiments et de repousser les sentiments désagréables. Cependant, lorsque ce mécanisme s'amplifie, il en résulte une instabilité psychique qui peut se traduire par des obsessions, de l'hystérie, de l'anxiété et des phobies.

Les mécanismes de défense du mental

Il existe tout un répertoire de mécanismes de défense, dont certains sont énumérés ci-dessous.

Un *refoulement a* lieu lorsque le moi tente d'empêcher les idées perturbatrices de devenir conscientes en les repoussant dans la partie inconsciente de l'esprit.

Ces pensées sont réprimées pour éviter la culpabilité du surmoi, mais à long terme, elles peuvent déclencher des angoisses. Les dérapages freudiens sont souvent l'expression de ces souvenirs refoulés, sous forme de rêves ou de dérapages verbaux.

Par exemple, les victimes d'amnésie hystérique qui ont commis ou assisté à un acte de violence peuvent l'oublier. Ces personnes sont passées d'un bout à l'autre du continuum obscur et ont perdu tout contact avec la réalité.

La *projection* consiste à attribuer des pensées et des sentiments indésirables à une autre personne et à les considérer comme une menace du monde extérieur.

Ce mécanisme peut être observé chez une personne qui se sent intimidée par ses propres pensées et sentiments hostiles et qui pense qu'ils sont cultivés par une autre personne.

Le surmoi considère la haine comme une émotion négative et inacceptable et persuade donc l'individu que l'aversion que nous ressentons pour une personne est en fait une réaction à ce que l'autre personne ressent pour nous.

Dans la *rationalisation*, le moi fournit une explication raisonnable pour rendre une impulsion ou un événement moins menaçant. Il s'agit d'une distorsion cognitive des faits dans une tentative de se protéger.

Par exemple, les organisations terroristes défendent souvent des idées extrémistes afin de protéger leurs opinions religieuses, politiques et sociales et de justifier leur comportement psychologiquement obscur et leurs actes odieux.

Il est fréquent d'observer que lorsque les choses deviennent trop difficiles, notre mental refuse d'accepter l'existence de ces circonstances. Cela se fait par le biais du mécanisme de défense du moi, appelé *déni*. Primitif et potentiellement dangereux, il peut conduire à ne pas percevoir la réalité pendant longtemps et à sous-estimer, voire à ignorer, les terribles conséquences d'un mauvais comportement de notre esprit.

La présence d'un déni peut être la suivante :

- Simplement comme lorsqu'un étudiant refuse d'admettre son manque de préparation lorsqu'il échoue à un examen ;
- Complexe, comme dans le cas d'une épouse qui ne veut pas admettre l'infidélité de son mari, même si elle est évidente.

Lorsque l'on se comporte d'une manière totalement opposée à ce que l'on pense ou ressent, on parle d'*éducation réactive*. Il s'agit d'un comportement conscient visant à compenser une impulsion inconsciente et socialement inacceptable.

Elle se manifeste généralement par des comportements excessifs, tels que l'impulsivité et l'arrivisme, afin de réprimer l'anxiété provoquée par des pensées ou des sentiments inconscients qui représentent une menace pour le sujet. Elle cache au moi les véritables motivations de la psyché humaine, tandis que le ça est satisfait.

Par exemple, une femme qui attend un enfant non désiré peut essayer de cacher son sentiment de culpabilité en se montrant extrêmement protectrice et attentionnée afin de se convaincre qu'elle est en fait une bonne mère. Freud a fait valoir que les hommes qui ont des préjugés contre l'homosexualité montrent une très forte aversion pour cette orientation afin de se convaincre de leur propre hétérosexualité et de se protéger contre leurs instincts homosexuels.

Les prédateurs humains utilisent souvent *la sublimation* pour diriger leurs pulsions obscures vers une cible. Ces dernières fonctionnent comme un substitut symbolique de leur véritable objectif, qui peut être une chose ou une personne. Dans les situations où le surmoi ne permet pas au ça de satisfaire ses désirs, le moi entre en jeu avec une possibilité alternative d'utiliser l'énergie du ça : Il peut transférer l'énergie d'un objet refoulé à un objet socialement plus acceptable, mais chez les personnes ayant un côté obscur prononcé et actif, la satisfaction de désirs dangereux l'emporte sur l'acceptation sociale de leurs actions violentes.

Par exemple, il arrive que des personnes dont le désir sexuel est tabou ne se sentent pas à l'aise pour l'exprimer et le remplacent par des paraphilies.

Si une personne nouvellement mariée souhaite revenir à la sécurité de son foyer familial après sa première dispute avec son partenaire, il s'agit d'un cas possible de *régression*.

Elle se produit lorsqu'une personne retourne psychologiquement dans le passé, notamment à une époque ou dans un lieu où elle se sent plus en sécurité. Le moi revient à un stade de développement primaire lorsqu'il est confronté à une situation de stress, ce qui est la principale caractéristique de ce mécanisme : un enfant hospitalisé peut par exemple reprendre l'habitude de sucer son pouce ou de faire pipi au lit.

En 1936, la psychanalyste Anna Freud, fille de Sigmund, a publié "Le moi et les mécanismes de défense", dans lequel elle a exposé la différence entre la défense visant à protéger le moi, qui résulte des désirs instinctifs du ça, et la défense contre les effets de ces pulsions. Elle l'a d'abord décrite comme une *identification à l'agresseur*, c'est-à-dire comme un mécanisme de défense contre les effets douloureux d'une menace extérieure, comme la désapprobation ou la critique d'une personne ayant autorité. Ainsi, la victime commence à s'identifier comme la source de l'intimidation, en adoptant un comportement de prédateur ou en prenant le blâme pour l'agression. En adoptant les caractéristiques du personnage menaçant, la proie espère établir un lien émotionnel avec l'agresseur en utilisant l'empathie pour échapper à l'abus.

Son comportement peut même susciter l'admiration et la gratitude envers son tortionnaire. Par exemple, dans les camps de concentration nazis, certains détenus ont adopté le comportement des gardiens et ont commencé à maltraiter d'autres détenus.

Un autre exemple extrême est le syndrome de Stockholm ou "traumatisme-bonding", dans lequel les otages développent des sentiments et des comportements positifs envers leur preneur d'otage et créent un lien émotionnel.

La terreur et la peur de la proie provoquent chez elles une régression quasi infantile qui se traduit par de la gratitude envers l'agresseur, qu'elles considèrent comme quelqu'un qui s'occupe de leurs besoins fondamentaux. La victime éprouve de la gratitude envers son ravisseur uniquement parce qu'il lui a permis de rester en vie, oubliant qu'il est la cause de sa souffrance. Elle développe inconsciemment un lien émotionnel comme stratégie de survie, créant ainsi un espace vide dans sa psyché, qui se remplit progressivement des caractéristiques de l'agresseur.

Ce traumatisme déclenche à son tour un cercle vicieux de violence, dans lequel la victime qui ne demande pas d'aide ou ne parvient pas à surmonter son traumatisme, peut le reproduire chez d'autres. Un exemple classique est celui de Patty Hearst, qui a été enlevée, violée et abusée par un groupe terroriste américain, l'Armée de libération symbionaise, dont l'idéologie est proche de la gauche radicale. En 1976, elle a été jugée pour avoir rejoint de son plein gré le même groupe. Elle a été condamnée à 35 ans de prison pour un braquage de banque. En 2001, elle a été graciée par le président Bill Clinton lors de son dernier jour au pouvoir.

Chapitre 4 : La Triade sombre

Le concept de la triade sombre est relativement nouveau et fondamental pour la compréhension de la psychologie obscure.

Ce terme a été inventé en 2002 par les psychologues Paulhus et Williams et fait référence à trois variables de personnalité offensives mais non pathologiques : Le narcissisme, la psychopathie et le machiavélisme. Celles-ci présentent des similitudes remarquables entre elles et conduisent à des comportements clairement négatifs tels que la manipulation, l'insensibilité et la mégalomanie.

La taxinomie la plus répandue pour les traits de personnalité est celle dite des 'Big Five', qui repose sur des descripteurs linguistiques généraux proposant cinq larges dimensions pour décrire le psychisme et la personnalité humaine.

Les traits de personnalité du Big Five sont la conscience, l'ouverture d'esprit, l'extraversion, la gentillesse et le névrosisme.

L'étude menée par Paulhus et Williams a conclu que le "malaise" est la seule caractéristique du Big Five commune aux trois personnalités sombres.

L'échelle du « Dirty Dozen »

Un large éventail de comportements humains désagréables, tels que l'agressivité, l'opportunisme sexuel et l'impulsivité, indique une personnalité cachée de la Triade Sombre.

En 2010, les psychologues Peter Jonason et Gregory Webster ont développé l'échelle des « Dirty Dozen' (la vilaine douzaine) pour identifier les traits de personnalité potentiellement problématiques sur la base de 12 points.

Ils ont défini la triade sombre comme une "stratégie sociale d'action et de profit à court terme", soulignant le fondement de la psychologie obscure, selon laquelle un individu qui éveille son côté obscur le manifeste par un comportement violent, dans le seul but de satisfaire ses propres désirs.

Prenez maintenant un moment pour lire les 12 points ci-dessous et les évaluer sur une échelle de 1 à 7 afin de savoir où vous vous situez dans la "vilaine douzaine" :

1. J'ai tendance à manipuler les autres pour arriver à mes fins.
2. J'ai tendance à ne pas avoir de regrets.
3. J'ai tendance à vouloir que les autres m'admirent.
4. J'ai tendance à ne pas me soucier de la moralité de mes actes.
5. J'ai trompé ou menti pour arriver à mes fins.
6. J'ai tendance à être cruel ou insensible.
7. J'ai utilisé la flatterie pour arriver à mes fins.
8. J'ai tendance à rechercher le prestige ou le statut.
9. J'ai tendance à être cynique.
10. J'ai tendance à utiliser les autres à mes propres fins.
11. J'ai tendance à attendre des autres des faveurs particulières.
12. Je veux que les autres fassent attention à moi.

Le nombre total de points peut varier de 12 à 84, chaque caractéristique correspondant à un point spécifique de la liste :

- Narcissisme (3, 8, 11, 12) ;
- Psychopathie (2, 4, 6, 9) ;
- Machiavélisme (1, 5, 7, 10).

Selon l'étude menée par Webster et Jonason, un score de 45 points ou plus signifie une tendance élevée vers les traits de personnalité de la Triade noire.

Ne vous inquiétez pas si votre résultat est plus élevé que prévu, car cette échelle ne contient pas toutes les subtilités et nuances d'un diagnostic (comme son nom l'indique, elle est un peu "sale" dans ce sens). L'objectif est de proposer un test rapide et simple qui puisse servir d'avertissement si vous soupçonnez qu'une personne que vous connaissez présente les caractéristiques de la triade.

Nous allons maintenant examiner ces propriétés de plus près.

Le Narcissisme

Le terme narcissisme vient du mythe gréco-romain de Narcisse, un beau chasseur qui parcourait le monde à la recherche d'une personne à aimer. Après avoir rejeté une nymphe nommée Echos, il aperçut son reflet dans une rivière, en tomba amoureux et se jeta à l'eau, se noyant au passage.

Cette histoire résume l'idée de base du narcissisme : un trouble mental caractérisé par un degré élevé et nuisible d'égocentrisme, un fort besoin d'attention et d'admiration excessives et un manque d'empathie. Les narcissiques pensent qu'ils sont plus beaux et plus importants que tous ceux qui les entourent et qu'ils méritent un traitement spécial.

Les types de narcissisme

Tout comme les nombreuses caractéristiques des traits psychologiques humains, le narcissisme peut être observé sous forme de spectre. Les deux formes les plus connues sont le *narcissisme grandiose* et le *narcissisme vulnérable*. Alors que tous les narcissiques font preuve d'un sens exagéré de leur propre valeur, les narcissiques grandioses ont une estime de soi indescriptible, une exigence présomptueuse et une tendance à quitter toutes les situations dans lesquelles ils estiment ne pas recevoir le respect et l'admiration qu'ils méritent. Les enfants qui sont toujours satisfaits par leurs parents, quelles que soient leurs exigences, grandissent avec une exigence exacerbée. Connaissez-vous quelqu'un qui est en couple, mais qui semble toujours en chasse et ne fait aucun effort pour cacher son désir à son partenaire ou à son entourage ? De tels hommes insensibles sont appelés "playboys" et représentent un cas classique de narcissisme grandiose. Ils sont habiles à dissimuler leurs sentiments et deviennent rapidement dominants et agressifs si quelqu'un tente de s'immiscer dans leurs conquêtes. Ils ignorent les pensées et les sentiments des autres et sont impitoyables lorsqu'il s'agit de satisfaire leurs propres désirs.

Selon certaines recherches, les narcissiques grandioses présentent une association remarquablement positive avec des constructions liées au fonctionnement émotionnel, comme l'empathie et l'intelligence émotionnelle, mais les résultats de ces études sont hautement imprévisibles et nécessitent un examen plus approfondi. Il n'est pas surprenant que de nombreux politiciens et célébrités à succès entrent dans cette catégorie.

Les narcissiques vulnérables, quant à eux, ont une très faible estime de soi et ont tendance à développer une image négative d'eux-mêmes. Ils grandissent avec peu d'attention de la part de leurs parents et compensent cela en développant un ego extrêmement fragile et en utilisant l'auto-absorption comme mécanisme de défense. Ils ont une profonde peur d'être insuffisants, ainsi qu'une énorme insécurité et un désir écrasant d'attention et d'approbation, par lesquels ils tentent de combler le vide en eux. Lorsqu'ils ne reçoivent pas l'admiration qu'ils pensent mériter, ils se sentent émotionnellement instables, mais ne deviennent pas agressifs ou violents.

Pour eux, la manière dont leur partenaire les perçoit est très importante, même si, en raison de leur introversion, ils continuent peut-être à vivre d'autres aventures sans le dire. Au contraire, ils accusent leur partenaire d'infidélité et exigent une réassurance permanente.

Leur besoin de reconnaissance, leur peur du rejet et leur hypersensibilité à la critique les rendent souvent anxieux et paranoïaques. Ils ont tendance à adopter un comportement puéril, comme de se plaindre et de crier pour obtenir ce qu'ils demandent.

Le trouble de la personnalité narcissique : symptômes, causes et effets

La première étape pour réussir à gérer les narcissiques est de déterminer quel type de narcissique est présent dans votre vie.

Comme nous l'avons déjà mentionné, les personnes souffrant de narcissisme sont atteintes d'un trouble psychique caractérisé par une estime de soi exacerbée, un fort besoin d'attention et d'admiration et un manque d'empathie. Cette dernière ne sert qu'à dissimuler une estime de soi fragile, qui peut être ébranlée par la moindre critique. Le *trouble de la personnalité narcissique* touche 1 à 2 % de la population, le plus souvent des hommes. Il s'agit toutefois d'un problème entouré d'une grande confusion diagnostique en raison du large éventail de symptômes, allant de la grandiloquence au dégoût de soi, de l'extraversion à l'introversion, du citoyen modèle au criminel.

Cette hétérogénéité des apparences pose un défi dans l'identification de caractéristiques communes pour justifier un diagnostic courant. La cause du trouble de la personnalité narcissique est très complexe et encore inconnue ; elle pourrait être liée à la génétique (caractéristiques héréditaires), à la neurobiologie (lien entre le cerveau et le comportement humain) ou à l'environnement (adoration parentale excessive ou absence de celle-ci dans la petite enfance).

N'oubliez pas que si quelqu'un prend trop de selfies, cela ne signifie pas qu'il est narcissique et il n'y a aucune preuve que les réseaux sociaux provoquent ce trouble. De même, chez les enfants et les adolescents, se concentrer sur soi-même n'est peut-être qu'une phase de la croissance.

Lorsque les traits négatifs du trouble de la personnalité narcissique prennent le contrôle de la vie d'une personne, ils provoquent de gros problèmes : relations difficiles, dépression, anxiété, difficultés au travail et même pensées ou actes suicidaires.

On peut comparer cela à une maladie lorsque bien que la personne concernée se sente bien, les gens autour d'elle se sentent mal. Ces premiers ont tendance à agir de manière égoïste et malhonnête dans les relations amoureuses et à tricher.

Le narcissisme a atteint un niveau élevé dans les cultures et les sociétés qui valorisent l'individualité et l'expression de soi.

Les narcissiques fantasment souvent sur le fait d'avoir le pouvoir et le statut les plus élevés afin d'être adorés et déifiés ; ils pensent que c'est leur droit d'être respectés et admirés. L'image qu'ils ont d'eux-mêmes n'est pas influencée par leurs réalisations et les circonstances de leur vie. Ils ont un besoin constant d'attention et de flatterie, indépendamment de leur comportement social.

Une personne souffrant d'un trouble de la personnalité narcissique et appartenant à une famille ayant un certain pouvoir et un certain statut peut exprimer son trouble sous une forme plus complète et plus extrême.

Le chef d'État turkmène Saparmurat Niyazov en est un exemple : il a profité du vide laissé par l'Union soviétique pour prendre le pouvoir absolu dans son pays. Il a ordonné de changer le nom des mois de l'année et de certains objets ordinaires pour refléter sa gloire, s'est autoproclamé président à vie du Turkménistan et a créé un texte religieux qui devait être vénéré par toute la nation comme le Coran.

L'Allemagne nazie se trouvait en son temps, dans une situation similaire avec le livre d'Hitler "Mein Kampf" qui était considéré comme un texte religieux.

Un exemple plus récent d'un dirigeant éminent souffrant d'un trouble de la personnalité narcissique est le dictateur nord-coréen Kim Jong Un, qui a acquis le statut de divinité sacrée et a fait assassiner son oncle simplement parce qu'il avait bâillé pendant une réunion entre eux.

Le machiavélisme

Le célèbre philosophe et auteur politique italien du XVIe siècle, Nicolas Machiavel, a exposé son opinion sur la manière dont un dirigeant puissant doit se comporter et a justifié la perte de toutes les vertus morales au profit de la manipulation et de la violence pour conserver et gagner le pouvoir.

Dans son œuvre la plus célèbre, "Le Prince", il écrivait : "Un souverain sage ne devrait jamais faire allégeance si cela va à l'encontre de ses intérêts" et "Un prince a toujours une bonne raison de ne pas tenir sa promesse".

À la fin du XVIe siècle, les obscurs arts de la tromperie et du mensonge, ainsi que l'idée selon laquelle "la fin justifie les moyens", ont été popularisés dans la diplomatie sous le nom de "machiavélisme". Il n'a été introduit dans la psychologie moderne qu'en 1970, grâce aux psychologues sociaux Richard Christie et Florence L. Geis, qui ont mis au point "l'échelle de machiavélisme" ou le "test de Mach IV".

En psychologie, le machiavélisme désigne la prédisposition à des traits sournois et trompeurs chez des personnes déjà passées maîtres dans l'art de la manipulation.

Ceux-ci adoptent une approche très stratégique lorsqu'il s'agit d'atteindre leur objectif, ils utilisent la tromperie et le mensonge de sang-froid et se soucient peu des dommages émotionnels causés par leur comportement, en utilisant les autres comme des pions pour atteindre leur objectif. Cette mentalité contribue à leur attitude problématique et de rejet envers les autres. Ils ont un intérêt constant pour eux-mêmes, une compréhension profonde de l'importance de l'image et une tendance à exercer leur pouvoir de manière impitoyable, sans compassion ni pitié.

Des leaders machiavéliques

Tout au long de l'histoire, de nombreux dirigeants politiques ont utilisé les tactiques, les idées et les principes du 'Prince' comme modèle pour leur style de leadership.

Adolf Hilter est l'exemple parfait d'un dirigeant machiavélique. Il croyait que la paix n'était qu'un bref moment de répit dans une guerre sans fin et est considéré comme un chef de guerre implacable qui cherchait à exercer un contrôle absolu sur le monde entier afin de mettre en place son "Troisième Reich" tyrannique.

Il était déterminé à s'emparer de la réalité et à la manipuler pour ses propres victoires politiques. Sa fausse opération "Reichstagsflaggen" était planifiée pour trouver et persécuter les Juifs.

On peut établir de nombreux parallèles entre l'idéologie de Machiavel "La fin justifie les moyens" et la façon de diriger d'Hitler. En tant que maître de la manipulation, il était capable de manipuler aussi bien le système politique allemand que les esprits et les cœurs des gens.

On dit qu'il gardait un exemplaire du « Prince » sur sa table de nuit et qu'il savait susciter chez le peuple allemand l'amour et la crainte, des sentiments qui se transformaient en pure dévotion et même en adoration. D'autre part, Machiavel écrivait : "Il vaut mieux inspirer la crainte que d'être aimé quand on ne peut pas choisir".

Il ajoutait qu'"un prince doit toujours paraître moral, même s'il ne l'est pas", ce qui suggère que les chefs d'État doivent préserver les apparences morales, mais pas leurs promesses, si leurs paroles ne correspondent pas à leurs intérêts. Hitler a souvent fait des promesses exagérées et difficiles à tenir, donnant ainsi l'image d'un dirigeant éthique en s'efforçant de les respecter.

Machiavel disait également qu'il "vaut mieux avoir quelques adversaires que d'être compatissant et de laisser la communauté sombrer dans le chaos". Hitler, quant à lui, a éliminé physiquement toutes les menaces politiques et sociales au cours de son parcours pour devenir le leader de l'Allemagne.

Un prince brutal et rusé de l'État pontifical, Cesare Borgia, a servi de modèle à Machiavel lorsqu'il écrivait son livre "Le Prince".

L'auteur connaissait les tactiques et les principes utilisés par Borgia durant son règne, puisqu'il lui a rendu visite. Il a été témoin de la ruse et de la malhonnêteté du souverain, qui attirait des ennemis dans la ville de Senigallia en leur promettant l'amitié, mais en profitant de l'occasion pour les faire tuer.

Borgia mourut de mort naturelle à l'âge de 32 ans, mais Machiavel déclara rapidement que Florence avait besoin d'un leader aussi fort pour unifier le peuple et redonner à la ville sa gloire passée.

Un autre exemple de dirigeant machiavélique serait Joseph Staline, l'impitoyable dictateur totalitaire de l'Union soviétique, connu pour avoir lu et étudié "Le Prince".

Il ordonna à ses militaires de collecter le plus de céréales possible auprès de la population pour les exporter et préparer la guerre. La "grande purge" lancée en 1936 visait à éliminer systématiquement son opposition et à appliquer des tactiques machiavéliques. Sa politique a conduit à la mort de plus de 20 millions de citoyens soviétiques et à l'exécution d'anciens dirigeants politiques éminents sur la base de fausses accusations, comme la gauche, Grigory Zinoviev et Lev Kamenev.

Même les chefs d'entreprise ont utilisé les tactiques et les idées du machiavélisme comme une approche moderne et impitoyable de la réussite.

John Gotti, chef de l'un des clans mafieux les plus puissants des États-Unis, en est un exemple. Pour parvenir à ses fins, il a eu recours à une violence extrême en planifiant un attentat pour prendre le contrôle de la famille Gambino et en assassinant son prédécesseur Paul Castellano.

Comment mesurer le machiavélisme

Le machiavélisme est plus fréquent chez les hommes que chez les femmes, mais il n'est pas exclu chez les femmes.

Le système de mesure du machiavélisme est le test de Mach IV, qui comporte 20 affirmations différentes avec lesquelles vous pouvez être d'accord ou non :

- "Celui qui fait entièrement confiance aux autres cherche les ennuis".

- "Il est plus sûr de partir du principe que nous avons tous un vice qui sera mis en lumière dès que l'occasion se présentera".

- "La plupart des gens oublient plus facilement la mort de leur père que la perte de leurs biens".

- "La plus grande différence entre les criminels et les autres est que les premiers sont assez stupides pour être découverts".

Jusqu'à 5 points peuvent être attribués pour chaque phrase, le total maximum étant de 100 points.

- Un score de 60 ou plus est considéré comme élevé et les personnes qui obtiennent 60 points ou plus sont appelées " Machs élevés ". Ils sont égocentriques, très soucieux de leur propre bien-être et attirés par les scénarios où les règles et les limites ne sont pas claires. Leur attitude cynique et leur caractère opportuniste les amènent à croire que l'utilisation de la tromperie et du mensonge est justifiée pour progresser dans la vie. Ils sont émotionnellement distants, mais aimables et charmants dans les situations de compétition. Ils ne voient pas le bien dans les gens et cachent leurs véritables intentions.
- Un score inférieur à 60 signifie "Machs bas". Ils sont plus dignes de confiance et plus empathiques envers les autres : Ils préfèrent se conformer aux règles et à la morale, et croient et s'attendent à

ce que le reste des gens fasse de même. Ils évitent la manipulation pour atteindre leurs objectifs et sont plus honnêtes.

- Les personnes qui obtiennent des scores trop bas sur l'échelle Mach IV sont plutôt soumises, passives et très dociles.

Vous trouverez ci-dessous une représentation graphique des résultats des tests Mach-IV.

Le machiavélisme au travail

Plus récemment, le machiavélisme a été étudié, adapté et appliqué à l'économie : sur le lieu de travail, il vise les dirigeants qui se comportent de manière froide et injuste.

Oliver James a décrit cela pour le lieu de travail dans son livre "Office politics: How to Thrive in a World of Lying, Backstabbing and Dirty Tricks". Il a proposé un nouveau modèle de machiavélisme composé de trois facteurs : "conservation du pouvoir", "techniques de gestion rigides" et "comportement manipulateur".

Il a défendu l'idée que le succès des employés est stimulé par la politique de bureau. Une étude menée dans des entreprises allemandes a révélé que le machiavélisme au sein d'une organisation pouvait être mis en relation avec le niveau de leadership et la satisfaction au travail.

Il a défendu l'idée que le succès des employés est stimulé par la politique de bureau. Une étude menée dans des entreprises allemandes a révélé que le machiavélisme dans une organisation pouvait être lié au niveau de leadership et à la satisfaction au travail.

Une autre étude sur les personnes lors d'entretiens d'embauche a conclu que les personnes machiavéliques utilisent différentes tactiques pour influencer leur interlocuteur. Les hommes Machs élevés sont plus susceptibles de mener l'entretien et de modifier leur expérience professionnelle, en laissant peu d'autorité à l'intervieweur. Les femmes Machs élevés, en revanche, semblaient donner plus de liberté.

Le machiavélisme a été associé à la perception d'une surveillance abusive, un concept lié au harcèlement professionnel.

La psychopathie

Le dernier concept en date dans la trinité profane de la triade obscure est la psychopathie. Lorsque l'on entend le mot "psychopathe", on s'imagine un homme mentalement dérangé qui a peut-être commis des actes de violence, voire des meurtres. En réalité, les vrais psychopathes ont tendance à être charmants et beaux, entourés d'une aura que la victime trouve irrésistible.

Certains des personnages célèbres d'Hollywood qui nous sont restés en mémoire, comme Patrick Bateman d'*American Psycho* ou Frank Abagnale Jr. de *Catch Me If You Can*, ont été montrés comme séduisants, fascinants, autant qu'effrayants.

La psychopathie est un trouble mental qui amène une personne à avoir un comportement antisocial, à ne montrer aucun signe de remords ou d'empathie et à être extrêmement égocentrique. Elle entraîne également l'impossibilité d'établir des relations personnelles importantes, car la personne se masque avec un charme superficiel et une impulsivité. Il existe une propension naturelle à se comporter de manière antisociale, sans se soucier de l'impact de son comportement sur les autres.

La psychopathie est considérée comme un trouble de la personnalité unique, mais les recherches actuelles sur le sujet montrent qu'il s'agit plutôt d'un mélange de caractéristiques de la psychologie noire : Il s'agit d'un trouble complexe composé de plusieurs éléments. Il s'agit d'une diminution de la réponse psychologique à certains stimuli perceptifs, même lorsque les personnes concernées se trouvent dans des situations dangereuses, ce qui suggère des anomalies structurelles dans le cerveau.

On considère généralement que la psychopathie est innée, mais de nombreuses études suggèrent qu'elle est influencée par plusieurs causes : la prédisposition génétique, l'anatomie du cerveau et les conditions environnementales, pour n'en citer que quelques-unes.

Le terme psychopathologie fait référence à une combinaison de gènes et d'influences environnementales qui provoque une altération du fonctionnement des processus psychologiques et neurologiques et l'expression de traits de psychopathie.

Une autre étude suggère que les traits caractéristiques de la psychopathologie ont été sélectionnés génétiquement chez certains individus dans certains environnements ancestraux en raison de leur grande valeur pour le succès de la reproduction. Cela peut être illustré par le fait que de nombreuses personnes psychopathes ont des relations sexuelles de courte durée et des comportements d'exploitation tels que le viol, l'infidélité et la violence. Ils peuvent facilement manipuler leurs victimes ou les forcer à assouvir leurs désirs charnels.

Les psychopathes paraissent sûrs d'eux parce qu'ils dissimulent leurs motivations par la tromperie et des mensonges convaincants. Ils sont aussi impitoyables que les machiavéliques, mais ont tendance à être plus impulsifs et impitoyables.

Ted Bundy, par exemple, était un tueur psychopathe comme les autres : il était passé maître dans l'art de tromper les gens, non seulement physiquement, mais aussi psychologiquement. Toutes ses victimes étaient attirées par lui avant qu'il ne les assassine de sang-froid. Mais Bundy était aussi un narcissique : il parlait souvent de lui à la troisième personne et était totalement détaché émotionnellement des conséquences que son comportement antisocial avait sur les autres.

En 1944, le psychologue John Bowlby a mené une étude sur la délinquance juvénile dans une clinique de protection de l'enfance. Il estimait que la santé mentale et les problèmes de comportement ultérieurs d'une personne perturbée étaient dus à une enfance difficile. Selon lui, les cinq premières années de la relation mère-enfant contribuent de manière essentielle aux aptitudes sociales d'un enfant et tout trouble relationnel peut conduire à des comportements antisociaux, voire à la psychopathie.

Pour cette étude, Bowlby a sélectionné 88 enfants de la clinique : 44 d'entre eux étaient des voleurs, les 44 autres avaient des problèmes émotionnels, mais n'avaient pas commis de délit. Différents tests et entretiens ont été menés tant avec les enfants qu'avec leurs parents. Les résultats ont montré que plus de 50 % des délinquants avaient été séparés de leur mère pendant plus de six mois au cours de leur enfance, alors qu'il n'y avait eu que deux cas de ce type dans le groupe étudié. Le psychologue a également constaté que 14 des voleurs ne ressentaient aucune affection ou préoccupation pour les autres, ce qu'il a qualifié de "psychopathie anaffective". Aucun des autres enfants ne présentait de signes similaires, ce qui a permis de conclure que la séparation d'avec la mère ou la privation de la figure maternelle au cours des cinq premières années de développement entraîne des dommages émotionnels durables, caractérisés par l'incapacité à établir des liens significatifs à long terme.

Bowlby a postulé que les êtres humains naissent avec des comportements innés, appelés "déclencheurs sociaux", tels que les pleurs et les sourires, afin de renforcer le lien avec la mère. La relation entre une mère et son enfant sert de modèle sur lequel se basent toutes les relations futures. Selon « l'hypothèse du détachement maternel » de Bowlby, toute perturbation à long terme de la relation mère-enfant peut conduire à un comportement antisocial, à la délinquance, à la dépression, à une agressivité accrue, à des difficultés cognitives et à la psychopathie affective.

Un exemple intéressant de ce dernier trouble est celui d'Andy McNab, qui a été abandonné enfant et a passé son enfance à commettre de petits délits jusqu'à ce qu'il s'engage dans l'infanterie de l'armée britannique à un jeune âge. Plus tard, il a rejoint l'unité d'élite des services aériens spéciaux britanniques (SAS) et, après avoir quitté l'armée, il est devenu un auteur et un scénariste à succès.

Le professeur Kevin Dutton de l'Université d'Oxford a collaboré avec McNab et a écrit un livre intitulé "The Good Psychopath's Guide to Success" (Le guide du bon psychopathe vers la réussite), dans lequel il suggère que les caractéristiques de la psychopathie pourraient s'avérer utiles dans certaines circonstances. Dutton est un éminent chercheur en psychologie à la faculté de psychologie expérimentale et membre du groupe de recherche de l'Oxford Centre for Emotions and Affective Neuroscience (OCEAN). Il a affirmé que McNab était capable de contrôler sa psychopathie et d'assumer ses responsabilités lorsque cela était possible. Ce dernier savait tirer le meilleur de lui-même et des autres en faisant preuve d'intrépidité, de franchise et d'empathie. Cela lui a valu le titre de "bon psychopathe". Dutton a déclaré : "J'ai fait des recherches avec des forces spéciales, des chirurgiens, des gestionnaires de fonds spéculatifs et des avocats. Presque tous avaient des traits psychopathiques, mais ils les utilisaient pour devenir meilleurs dans ce qu'ils faisaient".

Contrairement à beaucoup d'autres personnes, les psychopathes sont parmi les meilleurs travailleurs dans les situations de stress (par exemple lors d'attaques terroristes et d'enlèvements), car ils sont intrépides et ne peuvent se concentrer que sur la tâche à accomplir en se distinguant du chaos qui les entoure. Le travail de Dutton est considéré comme révolutionnaire, car il explore les aspects positifs de la psychologie sombre, habituellement malveillante.

En 2011, le chercheur a mené la "Great British Psychopath Survey" et a identifié les professions les plus susceptibles d'avoir un dirigeant psychopathe : Avocats, policiers, journalistes et chirurgiens, parmi d'autres professions nécessitant une grande distance professionnelle. Par exemple, les directeurs de fonds d'investissement doivent souvent prendre des décisions risquées sans hésitation, une caractéristique de la psychopathie que les "bons psychopathes" peuvent bien gérer.

Les termes "sociopathe" et "psychopathe" sont souvent utilisés comme synonymes, mais il y a une différence : le premier n'est pas un terme clinique et ne concerne que les personnes ayant un comportement antisocial, principalement dû à des facteurs environnementaux, tandis que le second est une prédisposition génétique renforcée par des caractéristiques environnementales.

Les sociopathes souffrent souvent d'un *trouble de la personnalité antisociale* (TPAS), qui se caractérise par un manque d'empathie et de contrôle moral. Contrairement à la psychopathie, le *Manuel diagnostique et statistique des troubles mentaux (cinquième édition) ne le classe* pas parmi les troubles de la personnalité. Les personnes chez qui l'ASPD est diagnostiqué avaient déjà un autre trouble mental à un jeune âge, appelé *trouble des conduites, qui se caractérise* par une incapacité à suivre les règles et à se conformer à la loi, ce qui conduit à un comportement criminel. Le TSA est indépendant et se concentre sur le comportement social de la personne concernée, tandis que la psychopathie est diagnostiquée et englobe plusieurs traits de personnalité psychopathiques.

La psychopathie, comme les deux autres troubles de la personnalité de la triade noire, a son propre spectre, et peut être diagnostiquée à l'aide d'une échelle de 20 symptômes développée par le psychologue canadien Robert Hare dans les années 1970.

La "Hare Psychopathy Checklist", désormais appelée "Psychopathy Checklist-Revised (PCL-R)", est un outil de diagnostic permettant de vérifier la psychopathie et les tendances antisociales chez les personnes à des fins cliniques, de recherche ou juridiques. Il est souvent utilisé par les tribunaux comme indicateur de la dangerosité potentielle de l'accusé, en fonction de la longueur et de la nature de la peine et du sujet, compte tenu des preuves médico-légales.

Le test se compose de deux éléments distincts : un questionnaire sur les antécédents du sujet et un entretien semi-structuré. Il ne peut être soumis que par un psychologue ou un professionnel de la santé mentale, qui évalue les 20 "faits" de la liste, parmi lesquels figurent des caractéristiques telles que "l'attitude". par exemple : "charme superficiel", "image grandiose de soi", "besoin de stimulation", "mensonge pathologique", "imposteur et manipulateur", "absence de remords ou de culpabilité", "affectivité superficielle", "manque d'empathie", "mode de vie parasitaire", "mauvais contrôle du comportement", "promiscuité sexuelle", "problèmes de comportement précoces", "manque d'objectifs réalistes à plus long terme". L'autre partie du diagnostic consiste en un entretien au cours duquel le contexte et les antécédents détaillés de la personne sont recueillis.

Chaque point thématique peut être noté de 0 à 2 points sur la base des réponses, pour un total de 40 points maximum. Les personnes qui obtiennent 30 points ou plus sont diagnostiquées comme psychopathes cliniques. Les personnes sans antécédents criminels obtiennent généralement environ 5 points, tandis que de nombreux criminels non-psychopathes ont obtenu un score moyen de 22. Pour mettre cette échelle en perspective : Les célèbres tueurs en série Ted Bundy et Peter Lundin ont obtenu 39/40 points.

Le sadisme

Une compréhension complète de la Triade noire nécessite un bref aperçu du concept de sadisme.

Le *trouble de la personnalité sadique* est proposé par un nombre croissant de psychologues modernes comme le quatrième pilier de la triade sombre ou, comme on devrait l'appeler, du tétraèdre obscur.

Contrairement au narcissisme, au machiavélisme et à la psychopathie, on aliène souvent le sadisme en ne reconnaissant pas les signes et les expressions de ce trouble et en refusant de le considérer comme un trait de personnalité.

En termes simples, il s'agit d'un état psychique dans lequel la personne concernée n'éprouve du plaisir et de la joie qu'en voyant les autres souffrir.

La combinaison avec l'un des trois troubles de la personnalité de la triade conduit à des manifestations hallucinatoires de comportement criminel. Ainsi, un dirigeant machiavélique peut faire souffrir son empire dans le seul but de se délecter de la souffrance des gens et non d'en tirer profit.

Le sadisme ne peut pas être associé à un manque de contrôle de soi, puisqu'il s'agit d'un acte volontaire avec une intention criminelle. Il va même jusqu'à concevoir l'être humain comme un moyen de se divertir ou de faire du sport.

Un large éventail de fantasmes sexuels, de besoins et de comportements inhabituels peut se traduire par l'infliction de blessures et de souffrances au partenaire, en particulier dans les cas où il n'y a pas de consentement. "Le sadisme sexuel" est l'un des nombreux troubles sexuels psychiatriques qualifiés de "paraphilies". Les personnes concernées infligent des douleurs physiques et des humiliations à leurs partenaires dans le but d'obtenir une satisfaction sexuelle. Ces actes peuvent inclure des coups, des morsures, des coups de fouet ou des ligatures. Toutefois, n'oubliez pas que si ces pratiques ont lieu entre adultes consentants et qu'elles n'entraînent aucune souffrance physique ou psychologique, il ne s'agit pas d'un trouble. Inversement, le sadisme sexuel extrême qui entraîne une mise en danger grave ou la mort d'une personne est criminel : les traits psychotiques de la psychologie noire tels que le manque d'empathie ou le remords, l'impulsivité, l'imprudence et le mensonge peuvent rendre le sadisme particulièrement nocif.

Chapitre 5 : La programmation neurolinguistique (PNL)

Dans les années 1970, le chercheur en psychologie John Grinder a inventé le terme de programmation neurolinguistique (PNL) pour désigner une méthode de contrôle de l'esprit qui modifie nos pensées et comportements conscients de la manière souhaitée. La programmation neuro (esprit/information) - linguistique (langage/mots) (apprentissage/contrôle) est l'art d'apprendre le langage de son propre esprit afin d'obtenir des résultats satisfaisants. C'est un peu comme un mode d'emploi pour le cerveau, car il aide à communiquer les résultats et les souhaits du subconscient à la partie consciente.

Imaginez que vous êtes dans un autre pays et que vous avez envie de manger des ailes de poulet. Vous allez dans un restaurant pour les commander, mais lorsque le repas arrive, vous recevez un autre plat parce que la communication avec le serveur a échoué.

Tout comme dans cette situation, les gens ne peuvent souvent pas identifier leurs pensées inconscientes, ni en prendre conscience, car beaucoup d'entre elles ne sont pas bien communiquées à la partie consciente. Les passionnés de PNL affirment que "l'esprit conscient fixe l'objectif, tandis que l'esprit inconscient l'atteint". L'idée est que votre subconscient veut certes que vous obteniez ce que vous souhaitez, mais que si le message ne parvient pas à la conscience, vous ne découvrirez jamais quel est l'objectif souhaité.

La PNL a été développée par d'excellents thérapeutes et communicateurs qui ont obtenu de grands succès en tant que personnes de référence. Elle consiste en une série de techniques destinées à vous aider à maîtriser la communication, tant avec vous-même qu'avec les autres. C'est l'étude de l'esprit humain qui relie les pensées et les actions pour réaliser ses désirs les plus profonds.

Le cerveau utilise des réseaux neuronaux complexes pour traiter les informations et leur donner un sens par le biais de signaux linguistiques ou auditifs, en les stockant dans des schémas afin de créer de nouveaux souvenirs. Il est possible de tirer profit de certaines stratégies PNL et de les utiliser volontairement pour modifier ses pensées et ses actions afin d'atteindre certains objectifs. Ces méthodes peuvent être perceptuelles, comportementales et communicatives et servir à contrôler son propre psychisme et celui des autres.

L'une des idées centrales qui sous-tendent la programmation neurolinguistique est que l'esprit conscient a une préférence pour un système sensoriel spécifique, appelé "système de représentation perceptuelle" (PRS). Des phrases telles que "je t'entends" ou "ça sonne bien" indiquent un PRS auditif, tandis que "je te vois" désigne un PRS visuel.

Un thérapeute certifié peut identifier le SRP d'une personne et adapter le traitement thérapeutique en conséquence. Un tel cadre thérapeutique comprend notamment l'établissement d'une relation avec le patient, la définition d'un objectif et la collecte d'informations.

La PNL est de plus en plus utilisée par les individus pour favoriser l'amélioration de soi. Cela peut prendre la forme d'interventions linguistiques ou sensorielles utilisant des techniques personnalisées pour modifier le comportement afin d'améliorer la communication sociale, la confiance en soi et la perception de soi.

Les thérapeutes ou les formateurs s'efforcent de faire comprendre à leurs clients que leur vision et leur perception du monde sont directement liées à la manière dont ils agissent en son sein : Le premier pas vers un avenir meilleur est une prise de conscience enthousiaste de son côté conscient et une mise en contact avec son côté inconscient. Il est important de commencer par analyser, puis de changer toutes les pensées et tous les comportements contre-productifs qui bloquent notre réussite et notre guérison.

La PNL a été utilisée avec des résultats positifs dans le traitement de divers troubles psychologiques tels que l'anxiété, les phobies, le stress et le trouble de stress post-traumatique. De plus en plus de professionnels l'utilisent dans les entreprises pour améliorer la productivité et les performances et pour obtenir des résultats qui conduisent au développement du travail lui-même.

Mais comment fonctionne la PNL ?

John Grinder et son élève Richard Bandler ont étudié les techniques de Fritz Perls (fondateur de la Gestalt-thérapie), Virginia Satir (conseillère familiale) et Milton Erickson (célèbre hypnothérapeute). Ils ont analysé et optimisé ces méthodes thérapeutiques afin de créer un modèle de comportement à appliquer en masse, dans le but d'atteindre et de produire l'excellence dans chaque domaine.

Bandler, qui est diplômé en sciences de l'information, a contribué au développement d'un "langage de programmation psychologique" pour les humains. La manière dont l'esprit traite les informations ou perçoit le monde extérieur crée une "carte PNL" intérieure de ce qui se passe à l'extérieur. Celle-ci est créée par les émotions que nos sens nous transmettent à travers les images, les sons, les goûts, les odeurs, etc. Cependant, le cerveau efface et généralise de manière sélective de nombreuses informations qu'il reçoit : Cette sélection est unique à chaque personne et est déterminée par ce que notre psychisme considère comme important pour nous. En conséquence, nous oublions souvent de nombreux détails qui peuvent être immédiatement remarqués par une autre personne, et nous n'avons qu'une vision limitée de ce qui se passe réellement. Prenez par exemple un moment pour assimiler cette phrase : "A a tué B". Maintenant, nous allons inventer notre propre version de l'histoire en fonction de nos circonstances et de nos expériences : Certains penseront peut-être qu'"un homme a tué une femme" ou qu'"un lion a tué un homme" ou que "Caïus a tué Kennedy", etc.

Il existe une méthode pour savoir comment vous êtes arrivé à cette histoire imaginaire, et elle a été guidée par vos expériences. Notre esprit crée une carte interne de la situation actuelle et la compare ensuite à d'autres que nous avons enregistrées dans notre mémoire. Chaque personne possède une "bibliothèque" intérieure personnelle, basée sur nos expériences et sur ce que nous considérons subjectivement comme important. Une fois que la psyché est satisfaite d'une carte mentale préexistante comparable à la nouvelle, elle commence à donner un sens à ce qui se passe et à décider de ce qu'elle ressent et de la manière dont elle y réagit.

Votre état physique et psychique a une grande influence sur la signification que votre esprit accorde aux choses. Par exemple, les sensations physiques provoquées par la peur et l'excitation sont les mêmes, c'est-à-dire la tachycardie, l'augmentation de la pression artérielle et même les palpitations cardiaques, de sorte que l'importance que notre esprit accorde à ces sensations détermine si nous devons nous sentir excités ou effrayés. Tout dépend de l'histoire que vous écrivez dans votre tête.

"Les lois qui s'appliquent aux systèmes mécaniques non vivants ne sont pas les mêmes que celles qui s'appliquent à l'interaction des systèmes biologiques vivants".

- John Grinder -

Avez-vous déjà eu l'impression que votre conscience vous a fait prendre conscience de ce que vous vouliez faire ou réaliser, et que, soudain, l'univers semble vous envoyer des signaux qui vous aident à trouver le chemin vers votre objectif ? Par exemple, vous vous réveillez un jour en pensant que vous devez partir en vacances avec votre famille. Vous poursuivez votre journée comme d'habitude, mais soudain, en allant au travail, vous remarquez une affiche faisant la promotion d'un voyage en Floride et, en discutant avec un collègue, vous apprenez que l'affiche est placardée depuis un mois entier. Vous vous rendez compte qu'à côté du bar où vous allez toujours, il y a une agence de voyage à laquelle vous n'aviez jamais fait attention. En cherchant sur Internet, vous ne voyez rien d'autre que des annonces de voyage sur les médias sociaux ou des publicités d'Airbnb devant une vidéo YouTube. Cela pourrait être une coïncidence, mais le fait est que toutes ces choses étaient là depuis le début, votre esprit a simplement supprimé ces informations parce qu'elles ne semblaient pas pertinentes. Ainsi, lorsque votre conscience commence à relier les points entre vos désirs et la réalité, vous commencez à collecter des informations qui étaient peut-être déjà disponibles auparavant, mais dont vous n'avez pris conscience que maintenant.

Votre personnalité joue également un rôle important dans la décision des détails que votre esprit exclut ou traite. Les personnes plus axées sur la sécurité évaluent toujours leur situation pour qu'elle soit exempte de dangers, tandis que les personnes plus axées sur la liberté ont tendance à penser aux possibilités et aux limites qu'elles ont. Votre caractère détermine ce que vous mettez à jour dans votre bibliothèque mentale et comment vous le faites, ainsi que le sens que vous donnez à ces cartes internes. Par exemple, un enfant qui voit des montagnes russes pensera certainement au plaisir qu'il aurait à faire un tel trajet, et s'il en avait la possibilité, il l'aborderait sans crainte. Au contraire, un adulte qui tient compte non seulement du plaisir, mais aussi de la sécurité, réfléchira à deux fois avant de prendre la même décision.

Le point essentiel est que nous réagissons à notre vision personnelle de la réalité (carte mentale), et non à ce qui se passe objectivement. Et même le sens de cette phrase est interprété par chacun d'entre nous à sa manière. La bande argentée à l'horizon, c'est que la PNL vous permet de contrôler votre réalité. Ainsi, si vous n'aimez pas quelque chose ou si vous n'aimez pas ce que vous ressentez à ce sujet, VOUS POUVEZ LE CHANGER !

"La seule justification de l'utilisation des systèmes PNL est de créer des choix dans des contextes où ils n'existent pas".

- John Grinder -

Les techniques de la PNL

L'ancrage

Le scientifique russe Ivan Pavlov a mené une expérience au cours de laquelle il a fait sonner une cloche à plusieurs reprises pendant que les chiens mangeaient. Il en est arrivé à la conclusion qu'en répétant le son, il pouvait stimuler la salivation des chiens, même en l'absence de nourriture. Ce lien neurobiologique est appelé "réponse conditionnée" ou "ancrage".

Essayez vous-même ! Pensez à un geste ou à une sensation sur votre corps (un tiraillement sur le lobe de l'oreille, un craquement dans les phalanges, un contact sur le front) et associez-le à une réaction émotionnelle positive que vous souhaitez (bonheur, sécurité, calme, etc.) en vous remémorant le moment où vous avez réellement ressenti ces émotions et en les revivant. La prochaine fois que vous vous sentirez stressé ou déprimé, vous pourrez activer volontairement cet ancrage et vous constaterez que vos sentiments changeront immédiatement. Pour renforcer la réaction, vous pouvez penser à un ou plusieurs souvenirs associés à l'émotion souhaitée et les revivre.

La réorganisation du contenu

Cette technique est la meilleure pour lutter contre les pensées et les sentiments négatifs : elle vous permet de modifier votre esprit afin de voir différemment les situations dans lesquelles vous vous sentez menacé ou impuissant. Tout ce que vous avez à faire, c'est de visualiser cette situation négative et d'en reformuler le sens en quelque chose de positif.

Supposons par exemple que vous veniez de rompre avec votre ancien partenaire : vous êtes bien sûr blessé et vous vous sentez mal, mais vous pouvez décider d'associer votre rupture à des pensées constructives sur le célibat et les nouvelles relations possibles. Vous pouvez vous concentrer sur ce que vous avez appris de vos partenariats précédents afin de pouvoir l'utiliser pour avoir une meilleure relation à l'avenir. De cette manière, vous pouvez vous sentir mieux et devenir encore plus fort.

Cette technique est particulièrement adaptée au traitement des troubles de stress post-traumatique et aux personnes ayant subi des abus dans leur enfance ou souffrant de maladies chroniques ou mortelles.

Construire des relations

La relation est l'art de susciter l'empathie chez les autres en stimulant et en reflétant leur comportement - verbalement ou autrement : Les gens aiment ce qu'ils considèrent comme leur ressemblant. Si vous parvenez à imiter une autre personne de manière subtile, son cerveau déclenche des "neurones miroirs" ou des "capteurs de plaisir" et lui fait penser qu'elle vous aime peut-être. Vous pouvez simplement imiter leur façon de se tenir debout ou de s'asseoir, de pencher la tête dans la même direction ou de sourire en même temps. Tous ces indices vous aideront à établir une relation avec votre interlocuteur.

L'importance sociale de la construction de relations ne doit pas être sous-estimée : Des relations personnelles et professionnelles fortes conduisent à une vie plus heureuse et plus longue.

La dissociation

La technique de dissociation vous aide à rompre le lien entre les émotions négatives et le stimulus qui leur est associé.

Certaines phrases ou certains mots peuvent par exemple évoquer immédiatement de mauvais souvenirs et vous faire vous sentir stressé ou triste. Si vous parvenez à reconnaître ces stimuli et à vous efforcer d'en séparer les sentiments négatifs, vous vous rapprocherez de la guérison et de l'émancipation. Un grand nombre de troubles psychiques tels que l'anxiété, la dépression et même les phobies peuvent être traités avec succès grâce à cette technique. Elle peut également être utilisée pour faire face à des situations difficiles à la maison ou au travail de manière positive.

Le Future Pacing (le rythme du futur)

Il s'agit d'une sorte de visualisation mentale qui sert à projeter mentalement le sujet dans l'avenir et à lui faire vivre tous les résultats futurs possibles : il est ainsi incité à atteindre l'objectif souhaité de manière automatique.

Un manipulateur habile pourrait emmener sa victime dans un voyage mental et influencer les réponses qui seront données dans le futur, peut-être pour obtenir ce qu'il veut.

L'influence et la persuasion

Il s'agit certainement d'une technique ambivalente qui se situe dans une zone grise entre la psychologie noire et la psychothérapie.

La PNL se concentre principalement sur l'élimination des émotions négatives, l'endiguement des mauvaises habitudes et la résolution des conflits, mais elle s'occupe également d'influencer et de convaincre les autres de manière éthique. Observez maintenant le mot "éthique".

L'une des principales personnalités impliquées dans les recherches initiales de Grinder sur la PNL était Milton Erickson, un célèbre hypnothérapeute et fondateur de l'"American Society for Clinical Hypnosis". Erickson était si habile qu'il pouvait littéralement hypnotiser n'importe qui, n'importe où, et communiquer avec son subconscient. Il a participé à l'élaboration du "modèle Milton", qui vise à mettre les gens en transe à l'aide de modèles linguistiques abstraits. Selon ce modèle, l'utilisation de formulations artistiquement vagues et délibérément ambiguës incite la personne à rechercher la signification de ce qu'elle entend de ses expériences de vie. Et l'amène en outre à en déduire inconsciemment un sens. Ce puissant outil peut être utilisé non seulement pour convaincre quelqu'un sur le plan éthique, mais aussi pour l'aider à gérer des sentiments négatifs profonds, à surmonter ses peurs et à renforcer sa confiance en soi. La PNL peut également être utilisée de manière positive.

L'hypnose

C'est la conséquence parfaite de l'application de la PNL à la psychologie noire.

Lorsque l'on évoque le mot "hypnose", la plupart des gens pensent à un vieil homme à moustache et haut-de-forme qui agite sa montre à gousset ou un pendule devant le visage d'une personne en lui disant qu'elle va bientôt s'endormir. Il s'agit plutôt de la version cinématographique : les véritables hypnotiseurs sont là et peuvent facilement puiser dans les traits psychologiques les plus sombres pour influencer et persuader les gens à leur avantage. Ils harcèlent les personnes dans leur état de vulnérabilité, font des suggestions profondes et incisives et développent un haut degré de pouvoir sur elles. Les conseils sont donnés avec tact et sont à peine perceptibles pour les victimes.

Par définition, l'hypnose donne accès à la partie la plus profonde et la plus inconsciente de l'esprit, de sorte qu'un hypnotiseur expérimenté peut même remplacer vos pensées et vos sentiments par les siens, sans se démasquer ou vous donner la possibilité de vous protéger. Une tactique très dangereuse.

L'hypnose peut se faire par des indices verbaux et non verbaux, selon la victime et la situation. Les indices verbaux peuvent être difficiles à reconnaître, car des mots peuvent être utilisés qui ressemblent à des mots inoffensifs. Par exemple, si quelqu'un tente d'inculquer à une personne des pensées et des sentiments suicidaires, il pourrait dire : "Voulez-vous profiter", afin de dissimuler l'ordre sous-jacent "Voulez-vous mourir". Il pourrait également proposer un plan en disant : "Pense à ce restaurant sur la colline si tu veux mourir dans un endroit populaire et pittoresque" : le subconscient de la victime accueillera l'idée de la mort sans logique consciente. Le psychisme humain choisit toujours l'option psychologiquement la plus facile et accepte donc simplement l'ordre trompeur sans aucune réflexion.

Une autre tactique des hypnotiseurs obscurs consiste à changer de ton et à choisir soigneusement les phrases, en imitant la vitesse et le style de langage de la victime pendant qu'elle exprime des pensées sérieuses. L'établissement d'une relation avec la victime est ici un avantage. L'imitation du ton de la voix avec une modulation soignée transmet le message souhaité dans le subconscient de la personne hypnotisée et pénètre tous ses mécanismes de défense, tandis que le retour au ton habituel permet au manipulateur de passer inaperçu. Il en va de même pour le vocabulaire : Chacun d'entre nous possède une liste de mots personnels qu'il aime utiliser pour exprimer des préoccupations ou des pensées.

L'hypnotiseur obscur peut également recourir à des indices non verbaux et à un langage corporel manipulateur pour prendre le contrôle sans que vous vous en rendiez compte. Aussi puissant que soit notre esprit, il est sensible aux moindres stimuli physiques : même les dirigeants politiques changent de coiffure pour modifier leur intention alors qu'ils prononcent des discours de haut niveau. Toute l'idée tourne autour de l'association de stimuli extérieurs avec de fortes réactions émotionnelles. Par exemple, un hypnotiseur sombre peut déclencher l'anxiété chez sa victime en imitant les mouvements oculaires qu'elle fait lorsqu'elle panique.

L'attrait de l'environnement est également important. Quand on était enfant et qu'on se comportait mal à l'école, on était envoyé dans le bureau du directeur. C'est ainsi que l'on a appris à associer inconsciemment le bureau du directeur d'école à quelque chose de stressant et à établir un lien entre le lieu physique et le sentiment qu'on ressentait. De la même manière, les hypnotiseurs prévoient d'avoir une conversation particulière uniquement dans un lieu spécifique. Par exemple, s'ils ont une relation romantique avec la personne hypnotisée, ils l'emmèneront au même bar chaque fois qu'ils essaieront d'obtenir son accord pour quelque chose. Avec le temps, elle considérera le bar comme l'endroit où elle cède aux demandes de "l'être aimé".

L'étude de cas du cofondateur de la PNL, Richard Bandler, offre un aperçu approfondi de la psychologie noire de la PNL. Il est l'exemple parfait de la manière dont les utilisateurs de la psychologie sombre peuvent réussir à créer une fausse image auprès du public tout en dissimulant tactiquement la dure réalité. Il vit en contradiction avec ses propres affirmations sur le pouvoir de la PNL dans le traitement de la santé mentale d'une personne. Plongeons dans ce paradoxe : Bandler se targue d'une longue liste de réussites thérapeutiques, comme le fait d'avoir surmonté son handicap en fauteuil roulant et d'avoir traité des patients schizophrènes avec des méthodes non conventionnelles, qui étaient à juste titre rejetées par le courant dominant de la psychologie. Ces réalisations ont contribué à construire et, en partie, à maintenir dans l'esprit du public l'image d'un homme aux manières aimables et positives. En réalité, Bandler consomme régulièrement de la drogue (cocaïne) et a été accusé du meurtre d'une femme. Au cours du procès pour meurtre, l'accusation a présenté des preuves concrètes que le crime avait été commis avec l'arme de Bandler, mais il a affirmé que l'arme avait été utilisée par son dealer de drogue. Lorsqu'il a été interrogé sur sa consommation de drogue, il déclara qu'il était accro aux aliments malsains comme les bonbons et les cacahuètes en soulignant que ceux-ci étaient pires que la cocaïne pour sa santé. Réfléchissez à cela : Bandler a utilisé la technique PNL pour transformer une situation grave en une situation plus légère, qui concerne de nombreuses personnes. Il était capable de parler de traitements face à la mort d'une personne. Cela montre comment les hypnotiseurs et les utilisateurs de la PNL habiles sont capables de contrôler et d'exploiter l'attention sélective de leurs victimes.

La prochaine fois que vous vous sentirez menacé ou que vous penserez que quelqu'un essaie de vous contrôler ou de vous manipuler, utilisez ces conseils pour reconnaître les experts en PNL, pour les gérer et peut-être même pour les éliminer directement de votre vie :

- Soyez très prudent avec les personnes qui imitent sans cesse votre langage corporel. Si vous remarquez que quelqu'un copie vos gestes, faites-lui savoir que vous l'avez pris au dépourvu et faites-le savoir clairement ;

- Bougez les yeux de manière désinvolte, de sorte que votre attitude ne puisse pas être imitée et utilisée pour faire croire à un intérêt pour ce que vous dites ;

- Évitez les éventuels "ancrages" en ne permettant pas à l'interlocuteur suspect de vous toucher dans votre état émotionnel vulnérable ;

- Ne croyez pas aux formulations vagues et imprécises : Cela pourrait être une tentative de vous mettre dans un état proche de la transe ;

- Soyez attentif aux propos de la personne louche et essayez de comprendre si les mots qu'elle choisit ressemblent à d'autres qui ont une signification dangereuse ou violente ;

- Soyez vigilant et faites confiance à votre instinct !

Éloignez-vous immédiatement des personnes qui veulent effectuer ces pratiques sur vous !

Chapitre 6 : Le contrôle mental

Un besoin inné de l'être humain est de sentir qu'il a un contrôle total sur lui-même, un espace sûr dans sa tête où il peut avoir des pensées privées, inaccessibles au monde extérieur. L'esprit est comme un sanctuaire !

N'oubliez pas que lorsque vous rêvez, vous ne pouvez jamais contrôler ce qui va se passer ensuite. Si vous essayez de réussir un examen, pouvez-vous empêcher votre cerveau de se laisser distraire ? Le psychisme est extrêmement puissant et peut traiter des pensées totalement différentes en même temps, et à une vitesse inégalée.

Mais en même temps, il peut facilement être influencé par des facteurs extérieurs. Par exemple, lorsque vous regardez un film, vos émotions sont déterminées par ce qui se passe à l'écran, de la musique aux mouvements de la caméra. Le cerveau réagit aux stimuli qu'il reçoit, même si vous êtes conscient de regarder une fiction. Par conséquent, si vous êtes influencé par des stimuli auxquels vous vous êtes consciemment soumis, imaginez les conséquences psychologiques que peut avoir le travail d'un manipulateur.

Ces personnes sont très logiques, mais aussi patientes et rusées, elles n'agissent probablement qu'après avoir soigneusement évalué la situation et l'état de leur victime. Elles n'agissent pas de manière intuitive, comme certaines autres personnes, mais de manière manipulatrice.

Le contrôle de l'esprit est difficile, mais il est également difficile de ne pas se faire prendre en flagrant délit, et ce genre de personnages obscurs sont généralement lâches.

Dans le cas du contrôle mental imperceptible, la victime n'est pas consciente que ses pensées et ses sentiments sont influencés. Cette ignorance la rend vulnérable et l'empêche de se défendre verbalement, physiquement et psychologiquement, car elle n'est pas en mesure de maîtriser la situation ou de déclencher son "réflexe de combat ou de fuite". Pour pouvoir se défendre à temps, il faut d'abord reconnaître la menace. Sans cette reconnaissance, ils sont perdus.

Les techniques de contrôle mental occulte peuvent être classées en deux catégories : les interactions interpersonnelles et l'utilisation des médias de masse. Plusieurs études indiquent que certaines institutions utilisent leur pouvoir pour influencer la manière dont nous pensons, agissons ou ressentons les choses, sans que nous en soyons conscients. Auparavant, les tactiques conventionnelles de contrôle des médias étaient réservées aux grandes entreprises, mais avec l'avènement d'Internet, ces stratégies sont de plus en plus utilisées par des manipulateurs obscurs.

Si vous avez visionné la célèbre série télévisée "Mad Men", vous êtes probablement familier avec le monde de la publicité sur Madison Avenue dans les années 1960 et, bien sûr, avec le travail brillant du grand publicitaire Don Draper. Le fait est qu'un tel homme a réellement existé. Au début du 19e siècle, Edward Bernays, petit-fils de Sigmund Freud, était considéré comme le "père des relations publiques". Il appliqua les connaissances qu'il avait reçues de son oncle sur l'inconscient de l'homme pour développer avec succès ses propres méthodes de contrôle psychologique, créant ainsi le consommateur américain moderne. Bernays s'est rapidement rendu compte que l'opinion publique, les pensées, les attitudes et les comportements étaient extrêmement malléables. Un exemple de ses campagnes est le succès qu'il obtient à promouvoir, les cigares qui pouvaient être fabriqués à la machine grâce à la révolution industrielle, alors que de nombreux fumeurs se prévalaient de n'utiliser que de véritables cigares roulés à la main. Afin de donner de la valeur aux cigares industriels, Bernays créa une campagne publicitaire massive dans laquelle il dénonçait les problèmes de santé causés par les cigares artisanaux. Il réussit à déplacer l'attention des clients potentiels de l'authenticité vers les conséquences physiques, créant ainsi un environnement dans lequel son produit devenait le choix évident. C'est ainsi que les cigares prétendument plus sains ont été vendus en masse.

Un autre exemple de son génie concerne le problème économique qui se posait pour l'industrie de la bagagerie par le déclin massif des ventes de grandes valises dans les années 1920, au profit de petites valises. Pour inverser cette tendance, Bernays a envoyé des articles à des magazines féminins populaires, soulignant la nécessité pour les femmes de voyager avec une garde-robe polyvalente et des vêtements adaptés aux différents besoins. Il encouragea ainsi les propriétaires de magasins à exposer de grandes valises dans leurs vitrines afin de créer un lien avec la capacité d'emmener plus de vêtements. Il a même créé le "Baggage Information Service" et s'est engagé à augmenter la franchise de poids dans les avions. Cela ressemble beaucoup à la ruse de Don Draper, n'est-ce pas ?

En 1934, le vert est devenu la couleur de la mode chic. Savez-vous comment ? Grâce à la campagne publicitaire de Bernays pour le cigarettier "The Lucky Strikes". Le propriétaire, George Washington Hill, avait refusé de changer la couleur de son emballage d'un "grand cercle rouge sur fond vert" à des tons plus neutres, comme Bernays l'avait proposé. L'annonceur décida qu'il voulait que le produit s'accorde mieux avec les vêtements des gens, alors... il œuvra pour que le vert passe à la mode ! Certaines des tactiques qu'il a utilisées pour sa campagne étaient : Encourager les artistes et les psychologues à discuter du vert, organiser un "Color Fashion Bureau", envoyer 1500 lettres à en-tête vert aux décorateurs d'intérieur et aux acheteurs de meubles, convaincre le président de la "Onondaga Silk Company" d'offrir des menus verts au déjeuner pour les rédacteurs de magazines. Une tactique très astucieuse.

"L'accent mis sur la répétition rend une idée acceptable, surtout si la répétition provient de sources différentes"

- Edward Bernays -

L'utilisation des médias de masse pour promouvoir les désirs et les symboles de statut social joue un rôle clé dans l'écosystème capitaliste. L'esprit humain a évolué de manière à pouvoir traiter les signaux visuels bien mieux que les signaux des quatre autres sens. Lorsque nous nous souvenons d'une personne, nous avons rapidement son image en tête au lieu de l'associer à d'autres sens. Comme on le dit si bien, "une image vaut mille mots".

Traditionnellement, l'utilisation des médias de masse était limitée aux mains des institutions ou des entreprises pour influencer l'opinion publique de manière éthique. Mais ce qui a changé, c'est l'utilisation de la technologie : la nouvelle génération de manipulateurs contrôle les gens par le biais d'Internet, et ce encore plus que nos ancêtres ne l'auraient cru possible. Le nouveau quotidien des masses est caractérisé par le bruit des notifications, des emojis et du nombre de "likes" sur les publications qui vous indiquent à quel point vous êtes populaire. Inconsciemment, l'esprit déclenche des boucles comportementales en présence de ces stimuli extérieurs, appelés "stimuli chauds". De telles sources de satisfaction immédiate créent une dépendance.

Réfléchissez : "Facebook" a été créé dans une résidence universitaire et est devenu une entreprise multimilliardaire avec plus de 1,5 milliard d'utilisateurs actifs dans le monde. Facebook est impliqué dans de nombreuses controverses depuis les élections présidentielles de 2016, car il permet la diffusion de rhétoriques partisanes et fausses qui sapent la démocratie américaine.

Le réseau social a étudié son influence sur la population américaine en envoyant une notification "Go Out & Vote" à plus de 60 millions d'utilisateurs le jour des élections présidentielles de 2010. Elle a annoncé un résultat positif pour plus de 340.000 personnes qui, sans ce rappel, ne seraient probablement pas allées voter. Si les notifications n'avaient été envoyées de manière sélective qu'aux partisans d'un certain parti, les résultats des élections auraient pu être renversés sans que l'on s'en aperçoive. Une autre expérience controversée de Facebook a consisté à manipuler l'état émotionnel de plus de 600 000 utilisateurs en leur envoyant des mots excessivement positifs ou négatifs dans leurs nouveaux flux.

Le public est de plus en plus conscient de l'existence d'un "dark web" sur Internet, où des personnes aux traits psychologiques obscurs observent le monde à la recherche de leur prochaine victime.

Le contrôle mental non détecté ne se limite toutefois pas aux médias sociaux. La plupart des gens partent du principe que lorsqu'ils utilisent des moteurs de recherche comme Google, Yahoo ou Bing, ils font des recherches approfondies sur un sujet, mais en réalité, plus de 90 % de nos informations proviennent des sites web qui apparaissent sur la première page des résultats. Certes, Google trouve des milliers de pages web contenant notre terme de recherche, mais son algorithme privilégie certains sites, et cela influence ce que la plupart d'entre nous apprennent sur un sujet. Le psychologue Robert Epstein a appelé ce phénomène "l'effet de manipulation des moteurs de recherche". Il a ensuite mené une expérience pour déterminer si cela pouvait avoir un impact sur les préférences électorales des gens. Il a demandé à trois groupes d'Américains de rechercher des candidats à une élection australienne à l'aide de son faux moteur de recherche. Le moteur de recherche a fourni aux participants les mêmes résultats de recherche, mais a modifié l'ordre dans lequel ils s'affichaient, amenant ainsi chaque groupe à préférer un candidat particulier. Les résultats ont montré que le politicien "favorisé" par le moteur de recherche avait enregistré une augmentation de 48 %. Les pirates immoraux aux traits psychologiques obscurs peuvent facilement utiliser ces technologies web pour contrôler leurs victimes sans jamais se faire prendre.

180

Une autre tactique utilisée pour le contrôle mental non détecté est l'interaction interpersonnelle. Il est scientifiquement prouvé que les personnes qui ont un besoin ou un désir urgent sont susceptibles d'être fragiles et vulnérables. Ce besoin peut être aussi simple que boire quand on a soif, ou aussi complexe que la recherche d'amour et d'affection. Par exemple, si vous recherchez une personne en particulier dans une foule, par exemple votre nouveau béguin, votre esprit peut filtrer et tamiser toutes les autres personnes et se concentrer uniquement sur celle qui vous intéresse. Vous ne voyez plus personne d'autre. Cela se produit parce que votre cerveau, dès qu'il reconnaît ce que vous voulez, peut vous y diriger sans que vous vous en rendiez compte. Ce phénomène est également appelé "influence subliminale" et le terme peut être utilisé de manière interchangeable avec le contrôle mental non détecté. Le manipulateur d'esprit est capable de comprendre discrètement les objectifs de la victime et de les exploiter pour la tromper. Sans se faire remarquer, il modifie vos objectifs.

Dans une expérience sur l'influence subliminale, deux groupes ont été formés : l'un avec soif et l'autre sans soif. Les deux ont reçu un film avec une image cachée de thé glacé et ont ensuite pu acheter une boisson parmi un large choix. Les personnes assoiffées ont acheté le thé glacé en plus grand nombre que ce qui était statistiquement prévu. Cela montre qu'une personne qui cherche désespérément quelque chose est plus ouverte aux propositions. Lorsqu'un manipulateur trouve une victime qui aspire à quelque chose, il lui est plus facile de contrôler ses pensées. Par exemple, si une personne qui vient de vivre une rupture rencontre un manipulateur psychique, elle croira plus facilement que le manipulateur peut satisfaire son besoin de compagnie, et elle le considérera comme un sauveur et s'engagera éventuellement dans une relation avec lui.

Parmi les points faibles concrets que les manipulateurs recherchent chez leur victime potentielle figurent le besoin de stabilité financière, le besoin d'appartenance et le désir d'amour. Parfois, ils tentent également d'abuser sexuellement ou financièrement de leur victime, de la gagner à une secte ou simplement de jouer avec elle pour leur propre plaisir sadique.

"Le contrôle mental est un processus par lequel la liberté de choix et d'action individuelle ou collective est entravée par des agents ou des entités qui modifient ou déforment la perception, la motivation, l'affect, la cognition et/ou les résultats comportementaux"

- Philip Zimbardo -

Si vous demandez aux gens s'ils connaissent le contrôle mental, ils vous répondront probablement qu'ils connaissent le "lavage de cerveau". Dans les années 1950, le journaliste américain Edward Hunter a utilisé ce terme pour la première fois dans son rapport sur le traitement des troupes américaines dans les camps de prisonniers chinois pendant la "guerre de Corée". Les gens sont conscients de telles pratiques, mais n'en ont pas pour autant une compréhension précise.

Le psychologue Steve Hassan a établi une différence fondamentale entre le contrôle mental et le lavage de cerveau, expliquant que dans ce dernier cas, "la victime sait que l'agresseur est un ennemi". Par exemple, les prisonniers de guerre choisissent souvent de changer leur système de croyance pour ne pas risquer leur vie, même s'ils sont conscients d'être des victimes au niveau psychologique. Cependant, dès qu'ils parviennent à échapper à l'ennemi, l'effet du lavage de cerveau disparaît.

Le contrôle mental, en revanche, est plus subtil et le manipulateur est souvent considéré comme un ami, si bien que la personne soumise n'essaie même pas de se défendre et se comporte comme un participant "consentant". Cela s'explique par le fait que le contrôle mental n'est pas reconnu comme tel.

La plupart des techniques de la psychologie noire sont comme des balles de sniper dont chacune vise une personne précise, alors que le lavage de cerveau est comme une bombe atomique qui peut provoquer une destruction massive en une seconde. Il peut transformer des personnes innocentes en kamikazes et en terroristes. Une idée terrifiante.

Il s'agit d'un processus lent au cours duquel les idées, les croyances et l'identité mentale d'une personne sont progressivement remplacées par celles du manipulateur. Cette technique peut être utilisée pour contrôler un individu ou un pays entier. Elle a été testée et s'est révélée efficace dans toutes les situations imaginables.

Ainsi, les membres des sectes sont généralement considérés comme des victimes de lavage de cerveau, mais la plupart des gens ne peuvent pas expliquer comment cela se produit. Une secte est un "groupe marginal de personnes qui font preuve d'une dévotion intense pour une chose, une personne ou un travail particulier". Son leader est capable d'exercer une grande influence sur ses adeptes, qui suivent aveuglément ses sermons. Son principal attrait est de présenter une réalité simple et accessible à ceux qui sont prêts à s'engager dans certains enseignements. Le rythme effréné du monde moderne peut être accablant et assez déroutant, et les sectes parviennent à surmonter cette confusion et à exploiter notre besoin d'appartenance et d'acceptation. Le lavage de cerveau idéologique des sectes est renforcé par le renforcement social constant des propres enseignements du groupe. Les sectes sont semblables aux trafiquants de drogue : elles se lancent dans la recherche volontaire de la victime. Après tout, tout le monde veut en faire partie et les dirigeants de sectes profitent souvent de cet état de fait.

Si le lavage de cerveau est basé sur une idéologie et non sur une personne, l'enjeu est encore plus important. Les organisations terroristes aux idéologies religieuses extrémistes en sont un parfait exemple. Oussama Ben Laden était le chef du principal groupe terroriste islamique extrémiste, mais contrairement aux attentes, sa mort n'a pas affaibli l'existence de ces activités. Au contraire, l'événement a été considéré par ses partisans comme une mort en martyr.

"La plupart des gens ne veulent pas vraiment la liberté, car la liberté implique aussi des responsabilités - et c'est ce que la plupart des gens craignent".

- Sigmund Freud -

Lorsque l'on entend le mot "groupe terroriste", on pense immédiatement à ISIS et à Al-Qaida, tant ces organisations ont semé la terreur dans le monde entier.

Leurs tactiques de recrutement et de fidélisation des adeptes sont similaires, en utilisant largement le lavage de cerveau ciblé, ils ont pu attirer des jeunes de tout l'Occident vers le Moyen-Orient instable. Les vidéos de propagande en ligne ont joué un rôle important en pénétrant profondément dans la psyché de jeunes gens influençables et vulnérables, ce qui a entraîné une terrible dévastation de la société.

La première étape du processus de lavage de cerveau consiste à identifier et à analyser l'état psychique et les circonstances sociales de la victime, qui doit être sensible et vulnérable. Par exemple, les personnes qui ont subi un deuil familial sont plus susceptibles d'être attirées par des groupes extrémistes comme ISIS parce qu'elles ont subi un traumatisme psychologique et que leur monde a perdu son sens. Les extrémistes peuvent alors facilement prendre le relais et combler ce vide avec leurs visions délirantes et leur idéologie meurtrière. La vie reprend ainsi tout son sens pour ces personnes émotionnellement touchées.

La deuxième étape consiste à prendre contact avec la victime, en ligne ou en personne, de manière très calme et amicale. Le manipulateur doit donner l'impression qu'il peut résoudre les problèmes et il commencera à établir une relation de confiance avec la victime en racontant des histoires réelles ou inventées sur lui-même afin de créer un lien émotionnel plus profond. Il offrira à la cible des faveurs et des cadeaux pour lui faire croire qu'elle peut compter sur lui en toutes circonstances. La victime commencera alors à développer un sentiment de culpabilité et de gratitude et à surmonter sa résistance initiale. Par exemple, des soldats américains capturés ont rapporté qu'on leur offrait souvent des cigarettes et d'autres douceurs américaines afin de susciter en eux un sentiment de sympathie envers leurs tortionnaires.

La troisième phase consiste à présenter à la victime un monde utopique avec toutes les solutions à ses problèmes. Les propositions sont formulées sur un ton décontracté afin d'éviter tout sentiment de pression. La cible devient anxieuse et curieuse de toutes les possibilités qui s'offrent à elle et souhaite ardemment obtenir plus d'informations. À ce stade, on lui fournit des idéologies de base qui seront probablement bien accueillies, les idées controversées sont toujours gardées pour la dernière étape et ne sont communiquées que lorsque le "laveur de cerveau" pense que la personne manipulée est prête. Dès que celle-ci développe un fort attachement à l'idéologie, elle est poussée à agir afin de protéger l'existence même de l'idéologie : Dans le cas d'ISIS, elle doit tuer les infidèles et tous ceux qui sont désignés comme une menace par les dirigeants du groupe terroriste. C'est exactement de cette manière qu'ils deviennent des kamikazes.

Les conséquences dangereuses du lavage de cerveau sont inévitables et durables. De toutes, la perte d'identité est la plus insurmontable. De nombreuses sectes donnent même un nouveau nom à leurs adeptes lorsqu'ils ont été endoctrinés avec succès : Cela ouvre à l'individu un moyen de se détacher complètement de son ancienne identité et de se transformer en un zombie manipulé, capable d'un comportement asocial et de crimes abominables comme le meurtre, le viol et même le suicide. Il adopte ce nouveau mode de vie et se sent même souvent heureux d'avoir été accepté dans le groupe, d'appartenir enfin à une communauté.

Les rares victimes qui ont été sauvées ou qui ont échappé au lavage de cerveau développent souvent un trouble de stress post-traumatique (TSPT) et présentent des séquelles physiques et psychologiques, comme les vétérans de guerre qui ont vu de près la mort de leurs camarades au combat. La gravité de ces effets se révèle lorsque la victime sauvée retourne volontairement chez le manipulateur.

La question qui se pose est donc la suivante : peut-on se remettre d'un lavage de cerveau ? La réponse est oui !

Pour faciliter la compréhension, nous divisons en trois étapes le chemin à suivre pour se remettre du lavage de cerveau et s'en protéger :

1. Reconnaître les techniques de lavage de cerveau
2. Reconnaître qui a subi un lavage de cerveau
3. Déprogrammation et récupération

Reconnaître les techniques de lavage de cerveau

Un manipulateur est habile à identifier des candidats potentiels sur lesquels il peut agir avec ses tactiques obscures : Il s'agit souvent de personnes vulnérables, parce qu'elles traversent une situation particulière, comme la perte d'un emploi, un divorce ou la mort d'un être cher.

La première étape de tout type de guérison consiste toujours à identifier le problème. Si vous constatez que vous avez été pris pour cible, vous devez prendre des mesures pour vous protéger :

• Faites attention aux personnes qui pourraient tenter de vous isoler du reste du monde. Les sectes, par exemple, empêchent souvent leurs adeptes de prendre contact avec leurs amis et leur famille ;

• Soyez attentif aux attaques contre l'estime de soi. Les brainwashers s'attaquent à la faiblesse mentale et émotionnelle des gens pour les "reconstruire" avec leurs propres idéologies ;

• Méfiez-vous de ceux qui tentent de vous présenter un monde utopique qu'ils ont créé sur la base de leurs propres convictions. On vous présente une réalité alternative plus attrayante comme la seule solution à tous les problèmes ;

• Méfiez-vous de la mentalité "nous contre les autres". Cette tactique est la marque de fabrique du leader charismatique et souvent narcissique de la secte ;

• Soyez conscient que des cadeaux et des récompenses sont souvent offerts aux victimes afin de les impliquer et de leur donner le sentiment d'être redevables à leur bourreau ;

• Soyez attentif aux comportements inhabituels. Par exemple, si une personne très sociale montre peu d'intérêt à participer à des événements sociaux pendant une longue période, cela pourrait être dû à un lavage de cerveau.

Il en va de même pour les différences dans la manière habituelle de penser d'un sujet.

Reconnaître qui a subi un lavage de cerveau

• Soyez attentif aux signes de dépendance et de fanatisme : lorsque les victimes perdent leur identité, elles s'appuient fortement sur ces deux éléments pour résoudre leurs problèmes.

• Reconnaître les réactions extrêmes d'une personne à un incident ou à un événement normal. Il y a une tendance à réagir de manière de plus en plus hostile aux événements qui remettent en question ou sapent ses nouvelles convictions. C'est tout à fait normal.

• Notez l'ignorance des conséquences de son comportement et de ses actions : L'individu est aveuglément dévoué aux nouvelles idées qui lui ont été inculquées et les suit sans réserve.

• Soyez attentif aux signes de retrait de l'environnement social. Les personnes qui subissent un lavage de cerveau sont naturellement attirées par ceux qui partagent la même opinion privilégiée et s'isolent des autres.

Déprogrammation et rétablissement

Par le passé, la déprogrammation consistait à enfermer la victime dans un lieu afin de supprimer le contrôle mental. Elles apprenaient des faits et des informations sur l'idéologie du groupe et de leur chef qui leur avaient auparavant été cachés par les manipulateurs. L'ensemble du processus s'est révélé assez traumatisant et n'a pas eu beaucoup de succès. C'est pourquoi ce type de déprogrammation n'est plus utilisé.

De nos jours, on utilise très souvent le "conseil de sortie" : La personne est invitée à parler dans un environnement fermé avec un spécialiste qui l'aidera finalement à sortir de la tromperie de l'agresseur.

Les interventions planifiées sont dirigées par les amis et la famille de la victime, qui tentent de l'aider à retrouver sa raison et son esprit critique. Elle a le contrôle sur le déroulement de l'intervention et sur les personnes avec lesquelles elle peut discuter de ses pensées et de ses sentiments. L'objectif est de fournir à la personne manipulée suffisamment d'informations pour qu'elle comprenne comment fonctionne le contrôle mental et comment elle est devenue une victime. À la fin de la réunion, elle devrait connaître les véritables intentions de son tortionnaire et pourra choisir de ne pas réintégrer son groupe. C'est une décision que vous ne regretterez pas.

La dernière étape consiste à suivre un traitement thérapeutique afin d'éliminer les restes du lavage de cerveau. Les victimes ne sont souvent pas conscientes de l'ampleur des effets de ce qu'elles ont subi, ce qui oblige le thérapeute à procéder à une évaluation.

La connaissance et l'éducation sont indispensables pour lever le contrôle de la pensée. La reconnaissance de leur existence est la première étape. Celle-ci peut être difficile, mais n'est pas impossible. Ensuite, une compréhension complète de son fonctionnement est le meilleur moyen d'éviter qu'il ne se reproduise.

"C'est de vos points faibles que naîtra votre force", disait Sigmund Freud.

Chapitre 7 : Conviction vs. Manipulation

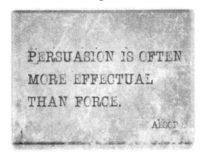

Conviction

Qu'est-ce qui vous vient à l'esprit lorsque vous entendez le mot "conviction" ? Peut-être s'agit-il des slogans publicitaires qui vous poussent à acheter un produit à un certain endroit, ou peut-être des slogans politiques de la campagne électorale qui tentent de vous convaincre de voter pour un certain candidat, ou peut-être un vendeur insistant qui essaie de vous vendre une voiture. En fait, la politique, les informations, les médias de masse, les procédures judiciaires et la publicité peuvent influencer votre processus de décision. La plupart des gens pensent qu'ils sont immunisés contre cela, mais la plupart d'entre nous possèdent des baskets Nike, des lunettes de soleil Ray-Ban ou, bien sûr, le nouvel iPhone. La publicité a donc dû enfoncer le clou et vous a généralement influencé sans que vous vous en rendiez compte.

La persuasion est un élément essentiel de la communication humaine et de l'interaction sociale. Dans la communication, les personnes soutiennent et/ou encouragent toujours - consciemment ou non - certaines idées et certains comportements envers les autres.

L'étude des attitudes et de leur changement peut également être qualifiée de travail de persuasion. Le travail de persuasion peut entraîner des changements positifs dans la société : Les automobilistes peuvent être convaincus de conduire sobrement et d'attacher leur ceinture de sécurité, l'environnement peut être protégé ou la paix entre les nations peut être encouragée. Autant de choses que les gens considèrent comme importantes et qui méritent donc d'être protégées.

Richard Perloff, professeur de communication à l'université de Cleveland State, définit la persuasion comme "un processus symbolique par lequel les communicateurs tentent de convaincre d'autres personnes de changer d'attitude à l'égard d'un sujet en délivrant un message dans une atmosphère de libre choix".

Les principales composantes de la conviction sont :

- L'intégration de symboles, à la fois verbaux et non verbaux. Par exemple, des images comme la virgule de Nike ou les trois bandes d'Adidas, des mots comme "liberté" et "justice", des signes non verbaux comme la croix ou l'étoile de David ;

- La conscience et la tentative réfléchie d'influencer une autre personne ;

- La volonté de changer notre attitude ;

- L'orientation par la science de la communication et la transmission de messages verbaux ou non verbaux à la personne à convaincre ;

- La liberté des personnes de décider si et comment elles souhaitent modifier leur comportement ;

En 1980, Gerald Miller a postulé que la communication pouvait avoir plusieurs effets persuasifs, à savoir :

- *Définition* - La campagne publicitaire de Nike avec Michael Jordan associait la marque à l'idée d'un athlétisme surhumain.

- *Renforcement* - Des experts de la santé font des déclarations publiques appelant à ne pas consommer d'alcool de manière excessive.

- *Changement* - Les campagnes pour les droits civiques ont permis d'améliorer le dialogue entre les Blancs et les Noirs et d'apporter des changements radicaux dans la société.

La première règle d'un bon travail de persuasion consiste à faire des propositions en utilisant une terminologie spécifique. Par exemple, si vous ne savez pas quoi commander dans un restaurant, vous choisirez probablement l'un des plats figurant dans les rubriques "Plats les plus populaires" ou "Spécialités" du menu. Tout simplement parce que ces plats semblent être populaires.

On attribue au philosophe grec Aristote, d'avoir posé les bases de l'art de la persuasion. Selon lui, il *existe "trois types de persuasion par la parole. La première dépend de la personnalité de l'orateur [ethos], la deuxième de la mise de l'auditoire dans un certain état d'esprit [pathos], la troisième des mots du discours lui-même [logos]. Le résultat est obtenu grâce au caractère personnel de l'orateur, si le discours est tenu de telle manière que nous le considérons comme crédible"*.

L'ethos (personnalité)

Le mot "éthique" est dérivé d'"ethos", l'appel éthique qui se réfère au caractère et à la crédibilité de l'auteur tels qu'ils sont perçus par le public.

Aristote a proposé trois facteurs principaux qui contribuent à l'ethos : le bon caractère moral (arête), la bonne volonté (Eunomia) et le bon sens (phronesis). Le persuasif doit donc être en mesure d'établir une crédibilité et une bonne relation avec son public.

Par exemple, si vous êtes malade et que votre médecin vous a prescrit le traitement A, alors que votre bon ami, qui n'a pas de formation médicale, recommande le traitement B, il est clair que vous choisirez le premier. Vous suivrez les conseils de quelqu'un que vous considérez comme crédible en tant qu'expert dans ce domaine. Cependant, vous suivrez plus volontiers les suggestions de votre ami concernant de nouveaux films que celles de votre médecin.

Pathos (émotion/empathie)

En grec, *pathos* signifie souffrance et expérience et donne lieu à de nombreux termes familiers tels qu'apathie, sympathie, pathétique et empathie.

Il peut être défini comme l'utilisation d'histoires et d'expériences communes pour susciter des émotions chez le public. Il s'agit d'une stratégie visant à susciter la compassion ou la colère du public afin de le pousser à agir.

Aristote a suggéré que le persuadeur peut utiliser des émotions positives et négatives, mutuellement exclusives, pour créer de l'empathie avec son auditoire : "*la colère et le calme, l'envie et l'émulation, l'hostilité et l'amitié, la peur et la confiance, la gentillesse et le manque d'amour, la pitié et l'indignation, la honte et l'insolence*".

Le puissant outil qu'est le pathos permet de susciter les émotions souhaitées chez le public et de créer ainsi une connexion mentale. Le pouvoir de l'empathie ne doit pas être diminué, car les sentiments humains ont toujours la priorité sur la raison. L'histoire en témoigne : Les leaders politiques les plus influents ont pu remporter des débats en convainquant leur public par l'émotion et l'empathie. Ainsi, le discours "I have a dream" de Martin Luther King Jr. a permis de susciter la solidarité de la communauté blanche avec la communauté noire et a eu un effet révolutionnaire sur la conception de l'Amérique moderne. Ce qui aurait été inimaginable auparavant.

L'art de créer de l'empathie

En développant l'empathie, le public est plus réceptif au message du persuasif.

Pour réussir à convaincre les autres, vous devez être capable de comprendre leurs émotions et les causes qui les sous-tendent, et de savoir à qui ces émotions s'adressent. Cette capacité à créer un lien émotionnel avec les gens renforcera à son tour l'*ethos* (le caractère et la crédibilité) chez eux.

Voici quelques conseils pour vous aider à développer l'empathie avec les gens :

- Nous sommes tous des êtres humains ! - Mêlez-vous aux autres et soyez considéré comme un membre de leur "communauté" ;

- Être authentique - personne ne veut être manipulé. Si les autres soupçonnent que vous avez des arrière-pensées et que vous n'êtes pas vraiment "l'un des leurs", vous perdez immédiatement toute crédibilité. C'est pourquoi vous ne devez jamais essayer de faire semblant.

- Structurer ses déclarations pour qu'elles aient un impact sur votre auditoire - Chaque sujet comporte plusieurs aspects et perspectives sous-jacentes : La clé est de trouver ce qui fonctionne pour les personnes impliquées. Par exemple, deux orateurs pourraient parler de la protection de la faune sauvage. L'un des deux slogans est : "Vous pouvez faire la différence, les animaux ont besoin de notre aide", et l'autre dit peut-être "Symposium sur la conservation de la faune". Il est évident que le premier a les meilleures chances de succès. À savoir, celui qui a le plus émotionnellement parlé.

- Raconter une histoire - La psyché humaine est programmée pour réagir émotionnellement aux histoires, car elles sont plus faciles à mémoriser et incitent à l'action. Les histoires personnelles ont une grande influence sur le développement de l'empathie, mais vous pouvez aussi raconter des épisodes de quelqu'un que vous connaissez ou des contes de fées. L'essentiel est qu'il y ait des aspects émotionnels.

- Le langage métaphorique - Les métaphores sont également plus mémorables et rendent le langage intéressant. Selon Aristote, elles donnent du charme, de la clarté et du discernement à votre discours. Par exemple, l'utilisation de la métaphore bancaire par Martin Luther King dans son célèbre discours "I have a dream" a été accueillie par un tonnerre d'applaudissements. Il a déclaré : "*Au lieu d'honorer cette obligation sacrée, l'Amérique a fait un chèque sans provision au peuple noir, un chèque qui est revenu avec la mention 'fonds insuffisants'. Mais nous refusons de croire que la banque de la justice est en faillite. Nous refusons de croire qu'il n'y a pas assez d'argent dans les grands coffres-forts des chances de cette nation. Et c'est ainsi que nous sommes venus encaisser ce chèque, un chèque qui nous donnera sur demande la richesse de la liberté et la sécurité de la justice*".

- Utiliser des supports visuels - Rappelez-vous qu'"une image vaut mille mots" ! Des images et des illustrations parlantes suscitent des émotions et aident à créer de l'empathie avec le public. Par exemple, la photo d'un garçon syrien blessé et sans défense a récemment fait le tour d'Internet, car elle a déclenché une vague de compassion pour les survivants de la guerre qui se poursuit. On compte sur l'empathie du public.

- Parler - Il va de soi que le ton et le volume de la voix doivent être adaptés au public.

- Le pouvoir des mots - La langue française regorge de synonymes qui offrent un large éventail d'intensité pour un même sentiment. Par exemple : Douleur et tourment, affamé et affamé, triste et dévasté. Utilisez les termes appropriés.

Logos (logique/argumentation)

Le mot "logique" est dérivé de *logos*, qui signifie littéralement "parole" en grec. Le terme "logos" fait référence au fait de faire appel à l'intelligence du public à l'aide de la logique ou de la raison.

Un persuadeur efficace reconnaît qu'en utilisant uniquement des logos, sans pathos ni ethos, il risque de ne pas toucher son public. Dans ce type de persuasion, seuls les faits et les statistiques peuvent être utilisés pour changer l'attitude et le comportement du public : Il n'y a pas de place pour les mensonges et les tromperies.

La théorie de la logique peut être divisée en deux catégories : le raisonnement déductif et le raisonnement inductif.

- Raisonnement déductif : il repose sur l'hypothèse que si la prémisse est vraie, la conclusion devrait l'être aussi. Par exemple, si l'on part du principe que les enfants aiment la crème glacée et que Jack est un enfant, alors on peut supposer que Jack aime la crème glacée.

- Raisonnement inductif : il s'agit du mécanisme inverse du précédent. Même si la prémisse est vraie, la conclusion peut être fausse. Si nous partons du principe que 25 % des athlètes américains aiment lire, la conclusion selon laquelle 25 % de la population américaine aime lire peut être vraie ou fausse.

La manipulation

La manipulation psychologique peut être définie comme une manière d'influencer les sentiments, les attitudes ou le comportement des personnes. Il ne s'agit ni de persuasion rationnelle, ni de coercition. Le terme est par nature négatif et comporte un élément de désapprobation morale.

L'être humain est sociable par nature et est influencé par les sentiments des autres : pensez à l'importance que votre frère aîné avait pour vous. C'est un exemple classique d'"influence sociale saine" et il ne faut pas le confondre avec l'acte obscur du manipulateur. L'objectif du manipulateur est d'exploiter la victime pour satisfaire ses propres désirs. La différence avec l'influence positive est évidente.

"Manipulation" se distingue de "l'influence" par l'intention de la personne qui l'exerce : Un influenceur recherche souvent votre intérêt et vient vers vous avec des conseils sur la meilleure façon de prendre une décision, le manipulateur réfléchit à la façon de contrôler vos pensées pour vous utiliser à son avantage.

La manipulation émotionnelle cachée

La manipulation émotionnelle cachée (CEM) est la manifestation la plus répandue de la psychologie noire dans le monde actuel.

Elle est exercée par des personnes qui tentent d'influencer leurs processus de pensée et leurs sentiments en utilisant des tactiques sournoises qui passent inaperçues pour la victime. Celle-ci devient le jouet du "manipulateur" et n'est pas en mesure de comprendre si et comment elle est contrôlée et ce que veut le manipulateur.

Imaginez la manipulation émotionnelle occulte comme un bombardier au camouflage impeccable, capable de pénétrer profondément dans votre subconscient sans que vous vous en aperceviez, vous laissant ainsi sans défense. Nos émotions sont responsables de tous les aspects de notre personnalité et dictent donc également notre réalité. Si quelqu'un veut prendre les rênes, c'est comme s'il voulait vous trancher la carotide, vous faisant perdre le contrôle de vous-même et de votre réalité.

La manipulation émotionnelle, en revanche, est différente, car elle se produit dans le domaine de votre conscience, de sorte que vous êtes conscient que quelqu'un essaie de faire appel à une partie plus généreuse de vous pour obtenir ce qu'il veut. Un exemple serait vos parents qui essaient de vous convaincre de leur rendre visite alors que vous avez d'autres projets : Si vous faites référence à votre vie occupée et trépidante, ils pourraient répondre par des déclarations telles que "nous sommes vieux et nous ne serons plus là très longtemps, tu devrais nous donner la priorité" ou "cela fait longtemps que nous ne t'avons pas vu et tu nous manques". Pendant cette conversation, vous êtes pleinement conscient que votre interlocuteur essaie de changer votre opinion en sa faveur. Il s'agit d'un cas classique et inoffensif de manipulation émotionnelle. Ces déclarations subliminales entraînent souvent une mauvaise conscience chez la personne manipulée.

D'autres types de manipulation obscure (machiavélisme et lavage de cerveau) ont également été traités en détail dans ce livre, mais nous y reviendrons dans les sections suivantes.

Gaslighting

Par cette tactique, les manipulateurs tentent de faire douter la victime de ses propres pensées et sentiments. Pour ce faire, ils affirment que ces dernières ne sont pas à leur place et qu'elles ne sont pas en accord avec la situation actuelle. Les manipulateurs sont passés maîtres dans l'art de semer le doute dans l'esprit des gens.

Le comportement passif-agressif

Il s'agit d'un double comportement utilisé par les manipulateurs pour critiquer, modifier ou influencer le comportement de leur victime, sans faire de demandes directes ou de gestes agressifs. Voici quelques-unes de ses manifestations : La bouderie, la tactique du silence, la victimisation ou le fait de tenir des discours délibérément énigmatiques.

La rétention d'informations

Les manipulateurs donnent souvent à leurs victimes des informations sélectives afin de les mener dans leur propre réseau de tromperie. Ainsi, les victimes ne disposent jamais de l'intégralité des informations.

L'isolation

C'est un moyen d'obtenir le contrôle et l'autorité sur les personnes ciblées. Cela les empêche d'entrer en contact avec leurs amis et leur famille et crée un environnement de plus en plus isolé.

Les différences entre persuasion et manipulation

1. Le motif
    Les personnes ayant des traits psychologiques sombres et actifs s'efforcent d'obtenir le contrôle et l'autorité sur leur victime et de les utiliser pour leurs propres intérêts. Cependant, contrairement aux manipulateurs, les persuadeurs se soucient du bien-être des personnes qu'ils approchent et tentent de les convaincre de changer d'attitude dans un environnement libre.

2. La méthode de transmission
    Les manipulateurs créent un environnement accueillant pour leurs victimes, qui sont souvent réticentes, et les poussent psychologiquement à agir dans leur seul intérêt.

    L'inverse, les convaincus espèrent simplement que leur public cible sera sensible à leur influence et à leurs suggestions. Ils laissent ensuite à l'individu le soin d'accepter ou non leurs conseils et de changer ses pensées, ses sentiments et/ou son comportement. Ils ne manipulent pas sans se soucier des conséquences.

3. L'impact sur l'interaction sociale
    Les manipulateurs obscurs tentent toujours d'isoler leurs victimes du reste du monde et d'empêcher tout contact avec leurs proches. Malheureusement, ils y parviennent souvent. En conséquence, la cible développe des opinions extrêmes et peut commettre des actes cruels avec un comportement antisocial.

    En revanche, les actes de persuasion ne sont jamais mortels pour la personne concernée ou la société. Il peut s'agir d'un sentiment anodin, comme l'admiration de votre frère pour les chaussures Nike qui vous incite à en acheter une paire, ou la publicité de McDonalds qui vous invite à y prendre un repas rapide avec votre famille.

4. Le résultat final
    La persuasion conduit généralement à l'un de ces trois scénarios possibles :

    - Elle est bénéfique à la fois pour le persuadé et pour le persuasif, ce que l'on appelle communément une situation "gagnant-gagnant"" ;

    - Le bénéfice n'est que pour celui qui est convaincu ;

    - Le bénéfice est pour la personne persuadée et pour un tiers.

    Dans la manipulation obscure, il n'y a cependant toujours qu'un seul gagnant : le manipulateur. Gardez toujours cela à l'esprit !

"L'utilisation systématique de tactiques d'influence trompeuses finit par devenir un processus psychologiquement et financièrement autodestructeur".

- Robert Cialdini -

Pour comprendre cette différence, considérons l'exemple suivant : Marco a un budget limité et souhaite acheter un nouveau téléviseur. Il est accueilli par Luca, qui lui montre tous les téléviseurs disponibles dans le magasin. Il lui explique les caractéristiques des différents modèles et lui dit : "Le modèle Samsung est un peu plus cher, mais c'est le produit le plus populaire du marché avec la meilleure qualité audio et vidéo, il vaut donc son pesant d'or". Si Luca est vraiment convaincu par le produit qu'il recommande et qu'il a à cœur le bien-être de ses clients, il s'agit certainement d'un acte de conviction. Mais si le modèle ne vaut pas son prix élevé, mais que le vendeur touche une commission supplémentaire grâce à la vente, Luca a incité Marco à acheter un produit de mauvaise qualité et cher. C'est malheureusement une pratique courante dans de nombreux domaines de la vie.

Maintenant que vous avez compris la psychologie noire de la manipulation, vous trouverez une liste de quelques scénarios dans lesquels elle peut se produire : Ceux-ci sont utiles pour que vous soyez préparé à les reconnaître et à vous protéger.

- Échapper à la conversation. Si quelqu'un essaie de faire en sorte que vous l'appréciez et vous demande ensuite un grand service, refusez poliment et poursuivez la conversation ou mettez-y fin si la situation l'exige.

- Ne doutez pas de vous-même. Les manipulateurs tenteront de vous convaincre que vos pensées et votre comportement sont inappropriés. Prenez un moment pour vous demander si ce qu'on vous demande est à votre avantage.

- Cherchez le dialogue. Si vous avez réussi à identifier la manipulation, n'ayez pas peur d'aborder la situation de manière logique et respectueuse. Un ton accusateur envers un ami ne fait que ruiner l'amitié, la sanction doit donc être à la hauteur de l'infraction. Toutefois, vous pouvez tout de même aborder clairement le fait que vous avez compris la manipulation.

- Faites preuve de détermination. Ne laissez pas la personne s'égarer si vous savez qu'elle cherche à vous manipuler. Elle essaiera de déstabiliser la situation pour minimiser les dégâts.

- Faites preuve de discrétion. Si l'on vous demande de fournir des informations personnelles, ne jouez pas le jeu. L'auteur essaie d'analyser le cheminement de vos pensées et votre comportement afin d'évaluer vos forces et vos faiblesses.

- Demandez des détails. N'oubliez pas que les manipulateurs essaient de vous cacher des informations afin de pouvoir dessiner leur propre version de la réalité. Si vous avez l'impression qu'on ne vous donne qu'une image incomplète de la situation, posez des questions afin d'obtenir plus d'informations et de prendre une décision réfléchie. Ce n'est que lorsque vous avez tous les éléments en main que vous pouvez prendre une décision.

- Méfiez-vous des exagérations. Certains agresseurs adoptent l'approche inverse et vous bombardent de détails vagues sur la situation afin de vous perturber ou de vous épuiser mentalement pour que vous cédiez.

- Vérifiez les faits. Les mensonges et la tromperie sont naturels pour ceux qui manipulent, ils rapportent souvent de manière erronée des événements ou présentent de fausses nouvelles pour vous inciter à prendre une décision hâtive. Ne cédez pas aux mensonges !

- Examinez les aspects bureaucratiques. Certaines personnes peuvent essayer de vous intimider avec de la paperasse, des procédures et des lois afin d'exercer leur pouvoir et leur autorité. Ne vous laissez pas intimider : documentez toujours tout afin de pouvoir vous défendre en conséquence.

- Ne vous laissez pas intimider par un comportement agressif. Certains manipulateurs élèvent la voix et utilisent un langage corporel fort pour vous amener à vous soumettre à leur contrainte, mais vous devez rester ferme sur votre position !

- Prenez votre temps. Si quelqu'un vous pousse à prendre une décision, vous impose de faux délais ou vous donne un sentiment d'urgence, prenez le contrôle, évaluez la situation et optez pour une solution raisonnable. Ne vous laissez pas mettre la pression.

- Faites abstraction des remarques négatives et des critiques. Les manipulateurs peuvent utiliser l'humour ou le sarcasme pour vous faire sentir inférieur et peu sûr de vous. Ils essaient d'obtenir une supériorité sur vous en vous excluant constamment et en vous ridiculisant. Ne les laissez pas se moquer de vous et assurez-vous de vos capacités.

- Ne prenez pas vos responsabilités sans réfléchir. Ceux qui veulent vous contrôler peuvent utiliser la tactique classique du "jeu silencieux" pour vous faire assumer leur charge de travail. Si, par exemple, un collègue fait semblant de ne pas comprendre ce que l'on attend de lui alors qu'il sait pertinemment que la date de remise du projet approche, vous ne devez pas lui retirer le travail, mais l'exposer et ne pas le laisser s'en tirer comme ça. Ne vous substituez pas aux tâches des autres par un faux sentiment de responsabilité.

- Ne permettez à personne de vous utiliser comme moyen de pression. Si le manipulateur vous "punit par le silence", ne vous laissez pas décourager et persévérez. Il essaie de vous faire douter de vous et veut exercer son pouvoir sur vous.

- Contrôlez votre côté doux : la personne qui veut vous contrôler pourrait s'en servir pour vaincre votre résistance en utilisant votre vulnérabilité émotionnelle comme un moyen de vous manipuler.

- La patience est une vertu ! Si vous maîtrisez votre peur et votre excitation, vous serez toujours capable de prendre des décisions rationnelles. C'est important !

- Soyez toujours conscient de vous-même. Si vous connaissez vos forces et vos faiblesses, vous pouvez organiser vos défenses en conséquence. Utilisez votre énergie mentale pour vous défendre lorsque quelqu'un essaie de toucher un nerf : Il veut provoquer une réaction extrême de votre part, afin que vous vous sentiez coupable et que vous preniez des décisions hâtives. Ne le laissez pas faire !

- Développez des mécanismes d'adaptation sains. Tout le monde a des hauts et des bas dans la vie, mais beaucoup de gens noient leur frustration et leur tristesse dans l'alcool ou mangent trop. Rappelez-vous qu'il n'y a pas de réponses au fond d'une bouteille et que les excès de glucides entraîneront des problèmes de santé plutôt que de résoudre leurs problèmes.

- Soyez gentil avec vous-même. Vous êtes votre propre meilleur ami, et il y a toujours un lever de soleil après le coucher du soleil. On ne peut pas toujours être bon dans tout ce que l'on entreprend : apprenez votre leçon et accordez-vous une pause. Pratiquez la méditation pour apaiser votre esprit et trouver la paix intérieure.

- Essayez d'être indépendant. Il est tout à fait acceptable de chercher de l'aide, mais si vous développez une dépendance chronique aux autres pour résoudre vos problèmes, vous commencerez à saper votre estime de soi. Cette dernière est nécessaire pour vous protéger des attaques involontaires du contrôle mental.

- Encouragez-vous de temps en temps. Félicitez-vous ! La pensée positive est la base d'une bonne santé mentale.

Chapitre 8 : Questions fréquentes

1. Quelle est la différence entre la psychologie sombre et les caractéristiques psychologiques sombres ?

La psychologie noire s'intéresse aux modèles de comportement humain innés en ce qui concerne la tendance de certaines personnes à s'en prendre à d'autres personnes et à des animaux. Cette recherche est centrée sur la compréhension des pensées, des sentiments et des perceptions qui conduisent à des comportements prédateurs et inhumains.

Par traits psychologiques sombres, on entend les traits de personnalité des personnes qui sont par nature immorales, asociales et nuisibles pour la société. En fait, ils sont intolérables pour la société. Les exemples cités dans ce livre sont le narcissisme, le machiavélisme et la psychopathie.

2. Qu'est-ce que le Continuum sombre et comment se manifeste-t-il dans le monde ?

Le continuum sombre est un spectre qui englobe tous les comportements criminels, sadiques et violents de la psyché humaine. Il inclut également les pensées, les sentiments et les actes dirigés contre des personnes et/ou vécus par elles. Il peut s'agir de phénomènes de gravité variable, provoqués par des cibles intentionnelles ou non.

Plutôt que d'agir selon une échelle de gravité allant du pire au plus grave, le Continuum sombre propose une classification de la victimisation en prenant en compte les pensées et les actes qui ont été commis.

3. Comment la triade sombre et ses traits de personnalité sombres sont-ils définis ?

Le concept de "triade sombre" est fondamental pour la compréhension de la psychologie obscure, mais il est relativement récent. Il peut être défini comme une trinité sacrilège qui englobe les trois variables de personnalité les plus discutables, mais non pathologiques : Le narcissisme, la psychopathie et le machiavélisme.

Le narcissisme est une maladie mentale qui se caractérise par un haut degré d'égocentrisme autodestructeur, un besoin constant et profond d'attention et d'admiration et un manque d'empathie.

Le machiavélisme est une prédisposition aux traits sournois et trompeurs chez les personnes qui sont naturellement des maîtres de la manipulation.

La psychopathie est un trouble mental. Elle se manifeste par un comportement antisocial, un manque d'empathie et de remords, un égocentrisme extrême, une incapacité à établir des relations personnelles significatives, une impulsivité et une tendance à se cacher derrière un charme superficiel. Reconnaître un psychopathe n'est souvent pas si simple.

4. La programmation neurolinguistique (PNL) peut-elle être appliquée à tout le monde ? Comment puis-je savoir si quelqu'un l'utilise sur moi ?

La PNL peut être appliquée à toute personne, spontanément ou volontairement, sous forme d'interventions linguistiques et sensorielles. Elle utilise des techniques personnalisées pour modifier le comportement afin d'améliorer la communication sociale, la confiance en soi et l'estime de soi.

Si vous avez l'impression d'avoir agi involontairement d'une manière que vous ne pouvez pas expliquer ou contrôler, vous avez peut-être été "programmé" pour réagir de la sorte. Faites attention aux personnes qui semblent vous toucher constamment le dos ou le bras pendant une conversation ou qui imitent votre langage corporel jusqu'à l'anormalité.

5. Où puis-je apprendre à utiliser la PNL ? Et comment puis-je l'utiliser de manière éthique avec des amis et des membres de ma famille ?

Il existe une multitude de formateurs et d'ateliers PNL. Il vous suffit de googler pour trouver un prestataire ayant une crédibilité suffisante pour répondre à vos besoins, mais attention aux arnaques.

Si vous souhaitez utiliser la PNL avec des amis ou des proches et que vous n'avez pas l'intention de causer des dommages psychologiques ou physiques à la personne, vous devez l'utiliser de manière éthique. Ne vous laissez juste pas emporter par votre nouveau pouvoir !

Une personne que je connais a des pensées et des sentiments inhabituellement différents dans une situation par ailleurs normale. Que puis-je faire pour l'aider ?

Les victimes de contrôle mental dissimulé et de lavage de cerveau voient d'abord leurs pensées et leurs sentiments se modifier. Alors que les premières ne peuvent pas reconnaître l'attaque parce qu'elle se déroule en secret, les secondes savent que leur ennemi a procédé à un lavage de cerveau, mais elles sont incapables de s'en débarrasser ou de s'y opposer. On voit souvent cela chez les membres de sectes.

Dans les deux cas, il est possible d'aider la cible en abordant ouvertement ses changements de pensées et de comportement et en lui donnant ensuite la possibilité de reconnaître son agresseur et de se protéger contre d'autres dommages.

7. Les différents tests d'auto-évaluation mentionnés dans ce livre sont-ils disponibles en ligne ? Quelle est leur fiabilité ?

Oui, la plupart des tests abordés dans ce livre, tels que l'*échelle Dirty Dozens*, le *test Mach IV* et le *Hare PCL-R*, sont facilement disponibles en ligne pour une auto-évaluation. Cependant, ils ne peuvent que vous indiquer la possibilité de traits psychologiques obscurs qui pourraient faire partie de votre personnalité : Seul un psychothérapeute certifié et agréé peut poser un diagnostic réel et valable.

8. Quelle est la différence entre le conseil et la psychothérapie ?

Ces deux termes sont souvent utilisés comme synonymes, mais il y a une petite différence, très subtile.

La psychothérapie est un traitement qui vise à traiter un problème de santé mentale pouvant être diagnostiqué, comme la dépression, la bipolarité, le trouble du déficit de l'attention/l'hyperactivité, etc. Elle va souvent en profondeur et est parfois utilisée en combinaison avec des médicaments psychotropes.

Le conseil, quant à lui, est davantage axé sur le bien-être, il apporte davantage de compréhension et montre comment surmonter efficacement les problèmes et les défis. Elle ne remplace pas une thérapie.

9. Quand dois-je consulter un professionnel de la santé mentale ? À quoi dois-je m'attendre lors de ma première visite ?

Trouver le bon professionnel de la psychologie et la bonne approche thérapeutique est aussi important que de trouver un bon médecin.

Vous devriez commencer par un entretien téléphonique avec le spécialiste. Renseignez-vous sur son approche des problèmes de santé mentale et sur la manière dont il travaille avec les clients en général. Demandez-lui s'il accepte une assurance et comment les paiements sont effectués. Expliquez pourquoi vous souhaitez prendre rendez-vous et demandez-lui s'il a de l'expérience dans la gestion de ces problèmes.

Si vous vous sentez à l'aise lors de cet entretien, vous pouvez prendre rendez-vous.

Lors de votre première visite au cabinet, le thérapeute voudra discuter avec vous des raisons pour lesquelles vous pensez avoir besoin d'un traitement, des symptômes que vous avez, depuis combien de temps vous les avez et de ce que vous avez fait dans le passé pour les éliminer, si tant est que cela vous ait été possible. Il vous posera probablement des questions sur votre famille, votre travail et vos méthodes de relaxation. Ce premier entretien est important pour développer l'approche la plus appropriée. Vous recevrez ensuite une description du programme thérapeutique afin de pouvoir poser toutes les questions qui vous tiennent à cœur.

Il vous faudra probablement quelques semaines pour surmonter ce malaise, mais si ce sentiment ne s'améliore pas après deux ou trois visites, avouez-le au professionnel et expliquez-lui pourquoi vous vous sentez ainsi. Il faut travailler en équipe pour obtenir le meilleur résultat. Une personne qualifiée comprendra si vous choisissez quelqu'un d'autre.

Conclusions

Merci d'être allé à la fin de cet ouvrage. Ce voyage a été informatif et devrait vous donner tous les outils dont vous avez besoin pour atteindre vos objectifs, quels qu'ils soient.

L'étape suivante consiste à utiliser au mieux vos connaissances nouvellement acquises en matière de psychologie noire pour vous protéger, vous et vos proches, des auteurs qui les utilisent à leur avantage. Prenez du recul et réévaluez les influences négatives dans votre vie : vous êtes maintenant armé de vos connaissances pour les combattre.

Vous avez également appris comment la PNL peut vous aider à transformer vos faiblesses et vos insécurités en affirmations positives et en une plus grande confiance en soi.

Si vous maîtrisez l'art de la persuasion, vous pourrez aider vos proches à faire de meilleurs choix de vie, et grâce à votre nouvelle compréhension de la différence entre la persuasion et la manipulation obscure, vous pourrez facilement distinguer vos amis de vos ennemis. Cela vous facilitera beaucoup de choses dans la vie.

N'oubliez pas qu'un grand pouvoir s'accompagne d'une grande responsabilité, alors soyez prudent lorsque vous utilisez vos pouvoirs psychologiques nouvellement acquis.

MERCI

Printed in France by Amazon
Brétigny-sur-Orge, FR

14452558R00111